공기업 경영학

최종모의고사 **20회분**

시대에듀

시대에듀 공기업 경영학 최종모의고사 20회분

Always with you

사람의 인연은 길에서 우연하게 만나거나 함께 살아가는 것만을 의미하지는 않습니다.
책을 펴내는 출판사와 그 책을 읽는 독자의 만남도 소중한 인연입니다.
시대에듀는 항상 독자의 마음을 헤아리기 위해 노력하고 있습니다. 늘 독자와 함께하겠습니다.

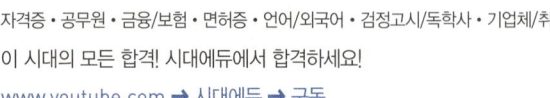

자격증・공무원・금융/보험・면허증・언어/외국어・검정고시/독학사・기업체/취업
이 시대의 모든 합격! 시대에듀에서 합격하세요!
www.youtube.com → 시대에듀 → 구독

PREFACE 머리말

대부분의 공공기관에서 국가직무능력표준(NCS)뿐 아니라 전공과목의 출제 비중이 높아지고 있는 추세이다. 이에 따라 공사공단 채용을 준비하는 수험생들은 지원하는 공사공단이 어떤 전공과목을 출제하는지 미리 파악해 두어야 하며, 그중에서도 사무직에서 출제 비중이 매우 높은 경영학 과목을 학습해야 한다.

경영학은 학습 범위가 방대하고 난이도가 높기 때문에 문제를 푸는 데 많은 시간이 소요되어 수험생의 입장에서는 준비하기가 쉽지 않다. NCS부터 다른 전공과목들까지 공부해야 하는 상황에서 경영학에 많은 시간을 투자하는 것이 부담스러울 수밖에 없다. 따라서 효율적인 학습을 위해 실제 유형과 유사한 문제를 많이 풀어봄으로써 실전 감각을 높이는 준비가 필요하다.

공기업 필기전형 합격을 위해 시대에듀에서는 NCS 도서 시리즈 누적 판매량 1위의 출간 경험을 토대로 다음과 같은 특징을 가진 도서를 출간하였다.

도서의 특징

❶ **공기업 경영학 출제 키워드 확인!**
  • 공기업 경영학 적중 문제를 정리하여 공기업별 경영학 출제 키워드를 파악하는 데 도움이 될 수 있도록 하였다.

❷ **기출모의고사를 통한 실력 상승!**
  • 2025~2024년 주요 공기업 경영학 기출복원문제를 모의고사로 구성·수록하여 공기업별 경영학 필기 유형을 파악할 수 있도록 하였다.

❸ **최종모의고사를 통한 완벽한 실전 대비!**
  • 철저한 분석을 통해 실제 유형과 유사한 경영학 최종모의고사를 수록하여 효과적으로 학습할 수 있도록 하였다.

❹ **다양한 콘텐츠로 최종 합격까지!**
  • 온라인 모의고사 응시 쿠폰을 무료로 제공하여 필기전형에 대비할 수 있도록 하였다.
  • 모바일 OMR 답안채점/성적분석 서비스를 제공하여 자동으로 점수를 채점하고 확인할 수 있도록 하였다.

끝으로 본 도서를 통해 공기업 채용을 준비하는 모든 수험생 여러분이 합격의 기쁨을 누리기를 진심으로 기원한다.

SDC(Sidae Data Center) 씀

공기업 경영학 적중 문제 TEST CHECK

코레일 한국철도공사 ▶ 매슬로

11 다음 중 매슬로의 욕구 단계이론에 해당하지 않는 것은?

① 생리적 욕구
② 안전의 욕구
③ 애정의 욕구
④ 지시의 욕구
⑤ 자아실현의 욕구

건강보험심사평가원 ▶ 마이클 포터

08 다음 중 마이클 포터(Michael E. Porter)가 제시한 가치사슬분석에서 본원적 활동에 속하지 않는 것은?

① 구매물류활동
② 생산활동
③ 마케팅 판매활동
④ R&D기술개발활동
⑤ 서비스활동

한국수력원자력 ▶ 테일러의 과학적 관리

02 다음 중 테일러(F. Taylor)의 과학적 관리의 특징으로 옳지 않은 것은?

① 과업관리
② 작업지도표 제도
③ 차별적 성과급제
④ 기능식 직장제도
⑤ 컨베이어 시스템

한국수력원자력 ▶ 시장실패

16 다음 중 시장실패(Market Failure)의 원인으로 옳지 않은 것은?

① 독과점의 존재
② 소비의 경합성
③ 외부경제의 존재
④ 비대칭 정보의 존재
⑤ 공유자원의 존재

K-water 한국수자원공사 ▶ 민츠버그

04 다음 중 민츠버그의 조직 구성요소에 대한 설명으로 옳지 않은 것은?

① 최고관리층 : 조직의 최상부에 위치하며, 조직 목표를 설정하고 그에 따른 전략을 제시한다.
② 지원부서층 : 운영핵심층의 업무를 지원하는 역할을 한다.
③ 운영핵심층 : 조직의 실무를 담당하며, 핵심적 역할을 한다.
④ 중간관리층 : 운영핵심층의 감독과 통제를 받으며, 운영핵심층에게 자원을 제공하고 지원하는 역할을 한다.
⑤ 기술구조층 : 조직 내의 기술적인 문제를 전문적으로 다루어 조직의 업무를 계획하고 분석하며, 부족한 부분을 훈련하는 업무를 담당한다.

LH 한국토지주택공사 ▶ 자본자산가격결정모형(CAPM)

18 다음 중 자본자산가격결정모형(CAPM)의 기본 가정으로 옳지 않은 것은?

① 무위험자산이 존재하며, 차입과 대출이 불가하다.
② 수요와 공급이 균형상태에 있다.
③ 해당 기간 인플레이션과 금리는 변동이 없다.
④ 거래비용과 세금이 존재하지 않는다.
⑤ 미래 수익률의 확률분포에 대해 동질적인 기대를 갖는다.

LH 한국토지주택공사 ▶ 학습조직

15 다음 중 학습조직의 특성에 대한 설명으로 옳지 않은 것은?

① 조직 내 창조적인 변화 능력을 확대하여 문제를 해결하고자 한다.
② 탈 관료제를 지향하는 성격을 가진다.
③ 조직 관리자의 주체성, 자발성, 참여성이 존중된다.
④ 지속적이고 연속적인 학습활동을 추구한다.
⑤ 학습조직을 통해 조직의 가치 창조 및 실행 능력을 발전시킨다.

HUG 주택도시보증공사 ▶ 직무충실화

20 다음 중 직무충실화의 기대효과에 대한 설명으로 옳지 않은 것은?

① 근로자의 직무를 수직적으로 확대하여 의사결정의 자유권이 확보된다.
② 근로자의 창의적인 업무능력을 개발할 수 있다.
③ 직무의 단조로움을 탈피하여 직무의 완전성을 추구할 수 있다.
④ 적은 비용과 시간으로 근로자의 업무능력을 향상할 수 있다.
⑤ 근로자의 의사결정 자유권을 증대함으로써 관리자의 반발을 불러올 수 있다.

도서 200% 활용하기 STRUCTURES

1 기출모의고사로 출제경향 파악

▶ 2025~2024년 주요 공기업 경영학 기출모의고사 2회분을 수록하여 공기업별 경영학 과목의 출제경향을 파악하고, 빈틈없이 학습할 수 있도록 하였다.

합격의 공식 Formula of pass | 시대에듀 www.sdedu.co.kr

2 최종모의고사 + OMR을 활용한 실전 연습

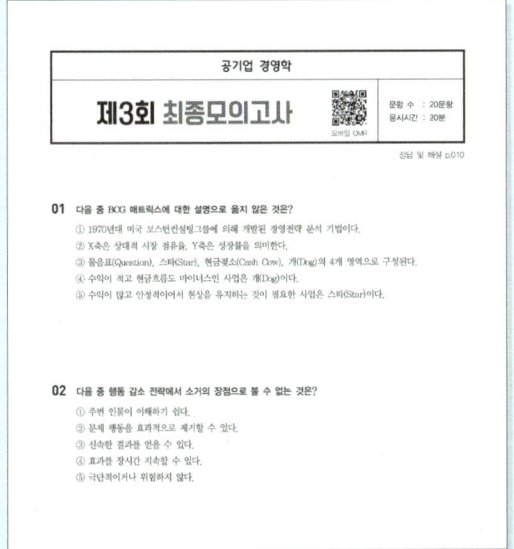
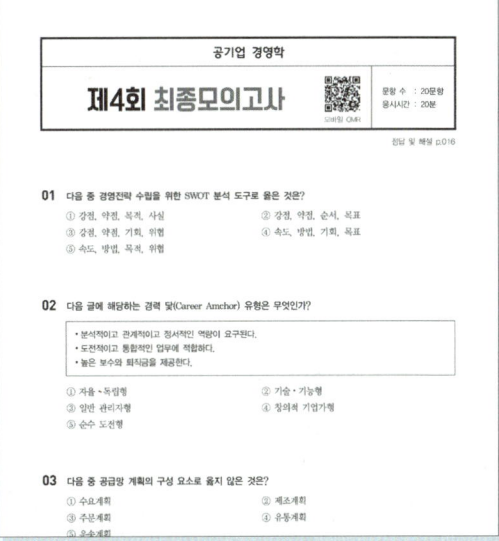

▶ 경영학 최종모의고사 18회분을 수록하여 경영학 과목을 효과적으로 학습할 수 있도록 하였다.
▶ 모바일 OMR 답안채점/성적분석 서비스를 통해 자동으로 점수를 채점하고 확인할 수 있도록 하였다.

3 상세한 해설로 정답과 오답을 완벽하게 이해

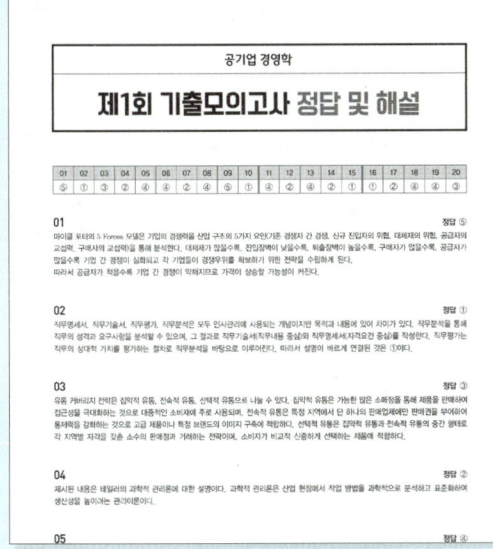
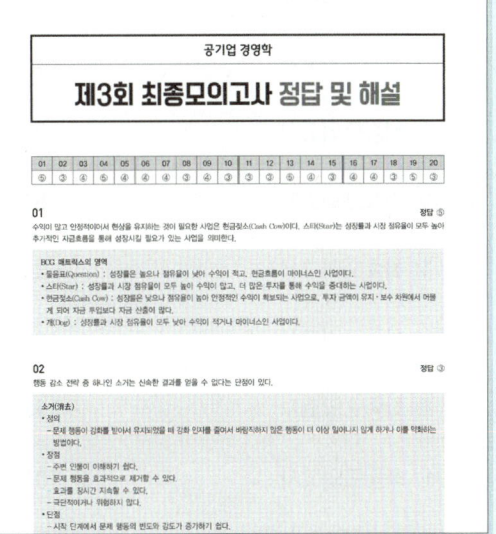

▶ 정답과 오답에 대한 상세한 해설을 수록하여 혼자서도 꼼꼼히 학습할 수 있도록 하였다.

이 책의 차례 CONTENTS

문제편 | 경영학 최종모의고사

제1회 기출모의고사		2
제2회 기출모의고사		8
제3회 최종모의고사		14
제4회 최종모의고사		19
제5회 최종모의고사		24
제6회 최종모의고사		30
제7회 최종모의고사		35
제8회 최종모의고사		41
제9회 최종모의고사		47
제10회 최종모의고사		52
제11회 최종모의고사		59
제12회 최종모의고사		65
제13회 최종모의고사		71
제14회 최종모의고사		76
제15회 최종모의고사		81
제16회 최종모의고사		87
제17회 최종모의고사		92
제18회 최종모의고사		98
제19회 최종모의고사		103
제20회 최종모의고사		109

해설편 | 정답 및 해설

제1회 기출모의고사		2
제2회 기출모의고사		6
제3회 최종모의고사		10
제4회 최종모의고사		16
제5회 최종모의고사		22
제6회 최종모의고사		26
제7회 최종모의고사		33
제8회 최종모의고사		38
제9회 최종모의고사		44
제10회 최종모의고사		48
제11회 최종모의고사		52
제12회 최종모의고사		57
제13회 최종모의고사		62
제14회 최종모의고사		67
제15회 최종모의고사		71
제16회 최종모의고사		74
제17회 최종모의고사		81
제18회 최종모의고사		86
제19회 최종모의고사		92
제20회 최종모의고사		99

문제편

경영학
최종모의고사

공기업 경영학

제1회 기출모의고사

문항 수 : 20문항
응시시간 : 20분

정답 및 해설 p.002

| 코레일 한국철도공사 / 2025년

01 다음 중 5 Forces 모델에서 기업 간 경쟁을 높이는 요소가 아닌 것은?

① 대체재가 많은 경우
② 진입장벽이 낮은 경우
③ 퇴출장벽이 높은 경우
④ 구매자가 많은 경우
⑤ 공급자가 적은 경우

| 코레일 한국철도공사 / 2025년

02 다음 중 〈보기〉에서 설명하는 내용이 바르게 연결된 것은?

─〈보기〉─
ㄱ. 특정 직무를 수행하기 위해 필요한 지식, 기술, 학력 등 인적요건을 정리한 것이다.
ㄴ. 특정 직무에 대한 목적, 내용, 자격요건 등을 정리한 것이다.
ㄷ. 조직 내에서 각 직무의 상대적인 가치를 평가하는 것이다.
ㄹ. 특정 직무가 수행하는 업무내용, 필요지식 등 직무와 관련된 정보를 분석하는 것이다.

	ㄱ	ㄴ	ㄷ	ㄹ
①	직무명세서	직무기술서	직무평가	직무분석
②	직무명세서	직무평가	직무기술서	직무분석
③	직무명세서	직무분석	직무평가	직무기술서
④	직무기술서	직무명세서	직무평가	직무분석
⑤	직무기술서	직무평가	직무명세서	직무분석

| 코레일 한국철도공사 / 2025년

03 다음 중 유통 커버리지 전략에 해당하는 것으로 바르게 짝지어진 것은?

① 집약적 유통, 전속적 유통, 적극적 유통
② 집약적 유통, 선택적 유통, 효율적 유통
③ 집약적 유통, 전속적 유통, 선택적 유통
④ 전속적 유통, 선택적 유통, 통제적 유통
⑤ 전속적 유통, 통제적 유통, 대중적 유통

04 다음 이론을 주장한 경제학자로 옳은 것은?

- 작업 과정을 과학적으로 분석하고 표준화하여 생산성을 극대화하는 것을 목표로 한다.
- 능률, 분업, 합리화를 강조하여 인간은 경제적 동기에 의해 움직인다고 본다.
- 조직관리의 합리화와 객관화를 추구할 수 있는 반면, 인간 소외 현상을 초래한 측면이 있다.

① 애덤 스미스　　　　　② 테일러
③ 페이욜　　　　　　　　④ 베버
⑤ 맥그리거

05 다음 〈보기〉에서 포디즘에 대한 설명으로 옳은 것은 모두 몇 개인가?

〈보기〉
- 표준화된 대량생산을 통해 제품 생산속도와 효율성을 높인다.
- 노동자들에게 높은 임금을 지급하여 구매력을 높인다.
- 생산 제품을 대량으로 소비하도록 유도한다.
- 생산 과정의 각 단계를 단순화하여 분업화한다.
- 고객의 다양한 기호 변화에 적응하기 유용하다.

① 1개　　　　　　　　　② 2개
③ 3개　　　　　　　　　④ 4개
⑤ 5개

06 다음 설명에 해당하는 업무해결 훈련법으로 옳은 것은?

- 다양한 형태의 업무서류, 메모, 이메일, 보고서 등을 정해진 시간 내에 처리하도록 하는 훈련이다.
- 참가자는 주어진 상황을 분석하고, 메모를 작성하거나 다른 사람에게 위임하는 등 실제 업무와 유사한 방식으로 업무를 처리한다.
- 참가자의 의사결정 능력, 문제해결 능력, 우선순위 설정 능력, 위임 및 조직화 능력 등을 종합적으로 평가한다.

① 구조적 피드백　　　　② 직무순환
③ OJT　　　　　　　　　④ 인바스켓
⑤ 시뮬레이션

07 다음 설명에 해당하는 가격전략으로 옳은 것은?

- 제품이나 서비스의 가격을 소비자가 인지하는 경제적 가치와 일치시킨다.
- 가격 이외의 제품 품질, 브랜드 이미지, 유통 채널 등 다른 마케팅 요소들에 주력한다.
- 가격에 대한 소비자의 심리적 저항을 최소화한다.

① 탄력가격제 　　　　　　　　　② 중립가격
③ 침투가격 　　　　　　　　　　④ 종속가격
⑤ 유인가격

08 다음 중 앤소프의 다각화 전략에 대한 설명으로 옳지 않은 것은?

① 기존의 사업 영역이나 제품과는 전혀 다른 새로운 시장에 새로운 제품으로 진출하는 것이다.
② 성공 시 높은 수익을 기대할 수 있지만 실패 시 위험도 크다.
③ 기존 시장이나 사업에 대한 의존도를 낮추고 다양한 사업 포트폴리오를 구축할 수 있다.
④ 동심형 다각화 전략은 기존 제품과 다른 제품을 기존 고객에게 판매하는 전략이다.
⑤ 비관련 다각화 전략은 기존 사업과 직접적 연관이 없는 완전히 새로운 사업 분야에 진출하는 전략이다.

09 다음 설명에 해당하는 인사평가 오류로 옳은 것은?

- 시간적으로 가까운 사건 또는 성과에 과도하게 영향을 받는 오류이다.
- 평소 피평가자의 행위 또는 성과를 기록해두면 오류 해결에 도움이 될 수 있다.

① 후광 효과 　　　　　　　　　② 스테레오타이핑
③ 중심화 경향 　　　　　　　　④ 투사 오류
⑤ 최근 오류

10 다음 중 경영참가제도에 해당하지 않는 것은?

① 조합원상조제도　　　　② 종업원지주제도
③ 노사협의제　　　　　　④ 성과배분제도
⑤ 이익분배제도

11 다음 설명에 해당하는 면접법은?

- 면접관마다 각각 다른 평가 요소를 중심으로 질문 및 평가를 한다.
- 다수의 면접관이 한 명이나 소수의 지원자를 면접한다.
- 한 명의 면접관에게 질문을 받아도 답변은 전체 면접관에게 하듯이 하는 것이 좋다.

① 집단 면접　　　　　　② 스트레스 면접
③ 상황 면접　　　　　　④ 패널 면접

12 다음 중 귀인 오류에 해당하지 않는 것은?

① 근본적 귀인 오류　　　② 외부요인 귀인
③ 자존적 편견　　　　　④ 행위자 – 관찰자 편견

13 다음 중 ISO 26000에 대한 설명으로 옳지 않은 것은?

① 국제표준화기구(ISO)에서 개발한 기업의 사회적 책임의 국제표준이다.
② 2010년에 제정 및 발표되었다.
③ 책임성, 투명성, 윤리적 행동 등 총 7개의 기본 원칙으로 구성된다.
④ 기업의 사회적 책임을 위한 기존 방법이나 계획을 대체하는 역할을 한다.

14 다음 중 진입장벽이 높은 경우가 아닌 것은?

① 초기 투자가 많이 필요한 경우
② 제품 차별화가 낮은 경우
③ 법적 규제가 있는 경우
④ 기존 경쟁업체가 많은 경우

15 다음 설명에 해당하는 의사결정 방법은?

- 사회자만 주제를 알고 나머지 참가자들은 토론 주제를 알지 못한다.
- 고정관념이나 습관적인 사고에서 벗어나 창의적인 아이디어가 제시될 수 있다.
- 다양한 아이디어를 토론 주제와 연결시켜야 하기 때문에 사회자의 능력이 중요하다.

① 고든법　　　　　　　　　② 롤스토밍법
③ 직관상기법　　　　　　　④ 집단토론법

16 다음 중 포터의 가치사슬에서 지원적 활동에 해당하는 것은?

① 인적자원관리　　　　　　② 생산운영
③ 마케팅　　　　　　　　　④ 외부물류

17 다음 중 카르텔에 대한 설명으로 옳지 않은 것은?

① 기업들이 서로 협력하여 경쟁을 제한하거나 시장을 조작하는 형태의 비합법적인 협력을 일컫는다.
② 카르텔로 인해 구성원들의 위험은 더욱 커지게 된다.
③ 경쟁기업과 소비자 모두에게 불이익을 초래할 수 있다.
④ OPEC의 경우 석유 생산 국가 간 공식적인 카르텔로 볼 수 있다.

18 다음 설명에 해당하는 민츠버그의 조직 유형은?

- 전문화된 명확한 역할을 토대로 정해진 절차를 준수하는 것을 중요시한다.
- 사회적 변화, 상품 변화 등 외부 환경요인에 대한 적응력이 떨어질 수 있다.
- 의사결정 프로세스가 간소화되어 효율성이 높으나, 수평적인 의사결정은 제한적이다.

① 단순 구조
② 사업부제 구조
③ 임시조직 구조
④ 기계적 관료제 구조

19 다음 설명에 해당하는 노동조합 숍 제도는?

- 노동조합 가입을 고용의 조건으로 삼아 모든 노동자를 노동조합에 가입시킨다.
- 노사 간 단체협약 조항으로 노동조합 측에 가장 유리한 제도이다.
- 기업별 노동조합을 단위로 하는 우리나라에서는 활성화되어 있지 않은 제도이다.

① 에이전시 숍
② 유니언 숍
③ 오픈 숍
④ 클로즈드 숍

20 다음 중 전방통합에 대한 설명으로 옳지 않은 것은?

① 소비자의 접근성을 높이고, 시장지배력을 강화하기 위한 목적을 갖는다.
② 소비자 방향으로 기업통합을 시도하는 것이다.
③ 자동차 생산업체가 철강 공장을 구입하는 사례가 해당된다.
④ 제품 판매 및 유통 부문에 대한 소유권을 확보하는 전략이다.

공기업 경영학

제2회 기출모의고사

문항 수 : 20문항
응시시간 : 20분

정답 및 해설 p.006

| 코레일 한국철도공사 / 2024년

01 다음 중 공정성 이론에서 절차적 공정성에 해당하지 않는 것은?

① 접근성
② 반응속도
③ 형평성
④ 유연성
⑤ 적정성

| 코레일 한국철도공사 / 2024년

02 다음 중 조직시민행동에서 예의성에 대한 설명으로 옳은 것은?

① 직무수행과 관련하여 갈등이 발생할 수 있는 가능성을 미리 막으려고 노력하는 행동이다.
② 도움이 필요한 구성원을 아무런 대가 없이 자발적으로 도와주는 행동이다.
③ 조직 구성원이 양심에 따라 조직의 규칙 등을 성실히 지키는 행동이다.
④ 조직 또는 구성원에 대해 불만 등이 있더라도 긍정적으로 이해하고자 노력하는 행동이다.
⑤ 조직의 공식적 또는 비공식적 행사에 적극 참여하고자 하는 행동이다.

| 코레일 한국철도공사 / 2024년

03 다음 중 조직시민행동에 대한 설명으로 옳지 않은 것은?

① 조직 구성원이 수행하는 행동에 대해 의무나 보상이 존재하지 않는다.
② 조직 구성원의 자발적인 참여가 바탕이 되며, 대부분 강제적이지 않다.
③ 조직 구성원의 처우가 좋지 않을수록 조직시민행동은 자발적으로 일어난다.
④ 조직 내 바람직한 행동을 유도하고, 구성원의 조직 참여도를 제고한다.
⑤ 조직의 리더가 구성원으로부터 신뢰를 받을 때 구성원의 조직시민행동이 크게 증가한다.

04 다음 중 집단의 응집성이 증가되는 요소로 옳은 것은?

① 많은 구성원의 수
② 쉬운 가입 난이도
③ 집단 간 많은 경쟁
④ 집단 내 실패 경험
⑤ 구성원 간 적은 교류

05 다음 중 분배적 협상의 특징으로 옳지 않은 것은?

① 상호 목표 배치 시 자기의 입장을 명확히 주장한다.
② 협상을 통해 공동의 이익을 확대(Win – Win)한다.
③ 정보를 숨겨 필요한 정보만 선택적으로 활용한다.
④ 협상에 따른 이익을 정해진 비율로 분배한다.
⑤ 간부회의, 밀실회의 등을 통한 의사결정을 주로 진행한다.

06 다음 중 분배적 협상 진행 시 고려해야 하는 사항으로 옳지 않은 것은?

① 상대방의 이해관계나 제약사항 등에 대한 사전조사가 필요하다.
② 상대방에 대한 최초 제안 목표는 높게 설정하는 것이 유리하다.
③ 풍부한 협상 대상 자원에 대해 창의적인 가치 창출 전략을 제시한다.
④ 상대방이 주어진 조건에서 크게 벗어나지 않는 결정을 하도록 유도한다.
⑤ 협상이 실패했을 때를 대비하여 최선의 대안을 확보한다.

07 다음 글에 해당하는 인력공급 예측 기법은 무엇인가?

- 시간의 흐름에 따라 직원의 직무이동 확률을 파악하는 방법이다.
- 장기적인 인력공급의 미래 예측에 용이하다.
- 조직 및 경영환경이 매우 안정적이어야 측정이 가능하다.

① 자격요건 분석
② 기능목록 분석
③ 마코브 체인
④ 대체도
⑤ 외부공급 예측

08 다음 중 연속생산에 대한 설명으로 옳은 것은?

① 단위당 생산원가가 낮다.
② 운반비용이 많이 소요된다.
③ 제품의 수명이 짧은 경우 적합한 방식이다.
④ 제품의 수요가 다양한 경우 적합한 방식이다.
⑤ 작업자의 숙련도가 떨어질 경우 작업에 참여시키지 않는다.

09 다음 중 e-비즈니스 기업의 장점으로 옳지 않은 것은?

① 빠른 의사결정을 진행할 수 있다.
② 양질의 고객서비스를 제공할 수 있다.
③ 배송, 물류비 등 각종 비용을 절감할 수 있다.
④ 기업이 더 높은 가격으로 제품을 판매할 수 있다.
⑤ 소비자에게 더 많은 선택권을 부여할 수 있다.

10 다음 글에 해당하는 직무분석 방법은 무엇인가?

- 여러 직무활동을 동시에 기록할 수 있다.
- 직무활동 전체의 모습을 파악할 수 있다.
- 직무성과가 외형적일 때 적용이 가능하다.

① 관찰법
② 면접법
③ 워크 샘플링법
④ 질문지법
⑤ 연구법

11 다음 중 전문품에 대한 설명으로 옳지 않은 것은?

① 가구, 가전제품 등이 해당된다.
② 제품의 가격이 상대적으로 비싼 편이다.
③ 특정 브랜드에 대한 높은 충성심이 나타난다.
④ 충분한 정보 제공 및 차별화가 중요한 요소로 작용한다.
⑤ 소비자가 해당 브랜드에 대한 충분한 지식이 없는 경우가 많다.

12 다음 임금 분배 방식 중 위원회가 있고 판매가치를 기준으로 성과급을 분배하는 방식은?

① 임프로쉐어 플랜
② 러커 플랜
③ 스캔런 플랜
④ 링컨 플랜
⑤ 카이저 플랜

13 다음 중 유기적 조직에 대한 설명으로 옳지 않은 것은?

① 상사와 부하 간 활발한 의사소통을 통한 분권화가 이루어진다.
② 규칙이나 절차 등에 대해 융통성을 발휘할 수 있다.
③ 부서 간 업무가 상호의존적이라 할 수 있다.
④ 구성원 관리의 폭이 좁아 적극적인 관리가 가능하다.
⑤ 의사결정 과정을 간소화하여 조직의 효율성을 높일 수 있다.

14 다음 중 테일러의 과학적 관리법과 관계가 없는 것은?

① 시간연구
② 동작연구
③ 동등 성과급제
④ 과업관리
⑤ 표준 작업조건

15 다음 중 풀(Pull) 전략에 대한 설명으로 옳지 않은 것은?

① 고객의 니즈와 선호도를 충족시키는 제품 및 서비스를 개발하는 데 초점을 맞춘다.
② 기업 및 제품을 소개하는 매력적인 콘텐츠를 제작하여 브랜드 인지도를 높인다.
③ 주로 디지털 마케팅 채널을 활용하여 마케팅을 진행한다.
④ 직접적이고 적극적이며, 대개 1 : 1 형태로 진행한다.
⑤ 고객과의 장기적인 관계를 구축하고 유지하고자 한다.

16 다음 중 근로자가 직무능력평가를 위해 개인능력평가표를 활용하는 제도는?

① 자기신고제도 ② 직능자격제도
③ 평가센터제도 ④ 직무순환제도
⑤ 기능목록제도

17 다음 중 데이터베이스 마케팅에 대한 설명으로 옳지 않은 것은?

① 기업 규모와 관계없이 모든 기업에서 활용이 가능하다.
② 기존 고객의 재구매를 유도하며, 장기적인 마케팅 전략 수립이 가능하다.
③ 인구통계, 심리적 특성, 지리적 특성 등을 파악하여 고객별 맞춤 서비스가 가능하다.
④ 고객 자료를 바탕으로 고객 및 매출 증대에 대한 마케팅 전략을 실행하는 데 목적이 있다.
⑤ 단방향 의사소통으로 고객과 1 : 1 관계를 구축하여 즉각적으로 반응을 확인할 수 있다.

18 다음 중 자본, 자산, 부채의 계정 항목이 연결된 내용으로 옳지 않은 것은?

① 당좌자산 : 현금 및 현금성자산, 매출채권
② 투자자산 : 만기보유 금융자산, 투자부동산
③ 유동부채 : 단기차입금, 퇴직급여충당부채
④ 자본잉여금 : 주식발행초과금, 자기주식처분이익
⑤ 이익잉여금 : 이익준비금, 임의적립금

19 다음 중 기업잉여현금흐름(FCFF)에 대한 설명으로 옳지 않은 것은?

① 기업잉여현금흐름은 주주, 채권자 모두에게 귀속되는 현금흐름이다.
② 기업의 자본구조를 반영하지 않아 레버리지가 없는 잉여현금흐름이다.
③ 회사의 배당금 지급, 채무자의 상환 능력 등을 나타낸다.
④ 급격하게 성장하는 사업 초기 기업일수록 FCFF는 양수로 나타난다.
⑤ 영업 외 항목은 고려하지 않기 때문에 부채에 따른 이자비용 등은 고려하지 않는다.

20 다음 중 해외시장 진출 방법에 대한 설명으로 옳지 않은 것은?

① 라이선싱 : 특허, 상표, 디자인 등의 사용권을 해외에 판매하여 진출하는 방식이다.
② 프랜차이징 : 표준화된 제품·시스템 등을 제공하고, 현지에서는 인력·자본 등을 제공하는 방식이다.
③ 생산계약 : 현지 기업이 일정한 수준의 품질과 가격으로 제품을 납품하게 하는 방식이다.
④ 컨소시엄 : 대규모 프로젝트 등에 참여를 위해 자원, 금액 등을 공동으로 마련하는 방식이다.
⑤ 합작투자 : 2개 이상의 기업이 공동의 목표를 달성하기 위해 공동사업체를 설립하여 진출하는 간접투자 방식이다.

공기업 경영학

제3회 최종모의고사

모바일 OMR

문항 수 : 20문항
응시시간 : 20분

정답 및 해설 p.010

01 다음 중 BCG 매트릭스에 대한 설명으로 옳지 않은 것은?

① 1970년대 미국 보스턴컨설팅그룹에 의해 개발된 경영전략 분석 기법이다.
② X축은 상대적 시장 점유율, Y축은 성장률을 의미한다.
③ 물음표(Question), 스타(Star), 현금젖소(Cash Cow), 개(Dog)의 4개 영역으로 구성된다.
④ 수익이 적고 현금흐름도 마이너스인 사업은 개(Dog)이다.
⑤ 수익이 많고 안정적이어서 현상을 유지하는 것이 필요한 사업은 스타(Star)이다.

02 다음 중 행동 감소 전략에서 소거의 장점으로 볼 수 없는 것은?

① 주변 인물이 이해하기 쉽다.
② 문제 행동을 효과적으로 제거할 수 있다.
③ 신속한 결과를 얻을 수 있다.
④ 효과를 장시간 지속할 수 있다.
⑤ 극단적이거나 위험하지 않다.

03 다음 중 인사평가 방법인 BARS(Behaviorally Anchored Rating Scale)에 대한 설명으로 옳지 않은 것은?

① 행위를 중심으로 평가하며, 절대평가 방법 중 하나이다.
② 중요사건법과 평정척도법을 혼합하여 사용한다.
③ 다양하고 구체적인 직무에 적용이 가능하다.
④ 피평가자의 행위를 보고 평가하기 때문에 신뢰도가 높으나, 주관성 또한 높다.
⑤ 목표관리(MBO) 기법과 함께 사용할 경우 행위와 결과를 모두 평가할 수 있다.

04 다음 중 식스 시그마의 방법론에서 DMAIC와 관계가 없는 것은?

① 정의
② 측정
③ 분석
④ 개선
⑤ 검증

05 다음 중 마케팅 조사 단계를 순서대로 바르게 나열한 것은?

① 자료 수집 → 자료 분석 → 문제 정의 → 조사 방법 설계 → 조사 결과 분석
② 자료 수집 → 자료 분석 → 조사 방법 설계 → 조사 결과 분석 → 문제 정의
③ 문제 정의 → 조사 방법 설계 → 조사 결과 분석 → 자료 수집 → 자료 분석
④ 문제 정의 → 조사 방법 설계 → 자료 수집 → 자료 분석 → 조사 결과 분석
⑤ 문제 정의 → 자료 수집 → 자료 분석 → 조사 방법 설계 → 조사 결과 분석

06 다음 중 원가함수의 구성 요인에 대한 설명으로 옳지 않은 것은?

① 총원가는 생산량의 함수를 의미한다.
② 총원가는 고정원가와 변동원가의 합으로 구한다.
③ 고정원가는 생산량과 관계없이 일정하다.
④ 변동원가는 생산량에 비례하여 감소한다.
⑤ 평균원가는 총원가를 생산량으로 나눈 값이다.

07 다음 중 기계적 조직의 특징으로 옳지 않은 것은?

① 직무가 엄격하게 규정되어 있다.
② 많은 규칙과 규정이 존재한다.
③ 권한이 특정인 또는 조직에 집중되어 있다.
④ 조직 또는 구성원의 통솔 범위가 넓다.
⑤ 명령 체계가 분명하다.

08 다음 중 가치사슬 분석을 통해 얻을 수 있는 효과로 옳지 않은 것은?

① 프로세스 혁신
② 원가 절감
③ 매출 확대
④ 품질 향상
⑤ 기간 단축

09 다음 중 기능목록에 표시되는 내용에 해당하지 않는 것은?

① 핵심직무
② 경력
③ 학력
④ 연봉
⑤ 자격현황

10 다음 중 거래비용 이론의 장점으로 옳지 않은 것은?

① 유통 기능을 내부화하여 거래비용을 줄일 수 있다.
② 제품 유통에 대한 통제 기능을 강화할 수 있다.
③ 거래비용 요소를 정확히 측정할 수 있다.
④ 브랜드 가치를 제고할 수 있다.
⑤ 미수금 등을 효율적으로 관리할 수 있다.

11 다음 중 목표설정 이론에서 목표가 동기부여에 미치는 영향으로 옳지 않은 것은?

① 개인의 관심과 흥미를 끌어낸다.
② 행동에 대한 지침을 제공함으로써 행동을 통제한다.
③ 개인의 효용을 극대화할 수 있는 대안을 선택하게 한다.
④ 목표 달성을 위한 적절한 세부 계획과 활동을 수립하게 한다.
⑤ 중도에 포기하지 않고 지속적인 노력을 하게 한다.

12 다음 중 정성적인 수요예측 기법으로 볼 수 없는 것은?

① 델파이법
② 시장조사법
③ 이동평균법
④ 패널동의법
⑤ 역사적 유추법

13 다음 중 단기금융상품에 해당하지 않는 것은?

① 만기가 10개월 남은 양도성예금증서
② 만기가 9개월 남은 환매조건부채권
③ 만기가 6개월 남은 신종기업어음
④ 만기가 5개월 남은 정기적금
⑤ 만기가 2개월 남은 정기예금

14 다음 중 인적자원개발(HRD)의 구성 요소에 해당하지 않는 것은?

① 개인 개발
② 조직 개발
③ 경력 개발
④ 기술 개발
⑤ 수행 관리

15 다음 중 개방 시스템의 특징으로 옳지 않은 것은?

① 하위 시스템 간 상호의존성과 조화를 중요시한다.
② 환경에 적절히 대응하기 위해 분화에 따른 전문성 증가를 목표로 한다.
③ 목표에 이르는 수단을 하나로 통일하여 수행한다.
④ 조직과 환경 간 경계를 강조한다.
⑤ 부정적 엔트로피 성향을 보인다.

16 다음 중 인지부조화가 발생하는 경우로 옳지 않은 것은?

① 논리적 모순
② 문화적 관습
③ 가치관의 배치
④ 과정의 반복
⑤ 과거의 경험

17 다음 중 리더 – 구성원 교환 이론의 발달 단계에 해당하지 않는 것은?

① 수직적 양자관계　　　　　　② 리더 – 부하 교환관계
③ 리더십 결정　　　　　　　　④ 리더십 반응
⑤ 팀 구성 역량 네트워크

18 다음 글에 해당하는 제품의 배치유형은 무엇인가?

- 프로젝트 배치라고도 하며, 제품의 크기가 크거나 형태가 복잡한 경우에 적합하다.
- 제품은 한 곳에 고정하고, 원자재・설비 등을 제품의 생산 장소로 옮겨서 생산한다.
- 생산물의 이동을 최소화할 수 있으나, 높은 숙련도의 작업인력이 필요하다.

① 제품별 배치　　　　　　　　② 기능별 배치
③ 위치고정형 배치　　　　　　④ 혼합형 배치
⑤ 그룹별 배치

19 다음 중 브룸의 기대 이론에서 주요 가정으로 옳지 않은 것은?

① 인간은 서로 다른 욕구와 목적을 갖는다.
② 인간은 자신의 행위의 결과에 대해 기대한다.
③ 인간은 조직에서 자신의 행위를 결정한다.
④ 인간의 행위는 개인과 환경의 힘으로 결정된다.
⑤ 인간은 기대의 정도에 따라 복수의 행동을 선택한다.

20 다음 중 성공적인 코즈 마케팅 전략으로 옳지 않은 것은?

① 브랜드 가치와 얼마나 잘 어울리는지 분석하여 추진한다.
② 마케팅에 참여하는 방법이 쉬워야 한다.
③ 유사 기업 간 협업을 통해 시너지를 발생시킨다.
④ 경제적 이익이 반드시 있어야 한다.
⑤ 과정 및 결과를 투명하게 공개하여야 한다.

공기업 경영학

제4회 최종모의고사

모바일 OMR

문항 수 : 20문항
응시시간 : 20분

정답 및 해설 p.016

01 다음 중 경영전략 수립을 위한 SWOT 분석 도구로 옳은 것은?

① 강점, 약점, 목적, 사실
② 강점, 약점, 순서, 목표
③ 강점, 약점, 기회, 위협
④ 속도, 방법, 기회, 목표
⑤ 속도, 방법, 목적, 위협

02 다음 글에 해당하는 경력 닻(Career Anchor) 유형은 무엇인가?

• 분석적이고 관계적이고 정서적인 역량이 요구된다.
• 도전적이고 통합적인 업무에 적합하다.
• 높은 보수와 퇴직금을 제공한다.

① 자율・독립형
② 기술・기능형
③ 일반 관리자형
④ 창의적 기업가형
⑤ 순수 도전형

03 다음 중 공급망 계획의 구성 요소로 옳지 않은 것은?

① 수요계획
② 제조계획
③ 주문계획
④ 유통계획
⑤ 운송계획

04 다음 중 베버에 따른 관료제의 특징으로 옳지 않은 것은?

① 위계의 서열화
② 권한의 명확화
③ 법규에 따른 과업 수행
④ 관료의 전문성
⑤ 개인에 의해 검증된 경력 관리

05 다음 중 ABC 재고관리의 장점으로 볼 수 없는 것은?

① 관리 대상 선정 시 여러 지표를 활용하여 평가할 수 있다.
② 작성 방법이 간단하여 쉽게 적용할 수 있다.
③ 재고관리, 품질관리, 상품관리 등 여러 분야에 적용할 수 있다.
④ 프로세스를 한눈에 파악할 수 있다.
⑤ 집중해야 하는 포인트를 명확히 할 수 있다.

06 다음 중 선입선출법에 대한 설명으로 옳지 않은 것은?

① 기초재공품의 완성도를 고려하기 때문에 완성품환산량이 비교적 적다.
② 당기발생원가를 당기완성품환산량으로 나누어 완성품환산량의 단위당 원가를 계산한다.
③ 당기투입원가는 완성품원가와 기말재공품원가로 배분한다.
④ 기초재공품원가는 별도의 배분 없이 완성품원가를 구성한다.
⑤ 전기와 당기의 성과가 혼합되어 성과 측정 시 유용한 정보를 제공하지 못한다.

07 다음 중 리더 - 구성원 교환 이론의 발달 단계를 순서대로 바르게 나열한 것은?

① 리더십 결정 → 교환 관계 → 수직적 관계 → 역량 네트워크
② 리더십 결정 → 수직적 관계 → 교환 관계 → 역량 네트워크
③ 수직적 관계 → 교환 관계 → 역량 네트워크 → 리더십 결정
④ 수직적 관계 → 교환 관계 → 리더십 결정 → 역량 네트워크
⑤ 수직적 관계 → 리더십 결정 → 역량 네트워크 → 교환 관계

08 다음 글에 해당하는 마케팅 유형은 무엇인가?

- 배너광고, 이메일, 검색 등을 활용하여 고객을 유치하는 마케팅 전략이다.
- 전통적인 마케팅 방법보다 더 많은 사람에게 메시지를 노출할 수 있다.
- 데이터 분석을 통해 고객의 행동 패턴을 파악하고, 차별화된 마케팅 전략을 구사할 수 있다.

① 콘텐츠 마케팅　　② 오프라인 마케팅
③ 디지털 마케팅　　④ 인바운드 마케팅
⑤ 자연유입 마케팅

09 다음 중 임금 유형과 결정요인이 바르게 짝지어진 것은?

① 연공급 : 역할의 크기
② 직무급 : 직무 특성, 난이도
③ 직능급 : 개인 및 집단의 성과
④ 역할급 : 직무 경력, 훈련
⑤ 성과급 : 근속연수

10 다음 중 마일즈&스노우의 전략 유형에서 공격형에 대한 설명으로 옳지 않은 것은?

① 인력계획을 비공식적이고 제한적으로 설정한다.
② 인력의 충원, 선발, 배치는 외부 영입을 원칙으로 한다.
③ 인력에 대한 보상은 외적인 경쟁력에 기준을 두고, 성과급의 비중을 높게 설정한다.
④ 인사고과는 결과 지향적으로 평가한다.
⑤ 인력 훈련 및 개발의 기능 형성을 기본으로 한다.

11 다음 중 간트 차트에 대한 설명으로 옳지 않은 것은?

① 프로젝트 일정 관리를 위한 막대 형태의 도구를 의미한다.
② 가로축에는 프로젝트 수행 활동, 세로축에는 날짜가 위치한다.
③ 업무별로 일정을 그래픽으로 표시하여 전체 일정을 한눈에 파악할 수 있다.
④ 정밀한 일정 계획을 수립하기 어렵다.
⑤ 작업 간 상호관계에 대한 명확한 분석이 어렵다.

12 다음 중 제품수명주기의 5단계를 순서대로 바르게 나열한 것은?

① 개발기 → 도입기 → 성장기 → 성숙기 → 쇠퇴기
② 개발기 → 도입기 → 성장기 → 쇠퇴기 → 성숙기
③ 도입기 → 개발기 → 성장기 → 성숙기 → 쇠퇴기
④ 도입기 → 개발기 → 성숙기 → 성장기 → 쇠퇴기
⑤ 성장기 → 성숙기 → 쇠퇴기 → 도입기 → 개발기

13 다음 중 제도화 이론에 대한 설명으로 옳지 않은 것은?

① 제도화 이론은 조직의 생존을 위해 정당성을 획득하는 것이 중요하다고 주장한다.
② 불확실성 속에서 다른 유사한 조직을 모방하여 행동하려는 경향이 나타난다.
③ 조직이 속해 있는 사회적·문화적 기대에 의해 공식적 또는 비공식적 압력으로 강제되는 경향이 나타난다.
④ 조직에 전문적으로 숙달된 외부 인력의 유입이 늘어나게 된다.
⑤ 조직에 기술적인 차원과 제도적인 차원이 있다고 본다.

14 다음 중 NPV(순현재가치)에 대한 설명으로 옳지 않은 것은?

① 최초 투자 시점부터 종료 시점까지의 기간별 순이익의 흐름을 현재가치로 환산하여 나타낸다.
② 편익의 현재가치에서 비용의 현재가치를 차감한 값이다.
③ 기대 현금흐름과 자본의 할인율에 의해서만 결정된다.
④ 경영자, 주주 등의 취향, 회계 처리 방식의 영향을 받지 않는다.
⑤ 순현재가치가 1보다 크면 타당성이 있는 사업으로 판단한다.

15 다음 중 서번트 리더십의 장단점으로 옳지 않은 것은?

① 조직 구성원이 창의적으로 업무를 수행하도록 하여 조직의 발전을 이끌 수 있다.
② 조직의 목표와 역할을 리더의 눈높이에서 정할 수 있다.
③ 조직 구성원의 경험과 지식을 최대한 활용하여 개인 능력을 극대화할 수 있다.
④ 업무에 대한 조직의 전반적인 권한이 축소되어 유기적인 협업이 저해될 수 있다.
⑤ 업무의 성과를 끌어내기까지 많은 시간과 비용이 소요된다.

16 다음 중 인적자원관리의 목표로 볼 수 없는 것은?

① 조직과 구성원 간 협력을 통해 경제적 효율성을 최대로 추구한다.
② 인재를 양성하여 조직 경쟁력을 강화한다.
③ 인적자원관리 시스템을 구축하여 운영한다.
④ 조직의 구조적 시스템과 관리 방법을 구축한다.
⑤ 조직 구성원이 열정적으로 일할 수 있는 좋은 환경과 여건을 지원한다.

17 다음 중 유연생산 시스템의 목적이 바르게 연결된 것은?

① 합리성, 수익성, 객관성
② 합리성, 생산성, 신뢰성
③ 유연성, 합리성, 신뢰성
④ 유연성, 생산성, 객관성
⑤ 유연성, 생산성, 신뢰성

18 다음 중 마케팅 조사 방법에서 정성적 조사 방법에 해당하는 것은?

① 기술조사
② 인과조사
③ 종결조사
④ 횡단조사
⑤ 탐색조사

19 다음 중 브룸의 기대 이론에 대한 설명으로 옳지 않은 것은?

① 노력, 보상, 기대치, 수단성, 유인가의 개념을 중심으로 전개되는 이론이다.
② 현재의 노력은 미래에 발생할 보상에 의하여 결정된다고 가정된다.
③ 노력의 결과는 1차 성과, 2차 보상으로 나눌 수 있다.
④ 모형이 단순하여 결과 측정을 편리하게 할 수 있다.
⑤ 조사자에 따라 결과가 달라져 결과에 대한 비교가 곤란하다.

20 다음 중 델파이 기법의 단점으로 옳지 않은 것은?

① 설문지 작성 순서 및 응답 내용 처리에 따라 결괏값이 달라질 수 있다.
② 참여자의 직접 응답 여부를 검증할 수 없다.
③ 불확실한 응답 또는 응답의 왜곡 현상이 발생할 수 있다.
④ 특정 분야에 대한 참여자의 편향된 관점으로 인해 잘못된 의견이 제시될 수 있다.
⑤ 익명성으로 인해 의사결정 주제에 대한 지속적인 관심이 줄어들 수 있다.

공기업 경영학

제5회 최종모의고사

문항 수 : 20문항
응시시간 : 20분

정답 및 해설 p.022

01 다음 글에 해당하는 조직구조는 무엇인가?

- 수평적 분화에 중점을 두고 있다.
- 각자의 전문 분야에서 작업 능률을 증대시킬 수 있다.
- 생산, 회계, 인사, 영업, 총무 등의 기능을 나누고 각 기능을 담당할 부서단위로 조직된 구조이다.

① 기능 조직
② 사업부 조직
③ 매트릭스 조직
④ 수평적 조직
⑤ 네트워크 조직

02 다음 중 테일러(F. Taylor)의 과학적 관리의 특징으로 옳지 않은 것은?

① 과업관리
② 작업지도표 제도
③ 차별적 성과급제
④ 기능식 직장 제도
⑤ 컨베이어 시스템

03 다음 중 생산합리화의 3S로 옳은 것은?

① 세분화(Segmentation) - 표준화(Standardization) - 단순화(Simplification)
② 규격화(Specification) - 세분화(Segmentation) - 전문화(Specialization)
③ 단순화(Simplification) - 규격화(Specification) - 세분화(Segmentation)
④ 표준화(Standardization) - 단순화(Simplification) - 전문화(Specialization)
⑤ 규격화(Specification) - 전문화(Specialization) - 표준화(Standardization)

04 다음 중 단위당 소요되는 표준작업시간과 실제작업시간을 비교하여 절약된 작업시간에 대한 생산성 이득을 노사가 각각 50 : 50의 비율로 배분하는 임금제도로 옳은 것은?

① 임프로쉐어 플랜
② 스캔런 플랜
③ 메리크식 복률성과급
④ 테일러식 차별성과급
⑤ 러커 플랜

05 다음 중 학습조직(LO; Learning Organization)에 대한 설명으로 옳지 않은 것은?

① 학습조직의 구조는 조직기본단위를 개인으로 구성하고, 물질적 보상과 결과를 중시한다.
② 문제지향적 학습 과정, 집단적 학습의 강조, 의식적 학습의 자극과 규칙, 통찰력과 병렬적 학습을 강조한다.
③ 학습의 기본단위는 정보이고, 조직적 차원에서 정보는 공유되어야 하기 때문에 조직은 정보관리 시스템을 건설하고 정보・의사소통을 지원해야 한다.
④ 학습조직을 위한 다섯 가지 훈련(Senge)은 자기완성, 사고의 틀, 공동의 비전, 집단적 학습, 시스템 중심의 사고로 볼 수 있다.
⑤ Garvin은 학습조직을 '지식을 창출하고 획득하여 전달하는 데 능숙하며, 새로운 지식과 통찰력을 경영에 반영하기 위하여 기존의 행동 방식을 바꾸는 데 능숙한 조직'으로 정의했다.

06 다음 중 조직에서 권력을 강화하기 위한 전술로 옳지 않은 것은?

① 의존성 창출
② 불확실한 영역에 진입
③ 목표관리
④ 희소자원 제공
⑤ 전략적 상황요인 충족

07 다음 중 델파이 기법에 대한 설명으로 옳지 않은 것은?

① 전문가들을 두 그룹으로 나누어 진행한다.
② 많은 전문가들의 의견을 취합하여 재조정 과정을 거친다.
③ 의사결정 및 의견 개진 과정에서 타인의 압력이 배제된다.
④ 전문가들을 공식적으로 소집하여 한 장소에 모이게 할 필요가 없다.
⑤ 미래의 불확실성에 대한 의사결정 및 장기 예측에 좋은 방법이다.

08 다음 중 사업부제 조직에 대한 설명으로 옳지 않은 것은?

① 인원·신제품·신시장의 추가 및 삭감이 신속하고 신축적이다.
② 사업부제 조직의 형태로는 제품별 사업부제, 지역별 사업부제, 고객별 사업부제 등이 있다.
③ 사업부는 기능조직과 같은 형태를 취하고 있으며, 회사 내의 회사라고 볼 수 있다.
④ 사업부 간 과당경쟁으로 조직 전체의 목표달성 저해를 가져올 수 있는 단점이 있다.
⑤ 기능조직이 점차 대규모화됨에 따라 제품이나 지역, 고객 등을 대상으로 해서 조직을 분할하고 이를 독립채산제로 운영하는 방법이다.

09 다음 〈보기〉 중 조직설계에 대한 설명으로 옳은 것을 모두 고르면?

─〈보기〉─
가. 환경의 불확실성이 높을수록 조직 내 부서의 분화 정도는 높아진다.
나. 많은 수의 제품을 생산하는 기업은 사업부 조직(Divisional Structure)이 적절하다.
다. 기업의 조직구조는 전략에 영향을 미친다.
라. 대량생산 기술을 사용하는 기업은 효율성을 중시하는 유기적 조직으로 설계하는 것이 적절하다.
마. 조직 내 부서 간 상호의존성이 증가할수록 수평적 의사소통의 필요성은 증가한다.

① 가, 나, 마
② 가, 다, 라
③ 가, 다, 마
④ 나, 다, 라
⑤ 나, 라, 마

10 다음 중 마이클 포터가 제시한 경쟁우위 전략에 대한 설명으로 옳지 않은 것은?

① 원가우위 전략은 경쟁기업보다 낮은 비용에 생산하여 저렴하게 판매하는 것을 의미한다.
② 차별화 전략은 경쟁사들이 모방하기 힘든 독특한 제품을 판매하는 것을 의미한다.
③ 집중화 전략은 원가우위에 토대를 두거나 차별화우위에 토대를 둘 수 있다.
④ 원가우위 전략과 차별화 전략은 일반적으로 대기업에서 많이 수행된다.
⑤ 마이클 포터는 기업이 성공하기 위해서는 한 제품을 통하여 원가우위 전략과 차별화 전략 두 가지 전략을 동시에 추구해야 한다고 보았다.

11 다음 중 인사평가 측정 결과의 검증 기준에서 타당성에 대한 설명으로 옳은 것은?

① 얼마나 일관되게 측정하였는가를 나타낸다.
② 평가 제도에 대한 구성원들의 신뢰도를 나타낸다.
③ 직무성과와 관련성이 있는 내용을 측정한다.
④ 평가 항목을 구체적이고 명확하게 구성하였는지를 평가한다.
⑤ 평가 제도의 도입 및 운영비용보다 그로 인해 얻는 효익이 더 큰지를 나타낸다.

12 다음 중 용어의 개념에 대한 설명으로 옳지 않은 것은?

① 주식회사 : 주식을 소유하고 있는 주주가 그 회사의 주인이 되는 형태이다.
② 협동조합 : 경제활동으로 지역사회에 이바지하기 위해 설립된 단체이다.
③ 합자회사 : 무한책임사원으로 이루어지는 회사로, 무한책임사원이 경영하고 사업으로부터 생기는 이익의 분배에 참여하는 회사이다.
④ 합명회사 : 가족 또는 친척이나 친구와 같이 극히 친밀한 사람들이 공동으로 사업을 하기에 적합한 회사이다.
⑤ 유한회사 : 유한회사의 주인은 사원으로, 이때 사원은 출자액의 한도 내에서만 회사의 채무에 대해 변제 책임을 진다.

13 다음 중 자원 기반 관점(RBV)에 대한 설명으로 옳지 않은 것은?

① 기업이 경쟁우위를 획득하고 장기간의 탁월한 성과를 이끌어 내는 것은 기업이 보유한 자원이다.
② 자원 기반 관점은 기업 경쟁력의 원천을 기업의 내부가 아닌 외부에서 찾는 관점이다.
③ 경쟁우위를 제공하는 자원들을 VRIN 자원이라고 부르기도 한다.
④ 경쟁우위의 원천이 되는 자원은 이질성(Heterogeneous)과 비이동성(Immobile)을 가진다.
⑤ 기업이란 여러 생산적인 경영자원(인적·물적자원)의 집약체이며, 좋은 기업은 양질의 자원집약체라고 볼 수 있다는 관점이다.

14 다음 중 시장지향적 마케팅에 대한 설명으로 옳지 않은 것은?

① 고객지향적 사고의 장점을 포함하면서 그 한계점을 극복하기 위한 포괄적 마케팅이다.
② 기업이 최종 고객들과 원활한 교환을 통하여 최상의 가치를 제공하기 위함을 목표로 한다.
③ 오직 기존 사업시장에 집중하며 경쟁우위를 점하기 위한 마케팅이다.
④ 다양한 시장 구성 요소들이 원만하게 상호작용하며 마케팅 전략을 구축한다.
⑤ 기존 사업시장뿐만 아니라 외부 사업시장이나 이익 기회들을 확인하며, 때에 따라 기존 사업시장을 포기하기도 한다.

15 다음 중 목표설정 이론 및 목표관리(MBO)에 대한 설명으로 옳지 않은 것은?

① 목표는 구체적이고 도전적으로 설정하는 것이 바람직하다.
② 목표는 지시적 목표, 자기설정 목표, 참여적 목표로 구분된다.
③ 목표를 설정하는 과정에 부하직원이 함께 참여한다.
④ 조직의 목표를 구체적인 부서별 목표로 전환하게 된다.
⑤ 성과는 경영진이 평가하여 부하직원 개개인에게 통보한다.

16 다음 사례에 해당하는 브랜드 개발 전략은 무엇인가?

'바나나맛 우유'는 1974년 출시된 이후 꾸준히 인기를 끌고 있는 장수 제품이다. 이 제품을 생산·판매하고 있는 B기업은 최근 기존의 바나나맛 우유에서 벗어나 멜론의 달콤한 향을 더한 '메로나맛 우유'를 내놓았는데, 그로 인해 사람들은 기존 제품에서 벗어난 신선함에 관심을 가졌고, '바나나맛 우유'라는 상표를 다시금 사람들의 머릿속에 각인시키는 전략적 성과를 거두었다.

① 카테고리 확장
② 라인 확장
③ 시장침투 전략
④ 생산라인 확대
⑤ 푸시(Push) 전략

17 다음 사례에서 A팀원의 행동을 설명하는 동기부여 이론은 무엇인가?

> A팀원은 작년도 목표 대비 업무실적을 100% 달성하였다. 이에 반해 같은 팀 동료인 B팀원은 동일 목표 대비 업무실적이 10% 부족하였지만, A팀원과 동일한 인센티브를 받았다. 이 사실을 알게 된 A팀원은 팀장에게 추가 인센티브를 요구하였으나 받아들여지지 않자 결국 이직하였다.

① 기대 이론 ② 공정성 이론
③ 욕구단계 이론 ④ 목표설정 이론
⑤ 인지적 평가 이론

18 다음 중 주당 액면금액이 ₩5,000인 보통주 100주를 주당 ₩8,000에 현금 발행한 경우 재무제표에 미치는 영향으로 옳지 않은 것은?

① 자산 증가 ② 자본 증가
③ 수익 불변 ④ 부채 불변
⑤ 이익잉여금 증가

19 다음 중 스키밍(Skimming) 가격전략의 시기와 책정 가격을 바르게 연결한 것은?

① 도입기 – 고가격 ② 도입기 – 저가격
③ 성장기 – 고가격 ④ 성숙기 – 저가격
⑤ 성숙기 – 고가격

20 다음 글에 해당하는 노동조합 숍(Shop) 제도가 바르게 연결된 것은?

> ㉠ 근로자를 고용할 때 근로자가 노동조합의 조합원인 경우에만 채용이 가능한 제도이다.
> ㉡ 노동조합의 조합원 여부와 관계없이 근로자를 고용하는 것이 가능한 제도이다.
> ㉢ 고용된 근로자의 경우 일정 기간 내에 노동조합의 조합원이 되어야 하는 제도이다.

	㉠	㉡	㉢
①	오픈 숍	클로즈드 숍	프레퍼렌셜 숍
②	오픈 숍	에이전시 숍	클로즈드 숍
③	오픈 숍	유니언 숍	메인테넌스 숍
④	클로즈드 숍	에이전시 숍	메인테넌스 숍
⑤	클로즈드 숍	오픈 숍	유니언 숍

공기업 경영학

제6회 최종모의고사

모바일 OMR

문항 수 : 20문항
응시시간 : 20분

정답 및 해설 p.026

01 다음 중 GE 매트릭스의 상황평가 단계에 해당하지 않는 것은?

① 분석단위 결정
② 변수 파악
③ 미래 예측
④ 가중치 부여
⑤ 사업단위 위치 결정

02 다음 중 HRM의 업무로 옳지 않은 것은?

① 인적자원의 확보 및 배치
② 미래 인적자원 계획
③ 인사제도 기획 및 실행
④ 임금 및 복리후생 설계
⑤ 조직 및 개인의 역량 개발

03 다음 중 목표관리법(MBO)의 특징으로 옳지 않은 것은?

① 개인 목표와 조직 목표를 명확히 구분한다.
② 목표 달성을 위한 동기부여를 한다.
③ 커뮤니케이션을 활성화한다.
④ 객관적인 보상 체계를 갖는다.
⑤ 구속성 및 참여의식을 유발한다.

04 다음 중 적시생산 방식의 특징에 대한 설명으로 옳지 않은 것은?

① 생산소요 시간을 단축할 수 있다.
② 노동력을 유연하게 사용할 수 있다.
③ 작업자들이 제품의 생산 및 품질까지 책임질 것을 강조한다.
④ 자재 흐름을 통제하기 위하여 칸반 시스템을 운영한다.
⑤ 재고를 최소화하기 위하여 로트 크기를 확대한다.

05 다음 글에 해당하는 가격결정 모형은 무엇인가?

- 소비자들이 제품에 대해 느끼는 가치를 분석하여 가격을 결정한다.
- 시장 내 경쟁제품이 적고 제품의 차별성이 클 때 적합하다.
- 제품의 주요 특징에 대해 대체품과 비교하여 우위를 나타낼 수 있다.

① 프리미엄 가격 ② 경쟁자 기반 가격
③ 가치 기반 가격 ④ 원가 기반 가격
⑤ 시장침투 가격

06 다음 중 공기업의 하나인 공사(公社)에 대한 설명으로 옳지 않은 것은?

① 특별법에 의하여 설치되며, 상법의 적용이 배제된다.
② 정부가 전액 출자하므로 주식과 주주가 별도로 없다.
③ 일반 행정 기관에 적용되는 예산 회계에 관한 법령의 적용을 받는다.
④ 임원의 임명권은 정부가 가진다.
⑤ 운영의 책임은 정부가 가진다.

07 다음 중 노사관계에 대한 설명으로 옳지 않은 것은?

① 이상적인 노사관계는 경영자와 근로자의 힘이 균형된 상태이다.
② 협력적 관계와 대립적 관계를 동시에 맺는다.
③ 경제적 관계와 생산적 관계를 동시에 맺는다.
④ 개별적 관계와 집단적 관계를 동시에 맺는다.
⑤ 종속적 관계와 대등적 관계를 동시에 맺는다.

08 다음 금융상품 중 지분증권에 해당하는 것은?

① 회사채 ② DLB
③ ELS ④ 신주인수권
⑤ 신탁증권

09 다음 중 브랜드 개발 전략 단계를 순서대로 바르게 나열한 것은?

① 시장 상황 분석 → 정체성 수립 → 가치 제안 → 콘셉트 개발 → 구성 요소 개발
② 정체성 수립 → 시장 상황 분석 → 가치 제안 → 콘셉트 개발 → 구성 요소 개발
③ 가치 제안 → 정체성 수립 → 시장 상황 분석 → 콘셉트 개발 → 구성 요소 개발
④ 시장 상황 분석 → 정체성 수립 → 가치 제안 → 구성 요소 개발 → 콘셉트 개발
⑤ 정체성 수립 → 시장 상황 분석 → 가치 제안 → 구성 요소 개발 → 콘셉트 개발

10 다음 중 네트워크 조직에 대한 설명으로 옳지 않은 것은?

① 다양한 정보 공유를 통해 가치를 창출하는 데 유리하다.
② 피라미드 형태의 조직을 수평화하여 조직 운영을 유연하게 할 수 있다.
③ 조직을 소규모 단위로 분할하여 운영함으로써 환경 변화에 신속히 대응할 수 있다.
④ 사업부 조직을 유지하면서 동시에 자율적인 팀 조직을 운영하는 복합적인 형태이다.
⑤ 핵심 업무 및 그 외 부수 업무를 같은 조직 내에서 효율적으로 수행하는 것이 가능하다.

11 다음 중 계수형 관리도에 해당하지 않는 것은?

① 불량률 관리도
② 불량 개수 관리도
③ 평균 및 표준편차 관리도
④ 결점수관리도
⑤ 단위당 결점수관리도

12 다음 중 다운사이징의 특징에 대한 설명으로 옳지 않은 것은?

① 다운사이징은 조직의 의도적인 행위에 따른다.
② 인력 감축은 다운사이징의 대표적인 사례 중 하나이다.
③ 기업의 체질 및 구조를 근본적으로 재설계하여 경쟁력을 확보한다.
④ 다운사이징을 통해 조직의 효율성을 증대할 수 있다.
⑤ 조직의 업무 프로세스 변화에 영향을 미친다.

13 다음 중 마케팅의 신뢰도 측정 방법에 해당하지 않는 것은?

① 판별법
② 재검사법
③ 반분법
④ 동형검사법
⑤ 내적 일관성법

14 다음 중 민츠버그의 조직 이론에서 전문적 관료제의 특징으로 옳지 않은 것은?

① 전문 지식을 소유하고 있는 전문가가 자신의 업무에 대한 강력한 재량권을 가진다.
② 조직 구성원이 업무적인 압력 또는 간섭에서 자유롭게 업무를 수행할 수 있다.
③ 재량권의 남용 등으로 고객과의 마찰이 발생할 수 있다.
④ 업무가 철저하게 세분되어 있으며 반복적으로 수행한다.
⑤ 대학교, 연구소, 병원 등에서 많이 활용하는 조직 유형이다.

15 다음 중 재고자산을 매입할 때마다 평균단가를 계산하는 재고조사 방법은?

① 개별법
② 총평균법
③ 이동평균법
④ 선입선출법
⑤ 후입선출법

16 다음 중 직무평가 방법의 종류에 해당하지 않는 것은?

① 서열법
② 분류법
③ 관찰법
④ 점수법
⑤ 요소비교법

17 다음 중 이슈 트리의 작성 유형에 대한 설명으로 옳지 않은 것은?

① 연역법 방식은 문제를 정의하고 구성 요소를 세분화하는 방식이다.
② 연역법 방식은 프로젝트 초기에 적용하는 것이 효율적이다.
③ 가설주도 방식은 가설을 먼저 제시하고 이에 대한 질문을 나열하는 방식이다.
④ 가설주도 방식은 문제해결 후반부에 적용하는 것이 효율적이다.
⑤ 이슈맵 방식은 주요 이슈에 대해 긍정과 부정으로 구분하여 나열하는 방식이다.

18 다음 중 페이욜의 일반관리 원칙으로 옳지 않은 것은?

① 책임과 권한
② 명령의 일원화
③ 집권화
④ 협업
⑤ 주도권

19 다음 중 직무분석의 5단계를 순서대로 바르게 나열한 것은?

① 정보 수집 → 정보 분석 및 검증 → 직무분석 계획 → 분석 정보 수정 → 직무기술서와 직무명세서 작성
② 정보 수집 → 정보 분석 및 검증 → 직무분석 계획 → 직무기술서와 직무명세서 작성 → 분석 정보 수정
③ 직무분석 계획 → 정보 수집 → 정보 분석 및 검증 → 분석 정보 수정 → 직무기술서와 직무명세서 작성
④ 직무분석 계획 → 정보 수집 → 정보 분석 및 검증 → 직무기술서와 직무명세서 작성 → 분석 정보 수정
⑤ 직무기술서와 직무명세서 작성 → 직무분석 계획 → 정보 수집 → 정보 분석 및 검증 → 분석 정보 수정

20 다음 중 카리스마 리더십의 특징으로 볼 수 없는 것은?

① 언어적 표현을 통해 구성원들에게 정확한 의사표시를 할 수 있어야 한다.
② 구성원들에게 뚜렷한 목표를 제시할 수 있어야 한다.
③ 구성원들로부터 강한 신뢰를 얻어야 한다.
④ 리더만의 특별한 매력이나 성과를 가지고 있어야 한다.
⑤ 구성원들에게 목표를 전달하고 이해시킬 수 있어야 한다.

공기업 경영학

제7회 최종모의고사

모바일 OMR

문항 수 : 20문항
응시시간 : 20분

01 다음 글에 해당하는 심리적 가격전략은 무엇인가?

- 일반적으로 사람들이 인정하는 가격을 의미한다.
- 한번 정해진 가격을 인상하는 것이 쉽지 않다.
- 원재료, 수량 등을 조절하여 가격 상승 효과를 노릴 수 있다.

① 단수가격 ② 명성가격
③ 준거가격 ④ 관습가격
⑤ 유보가격

02 다음 중 관료제의 문제점으로 볼 수 없는 것은?

① 개인의 창의성과 자율성을 제한할 수 있다.
② 인간을 수단화하는 인간 소외 현상을 가져올 수 있다.
③ 빠른 사회 변동에 지나치게 예민하게 반응할 수 있다.
④ 규약과 절차를 지나치게 중요시하여 목적 달성을 방해하는 현상을 유발할 수 있다.
⑤ 시간과 비용의 낭비로 인해 업무의 효율성이 저하될 수 있다.

03 다음 중 MRP 시스템의 장점으로 볼 수 없는 것은?

① 계획의 재수립을 통해 재고를 감축할 수 있다.
② 유휴시간을 줄여 효율성을 높일 수 있다.
③ 시장 변화에 신속하게 대응할 수 있다.
④ 조립을 필요로 하지 않는 다양한 제품 생산에 활용될 수 있다.
⑤ 재고 및 생산비용을 줄일 수 있다.

04 다음 중 시장침투 가격전략의 단점으로 옳지 않은 것은?

① 초기가격을 낮게 설정함으로써 수익 확보에 어려움이 있을 수 있다.
② 시장 점유율을 확대하는 데 많은 시간이 소요될 수 있다.
③ 제품가격을 인상할 때 기존 소비자의 반발을 일으킬 수 있다.
④ 낮은 가격으로 인해 저가 브랜드 이미지가 형성될 수 있다.
⑤ 시장 내에서 제품가격이 민감하게 반응하지 않으면 적합하지 않다.

05 다음 중 K-IFRS의 특징에 대한 설명으로 옳지 않은 것은?

① 주요 재무제표로 연결재무제표를 사용한다.
② 비재무 사항에 대해서도 연결공시를 시행한다.
③ 유·무형자산에 대한 평가는 역사적 원가 모형만 인정한다.
④ 대손충당금은 발생 기준에 의해서만 인식한다.
⑤ 영업권은 상각하지 않으며, 손상평가를 시행한다.

06 다음 중 직무명세서의 특징에 대한 설명으로 옳지 않은 것은?

① 사내교육, 경력개발 등 기존 근로자의 인적자원을 관리하는 데 사용된다.
② 특정 직무에 대한 직원을 채용할 때 기업이 적합한 근로자를 선발할 수 있도록 도와준다.
③ 직무의 특성을 중점적으로 기재한다.
④ 직무 난이도, 가치 등을 판단할 수 있는 정보를 제공한다.
⑤ 자격사항, 교육, 경력 등의 정보를 포함한다.

07 다음 중 분개의 절차를 순서대로 바르게 나열한 것은?

① 계정과목 결정 → 회계상 거래 여부 파악 → 차변 및 대변 결정 → 계정과목별 발생 금액 결정
② 계정과목 결정 → 계정과목별 발생 금액 결정 → 회계상 거래 여부 파악 → 차변 및 대변 결정
③ 회계상 거래 여부 파악 → 계정과목별 발생 금액 결정 → 차변 및 대변 결정 → 계정과목 결정
④ 회계상 거래 여부 파악 → 계정과목별 발생 금액 결정 → 계정과목 결정 → 차변 및 대변 결정
⑤ 회계상 거래 여부 파악 → 계정과목 결정 → 차변 및 대변 결정 → 계정과목별 발생 금액 결정

08 다음 중 자본집약도에 대한 설명으로 옳지 않은 것은?

① 자본집약도는 (자본투입량)÷(노동투입량)으로 구한다.
② 자본은 대부분 고정자본을 의미한다.
③ 기술이 진보할수록 자본집약도는 높아진다.
④ 일반적으로 의류, 신발 등 경공업 산업은 자본집약도가 낮다.
⑤ 노동생산성과 자본집약도는 반비례 관계이다.

09 다음 중 기능식 조직의 특징에 대한 설명으로 옳지 않은 것은?

① 부서 간 기술의존성이 높고, 일상적인 기술을 사용하는 조직일수록 효율적이다.
② 업무활동을 기능별로 분화하고, 관리자는 업무활동과 관련된 사항을 경영진에 보고한다.
③ 유사한 업무를 결합함으로써 자원, 노력 등의 낭비를 막고 규모의 경제를 실현할 수 있다.
④ 구성원이 짧은 시간에 기술, 지식 등을 개발할 수 있다.
⑤ 구성원이 공통된 지식과 언어를 사용함에 따라 능률이 향상될 수 있다.

10 다음 중 참여적 리더십의 장점으로 볼 수 없는 것은?

① 구성원들에게 적극적인 동기부여를 줄 수 있다.
② 조직 목표와 구성원의 개인 발전을 동일하게 인식시킬 수 있다.
③ 위기 상황에서 리더의 카리스마로 위기를 극복할 수 있다.
④ 리더와 구성원 간 원활한 의사소통이 가능하다.
⑤ 정책을 결정할 때 오해나 불신을 사전에 제거할 수 있다.

11 다음 중 연속생산의 장점으로 옳지 않은 것은?

① 제한된 시간 및 공간을 활용하여 제품 생산을 극대화할 수 있다.
② 종료 및 시작 프로세스를 반복함으로써 오류를 줄일 수 있다.
③ 생산 공정을 단축하여 생산 단가를 낮출 수 있다.
④ 생산장비의 지속적인 작동으로 청소나 살균 등의 관리 절차를 줄일 수 있다.
⑤ 대량생산 제품에 대한 일관된 품질을 보장할 수 있다.

12 다음 중 회계상 거래에 해당하지 않는 것은?

① 상품의 매매
② 채무의 발생
③ 금전의 대여
④ 비용의 지급
⑤ 상품의 계약

13 다음 중 마케팅의 신뢰도를 높이는 방법으로 옳지 않은 것은?

① 신뢰도가 높다고 많이 알려진 방법을 선택하여 사용한다.
② 측정 항목 간 내적 일관성을 높여 신뢰도를 높일 수 있다.
③ 반복 측정을 통해 신뢰도를 높일 수 있다.
④ 체계적 오차의 발생 가능성을 제거한다.
⑤ 측정 항목 수, 척도 점수를 늘여 신뢰도를 높일 수 있다.

14 다음 중 포드 시스템의 핵심 요소인 표준화와 관계가 없는 것은?

① 제품의 단순화
② 작업의 단순화
③ 부품의 표준화
④ 기계의 전문화
⑤ 부품의 이동화

15 다음 글에 해당하는 인사고과의 오류는 무엇인가?

- 어떤 한 분야에 대한 평가가 다른 분야의 평가에 영향을 미친다.
- 행동의 표현이 불분명하거나 특성에 도덕적 의미가 포함되어 있는 경우에 주로 나타난다.
- 평가 항목 수를 줄이거나 여러 대상을 동시에 평가하여 오류를 줄일 수 있다.

① 상동적 태도
② 항상 오차
③ 헤일로 효과
④ 논리 오차
⑤ 대비 오차

16 다음 글에 해당하는 일정 관리법은 무엇인가?

- 주문받은 작업에서 납기일이 가장 빠른 순서로 결정하는 것이다.
- 긴급한 주문이나 작업 지연 정도를 고려하지 않아 합리성이 부족할 수 있다.

① 선착순 우선법 ② 최소 작업시간 우선법
③ 최소 여유시간 우선법 ④ 최소 납기일 우선법
⑤ 긴급률 우선법

17 다음 중 피쉬바인 모델을 구성하는 변수에 해당하지 않는 것은?

① 대상에 대한 태도
② 대상이 속성에서 어떨 것인지에 대한 소비자의 신념
③ 속성의 분석 방법
④ 속성에 대한 소비자의 평가
⑤ 고려되는 속성의 수

18 다음 중 직무분석 절차를 순서대로 바르게 나열한 것은?

① 대표 직위 선정 → 배경정보 수집 → 직무정보 수집 → 직무기술서 작성 → 직무명세서 작성
② 대표 직위 선정 → 직무정보 수집 → 배경정보 수집 → 직무명세서 작성 → 직무기술서 작성
③ 배경정보 수집 → 직무정보 수집 → 직무기술서 작성 → 직무명세서 작성 → 대표 직위 선정
④ 배경정보 수집 → 직무정보 수집 → 대표 직위 선정 → 직무명세서 작성 → 직무기술서 작성
⑤ 배경정보 수집 → 대표 직위 선정 → 직무정보 수집 → 직무기술서 작성 → 직무명세서 작성

19 다음 중 변혁적 리더십의 특성으로 옳지 않은 것은?

① 구성원들은 리더가 이상적이며 높은 수준의 기준과 능력을 지니고 있다고 생각한다.
② 리더는 구성원 모두가 공감할 수 있는 바람직한 목표를 설정하고, 그들이 이를 이해하도록 한다.
③ 리더는 구성원들의 생각·가치·신념 등을 발전시키고, 그들이 창의적으로 행동하도록 이끈다.
④ 리더는 구성원들의 관심사, 욕구 등에 대해 개별적으로 공평하게 관심을 가진다.
⑤ 구성원들을 리더로 얼마나 육성했는지보다 구성원의 성과 측정을 통해 객관성을 가질 수 있다는 효과가 있다.

20 다음 중 자본비용에 대한 설명으로 옳지 않은 것은?

① 자본비용은 투자안 평가, 성과 측정, 최적 자본구조 결정 등 기업의 중요한 의사결정 요인이다.
② 타인자본비용은 이자 외에 타인자본을 조달하는 데 발생하는 비용을 포함한다.
③ 세후 타인자본비용은 세전 타인자본비용을 [1 − (법인세율)]로 나눈 값이다.
④ 신주발행을 통해 자기자본을 확충하는 경우 해당 발행비용은 자기자본비용에 포함된다.
⑤ 자기자본비용은 이론적으로 자본자산가격결정 모형(CAPM)을 통해 구한 기대수익률로 볼 수 있다.

공기업 경영학

제8회 최종모의고사

모바일 OMR

문항 수 : 20문항
응시시간 : 20분

정답 및 해설 p.038

01 다음 중 성격을 파악해 행동을 예측할 때 고려하는 Big 5 Model에 해당하지 않는 것은?

① 내향성
② 친화성
③ 성실성
④ 안정성
⑤ 개방성

02 다음 중 광고의 표현 기법에 대한 설명으로 옳은 것은?

① 비유법 : 자사 제품과 경쟁제품 간 비교우위를 강조하는 방법이다.
② 과장법 : 상품의 특징을 비유로 알기 쉽게 표현하는 방법이다.
③ 권위법 : 전문가를 등장시켜 신뢰를 통한 제품 판매에 효과적인 방법이다.
④ 휴머니즘 : 광고 문구, 제품 등을 의인화하는 방법이다.
⑤ 비교법 : 창조적 발상을 통해 제품의 속성을 강조하는 방법이다.

03 다음 중 직무명세서에 기재되는 항목에 해당하지 않는 것은?

① 자격 요건
② 가치관
③ 보유 기술
④ 주요 경력
⑤ 주요 고객

04 다음 중 K-IFRS를 적용해야 하는 대상에 해당하지 않는 것은?

① 집합투자업자
② 코스닥 상장법인
③ 코넥스 상장법인
④ 신용카드업자
⑤ 금융지주회사

05 다음 중 목표관리법(MBO)의 장점으로 볼 수 없는 것은?

① 명확한 목표 설정이 가능하다.
② 장기적인 목표 설정을 가능하게 한다.
③ 평가 결과에 대한 공정성을 확보할 수 있다.
④ 지속적인 지도를 통해 구성원의 역량을 향상시킬 수 있다.
⑤ 동기부여를 통해 조직 활성화에 기여할 수 있다.

06 다음 중 전사적 자원관리(ERP)의 장점으로 볼 수 없는 것은?

① 생산성 제고
② 보고 속도 향상
③ 업무 간소화
④ 리스크 제거
⑤ 신속성 향상

07 다음 중 교육훈련을 내용에 따라 구분할 때 해당하지 않는 것은?

① 아웃바스켓 훈련
② 비즈니스 게임
③ 역할연기법
④ 행동모델법
⑤ 교류분석법

08 다음 중 인간관계론의 특징에 대한 설명으로 옳지 않은 것은?

① 기업의 생산수준은 사회적·집단적 규범에 의하여 정해진다.
② 근로자가 성과에 대한 포상, 고충, 인사 등 비경제적 요소에 만족할수록 생산성이 높아진다.
③ 근로자의 작업량은 개인별 능력이 아니라 비공식적 집단이 합의한 사회적 규범에 의해 결정된다.
④ 근로자의 참여와 동기부여를 강조하는 민주적 리더십을 요구한다.
⑤ 근로자의 노동력 투입에 따른 산출량을 나타내는 기계적 능률을 중시한다.

09 다음 〈보기〉 중 무형자산에 해당하는 것을 모두 고르면?

―――――――――― 〈보기〉 ――――――――――
- 영업권
- 구축물
- 저작권
- 기계장치
- 개발비
- 건설 중인 자산

① 기계장치, 개발비, 구축물
② 기계장치, 구축물, 저작권
③ 영업권, 개발비, 저작권
④ 영업권, 저작권, 건설 중인 자산
⑤ 개발비, 구축물, 건설 중인 자산

10 다음 중 단속생산 유형으로 옳지 않은 것은?

① 프로젝트 생산
② 개별 생산
③ 로트(Lot) 생산
④ 흐름 생산
⑤ 배치(Batch) 생산

11 다음 글에 해당하는 승진제도는 무엇인가?

- 직무의 변화 없이 직위만 승진하는 것으로, 보수와 직무는 변동이 없다.
- 승진 대상자가 누적되어 있거나 근로자의 사기 저하를 방지하기 위해 직위의 명칭을 변경하거나 형식적으로 승진시키는 제도이다.

① 연공승진
② 조직변화승진
③ 대용승진
④ 역직승진
⑤ 자격승진

12 다음 중 컨조인트 분석의 자료수집 방법이 바르게 짝지어진 것은?

① 2요인 접근법, 전체 프로파일 접근법
② 2요인 접근법, 선호점수법
③ 2요인 접근법, 카드제시법
④ 전체 프로파일 접근법, 선호점수법
⑤ 전체 프로파일 접근법, 카드제시법

13 다음 글에 해당하는 조직구조는 무엇인가?

- 구성원을 핵심 직무 중심으로 조직하여 부서 간 경계를 제거하고자 하는 조직이다.
- 고객의 수요 변화에 신속하게 대응할 수 있다.
- 구성원 간 무임승차 등이 발생하여 업무의 공동화가 생길 수 있다.

① 기능 조직 ② 매트릭스 조직
③ 팀 조직 ④ 네트워크 조직
⑤ 사업 조직

14 다음 중 조업도에 따른 원가 형태 변화에 대한 설명으로 옳지 않은 것은?

① 조업도가 증가하면 총변동비는 증가한다.
② 조업도가 증가하면 단위당 변동비는 일정하다.
③ 조업도가 증가하면 총고정비는 일정하다.
④ 조업도가 증가하면 단위당 고정비는 감소한다.
⑤ 조업도가 증가하면 준고정비는 감소한다.

15 다음 글에 해당하는 회사의 종류는 무엇인가?

- 2인 이상의 무한책임사원이다.
- 각 사원이 회사를 대표하며, 사원총회・주주총회 등이 없다.
- 무한책임사원은 회사에 대한 모든 책임을 무한히 지닌다.

① 유한책임회사 ② 합자회사
③ 합명회사 ④ 주식회사
⑤ 유한회사

16 다음 중 총괄생산계획의 수립 과정을 순서대로 바르게 나열한 것은?

① 시설 이용 평준화 → 제품군 형성 → 현재의 능력과 생산 능력 소요량과의 비교 → 생산전략 개발 → 총괄 수요 예측 → 최적 생산전략 결정
② 시설 이용 평준화 → 생산전략 개발 → 제품군 형성 → 현재의 능력과 생산 능력 소요량과의 비교 → 총괄 수요 예측 → 최적 생산전략 결정
③ 제품군 형성 → 총괄 수요 예측 → 시설 이용 평준화 → 현재의 능력과 생산 능력 소요량과의 비교 → 생산전략 개발 → 최적 생산전략 결정
④ 제품군 형성 → 시설 이용 평준화 → 현재의 능력과 생산 능력 소요량과의 비교 → 총괄 수요 예측 → 생산전략 개발 → 최적 생산전략 결정
⑤ 제품군 형성 → 현재의 능력과 생산 능력 소요량과의 비교 → 생산전략 개발 → 시설 이용 평준화 → 총괄 수요 예측 → 최적 생산전략 결정

17 다음 중 존 맥스웰의 리더십 5단계에 해당하지 않는 것은?

① 지위
② 관계
③ 과정
④ 인재 개발
⑤ 인격

18 다음 중 회귀분석을 사용할 때 고려해야 하는 사항으로 옳지 않은 것은?

① 종속변수에 영향을 미칠 수 있는 독립변수를 모두 포함해야 한다.
② 종속변수와 독립변수 간 이론적 관계가 타당해야 한다.
③ 독립변수 간 상관관계가 높아야 한다.
④ 자료는 무작위표본으로 추출하여야 한다.
⑤ 모든 변수에 대한 관측 자료의 오류가 없어야 한다.

19 다음 중 인적자원관리의 주요 기능으로 옳지 않은 것은?

① 요원화 기능
② 훈련 및 개발 기능
③ 대인관계 형성 기능
④ 동기부여 기능
⑤ 유지 기능

20 다음 중 ROE 계산식으로 옳은 것은?

① [(자본총액)÷(당기순이익)]×100
② [(매출액)÷(당기순이익)]×100
③ [(당기순이익)÷(매출액)]×100
④ [(당기순이익)÷(자산총액)]×100
⑤ [(당기순이익)÷(자기자본)]×100

공기업 경영학

제9회 최종모의고사

모바일 OMR

문항 수 : 20문항
응시시간 : 20분

정답 및 해설 p.044

01 다음 중 개츠비 곡선에 대한 설명으로 옳지 않은 것은?

① 미국의 경제학자인 앨런 크루거가 언급했으며, 소득주도성장 이론 등에서 활용된다.
② X축은 지니계수, Y축은 부(富)의 세대 간 이동성을 나타낸다.
③ 불평등 정도가 클수록 세대 간 이동성이 더 작아진다.
④ 지니계수가 클수록 부(富)의 세대 간 이동성이 작아진다.
⑤ 개츠비 곡선은 우하향하는 모습을 나타낸다.

02 다음 중 행동수정 전략의 특성으로 옳지 않은 것은?

① 행동 원리에 기초하여 행동을 분석한다.
② 표적 행동을 기준으로 증가, 감소해야 하는 행동을 수정한다.
③ 행동의 원인으로 과거 사건을 강조한다.
④ 절차에 대해 정확히 설명한다.
⑤ 행동의 변화를 측정한다.

03 다음 중 노동조합의 기능에 대한 설명으로 옳지 않은 것은?

① 단체교섭을 통해 근로조건 향상, 경영참여 등의 협약을 진행한다.
② 근로자가 질병 또는 재난 등으로 노동력을 잃을 경우 기금 등으로 부조활동을 진행한다.
③ 주주의 권익 보장을 위해 주주총회 등에 적극적으로 참여한다.
④ 국가를 상대로 노동법 재개정, 사회보장 확대 등을 주장한다.
⑤ 노동수요에 대한 공급을 적절히 조절하여 임금수준을 유지하고자 노력한다.

04 다음 중 EVA(경제적 부가가치)의 특징에 대한 설명으로 옳지 않은 것은?

① 투하자본은 총자산을 기준으로 한다.
② 기업의 영업활동에서 발생한 이익에서 법인세 비용 등을 차감하여 측정한다.
③ 타인자본뿐만 아니라 자기자본에 대한 기회비용까지 고려한다.
④ 손익계산서 및 대차대조표의 항목을 함께 고려한다.
⑤ 투하자본수익률이 자본 조달 비용을 상회하는 경우 경제적 부가가치가 발생한다고 할 수 있다.

05 다음 중 마케팅 믹스의 4P에 해당하지 않는 것은?

① 제품(Product)
② 가격(Price)
③ 판매촉진(Promotion)
④ 유통채널(Place)
⑤ 위치(Position)

06 다음 중 EOQ(경제적 주문량) 모형의 가정으로 옳지 않은 것은?

① 단위 기간 중의 수요를 정확히 예측할 수 있다.
② 대량 구매 시 일정 비율의 할인을 적용한다.
③ 재고 사용량은 일정하다.
④ 주문량은 전량 일시에 입고된다.
⑤ 각 주문은 지연 없이 입고되며, 공급이 중단되지 않는다.

07 다음 중 브랜드 가치의 구성 요소로 볼 수 없는 것은?

① 고객의 충성도
② 고객의 인지도
③ 제품의 품질
④ 브랜드 이미지
⑤ 모기업 재무상태

08 다음 중 보상적 권력을 잘 사용하기 위한 방법으로 옳지 않은 것은?

① 보상받는 사람이 원하는 조건을 사전에 파악하여 보상한다.
② 공정하고 윤리적인 평가를 통해 보상한다.
③ 보상이 불가능하거나 어려운 약속은 하지 않는다.
④ 보상에 대한 기준은 최대한 간단하게 작성한다.
⑤ 목표 달성 이후 일정 기간 검증을 통해 시간차를 두고 보상한다.

09 다음 중 MECE 기법에 대한 설명으로 옳지 않은 것은?

① 논리적이고 객관적인 사고를 기본 원칙으로 하여 문제해결을 설득하는 방법이다.
② 시간, 자금, 인력 등 한정된 자원을 누락과 중복 없이 배분할 수 있도록 한다.
③ 문제 원인에 대해 어디서, 무엇을, 어떻게 우선 해결해야 하는지 파악하는 것이 목적이다.
④ MECE 기법을 적용하는 데 있어 정량적 분석이 선행되어야 한다.
⑤ 문제해결 방법이 전체 집합 외부에 존재할 경우 유용한 방법이 될 수 있다.

10 다음 중 직무분석의 목적으로 옳지 않은 것은?

① 직무의 구분을 명확히 하고, 합리적인 조직을 구성한다.
② 근로자의 채용, 배치, 승진 등에 기준을 제시한다.
③ 직무평가 및 평가 시스템의 기초 자료를 제공한다.
④ 노사 간 협력을 위한 의사소통 창구를 마련한다.
⑤ 교육 및 훈련을 통해 직무요건 대비 부족한 부분을 개선한다.

11 다음 중 수익 인식 5단계를 순서대로 바르게 나열한 것은?

① 계약 식별 → 수행 의무 식별 → 거래가격 산정 → 거래가격 배분 → 수익 인식
② 계약 식별 → 수행 의무 식별 → 거래가격 배분 → 거래가격 산정 → 수익 인식
③ 계약 식별 → 거래가격 산정 → 거래가격 배분 → 수행 의무 식별 → 수익 인식
④ 수행 의무 식별 → 거래가격 산정 → 거래가격 배분 → 계약 식별 → 수익 인식
⑤ 수행 의무 식별 → 계약 식별 → 거래가격 산정 → 거래가격 배분 → 수익 인식

12 다음 중 우연원인에 따라 관리도를 사용하는 경우로 옳지 않은 것은?

① 근로자의 숙련도 차이
② 작업 환경의 차이
③ 생산 자재 가격의 변동
④ 생산 자재 품질의 불량
⑤ 생산설비의 허용 가능한 오차

13 다음 중 시계열 예측 기법에 해당하지 않는 것은?

① 지수평활법
② 최소자승법
③ 박스 – 젠킨스법
④ 목측법
⑤ 회귀분석법

14 다음 중 인사 평가가 갖추어야 할 중요 요소로 보기 어려운 것은?

① 타당성
② 수용성
③ 신뢰성
④ 논리성
⑤ 실용성

15 다음 중 가공원가 계산식으로 옳은 것은?

① (직접노무비)+(직접재료비)+(직접경비)
② (직접원가)+(제조간접비)
③ (직접노무비)+(제조간접비)
④ (제조원가)+(영업판매비)+(일반관리비)
⑤ (총원가)+(이익)

16 다음 중 ERG 이론의 특징에 대한 설명으로 옳지 않은 것은?

① 인간의 욕구를 중요도 순서로 계층화하였다.
② 1가지 이상의 욕구가 동시에 작용할 수 있다고 주장한다.
③ 상위 욕구를 충족시키지 못하면 하위 욕구가 더욱 증가하는 경향을 보인다.
④ 개인마다 욕구의 상대적 크기는 다를 수 있다고 주장한다.
⑤ 욕구를 단계적인 계층적 개념으로 분류하였다.

17 다음 중 각 재무비율 계산식으로 옳지 않은 것은?

① (자기자본비율)=[(자기자본)÷(총자산)]×100
② (매출총이익률)=[(매출총이익)÷(매출액)]×100
③ (유동비율)=[(유동자산)÷(유동부채)]×100
④ (당좌비율)=[(당좌자산)÷(유동부채)]×100
⑤ (부채비율)=[(자기자본)÷(부채총계)]×100

18 다음 중 직무분석의 필요성에 대한 설명으로 옳지 않은 것은?

① 직무분석을 통해 해당 직무에 적합한 인력을 채용하고 선발한다.
② 개인의 능력과 직무의 요구사항 간 차이를 줄일 수 있도록 훈련한다.
③ 성과 평가의 기준을 설정할 수 있는 정보를 제공한다.
④ 관련 법률과 별개로 조직이 갖추어야 할 의무를 정의한다.
⑤ 직무 난이도, 책임 수준 등을 고려하여 공정한 보상 시스템을 구축한다.

19 다음 중 비체계적 위험으로 볼 수 없는 것은?

① 소비자와 관련된 소송
② 정부와의 관계
③ 매출액의 하락
④ 근로자의 집단파업
⑤ 이자율의 변동

20 다음 중 안전재고를 설정할 때 고려해야 하는 사항이 바르게 짝지어진 것은?

① 이론 재고, 재고 특성, 판매 비용
② 이론 재고, 재고 특성, 고려 비용
③ 이론 재고, 재고 수량, 판매 비용
④ 재고 특성, 재고 수량, 영업이익
⑤ 재고 특성, 재고 수량, 예상 판매량

공기업 경영학

제10회 최종모의고사

모바일 OMR

문항 수 : 20문항
응시시간 : 20분

01 다음 중 GE / 맥킨지 매트릭스에서 시장 지위를 유지하며 집중 투자를 고려해야 하는 위치는?

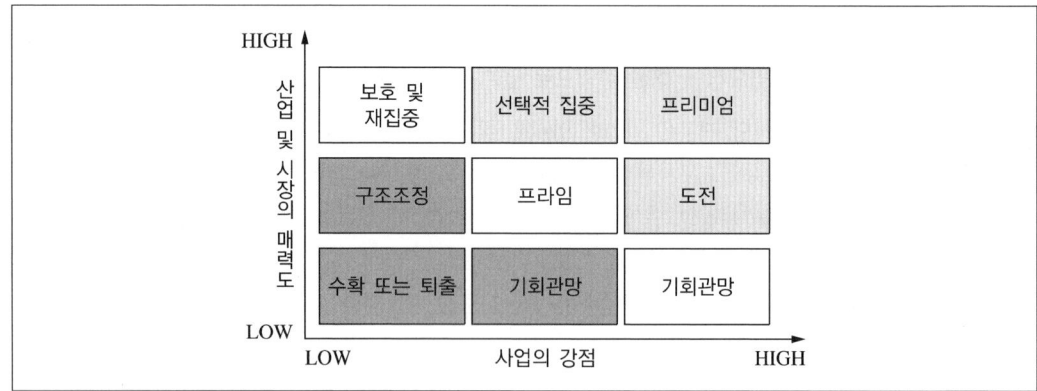

① 보호 및 재집중
② 구조조정
③ 선택적 집중
④ 수확 또는 퇴출
⑤ 프리미엄

02 다음 중 프린터를 저렴하게 판매한 후 그 프린터의 토너를 비싼 가격으로 결정하는 전략은?

① 종속제품 가격결정(Captive Product Pricing)
② 묶음 가격결정(Bundle Pricing)
③ 단수 가격결정(Odd Pricing)
④ 침투 가격결정(Penetration Pricing)
⑤ 스키밍 가격결정(Skimming Pricing)

03 다음 중 가격 전략에 대한 설명으로 옳지 않은 것은?

① 유보가격 : 구매자가 어떤 상품에 대해 지불할 용의가 있는 최고가를 말한다.
② 촉진가격 : 고객의 유인을 위하여 특정 품목의 가격을 대폭 낮게 설정하는 것을 말한다.
③ 명성가격 : 가격 – 품질 연상 효과를 이용하여 가격을 설정하며, 가격이 낮을수록 매출이 증가한다.
④ 관습가격 : 소비자들이 관습적으로 느끼는 가격으로, 제품가격을 높이면 매출이 감소하고 가격을 낮게 책정하더라도 매출이 크게 증가하지 않는다.
⑤ 유인가격 : 기회비용을 고려하여 특정 제품의 가격을 낮춰 판매하고, 이를 통해 고객을 불러들이려는 것을 말한다.

04 다음 중 인간관계론에 대한 설명으로 옳은 것은?

① 과학적 관리법과 유사한 이론이다.
② 인간 없는 조직이란 비판을 들었다.
③ 심리 요인과 사회 요인은 생산성에 영향을 주지 않는다.
④ 비공식 조직을 인식했으나 그 중요성을 낮게 평가했다.
⑤ 메이요(E. Mayo)와 뢰슬리스버거(F. Roethlisberger)를 중심으로 호손 실험을 거쳐 정리되었다.

05 다음 중 평정척도법에 대한 설명으로 옳은 것은?

① 통계적 분포에 따라 인원을 강제적으로 할당하여 피평가자를 배열하고 서열을 정한다.
② 고과에 적당한 표준 행동을 평가 항목에 배열해 놓고 해당 항목을 체크하여 책정한다.
③ 일상생활에서 보여준 특별하게 효과적이거나 비효과적인 행동을 기록하여 활용한다.
④ 피평가자의 능력과 업적 등을 일련의 연속척도 또는 비연속척도로 평가한다.
⑤ 평소 부하직원의 직무 관련 행동에서 나타나는 강점과 약점을 기술한다.

06 다음은 MOT(Moment of Truth)의 중요성에 대한 설명이다. 빈칸에 들어갈 내용으로 옳은 것은?

> 진실의 순간(MOT)은 서비스 전체에서 어느 한 순간만은 아니며, 고객과 만나는 직간접의 순간순간들이 진실의 순간이 될 수 있으며, 어느 한 순간만 나빠도 고객을 잃게 되는 _____이 적용된다.

① 덧셈의 법칙
② 뺄셈의 법칙
③ 곱셈의 법칙
④ 나눗셈의 법칙
⑤ 제로섬의 원칙

07 다음 중 직무현장훈련(OJT)에 대한 설명으로 옳지 않은 것은?

① 실습장 훈련, 인턴사원, 경영 게임법 등이 이에 속한다.
② 실제 현장에서 실제로 직무를 수행하면서 이루어지는 현직훈련이다.
③ 훈련 내용의 전이 정도가 높고 실제 업무와 직결되어 경제적인 장점을 가진다.
④ 훈련 방식의 역사가 오래되며, 생산직에서 보편화된 교육 방식이라 할 수 있다.
⑤ 지도자의 높은 자질이 요구되고, 교육훈련 내용의 체계화가 어렵다.

08 다음 중 재무상태표에서 비유동자산에 해당하는 계정과목은?

① 영업권
② 매입채무
③ 매출채권
④ 자기주식
⑤ 법정적립금

09 다음 중 경영전략의 수준에 따라 전략을 구분할 때, 경영전략과 그에 해당하는 예시가 바르게 연결되지 않은 것은?

	경영전략 수준	예시
①	기업 전략(Corporate Strategy)	성장 전략
②	기업 전략(Corporate Strategy)	방어 전략
③	기능별 전략(Functional Strategy)	차별화 전략
④	기능별 전략(Functional Strategy)	생산 전략
⑤	사업 전략(Business Strategy)	원가우위 전략

10 다음 중 숍 제도에서 기업에 대한 노동조합의 통제력이 강력한 순서대로 나열한 것은?

① 오픈 숍 – 클로즈드 숍 – 유니언 숍
② 클로즈드 숍 – 오픈 숍 – 유니언 숍
③ 유니언 숍 – 오픈 숍 – 클로즈드 숍
④ 클로즈드 숍 – 유니언 숍 – 오픈 숍
⑤ 유니언 숍 – 클로즈드 숍 – 오픈 숍

11 다음 중 STP 전략의 목표시장 선정(Targeting) 단계에서 집중화 전략에 대한 설명으로 옳지 않은 것은?

① 대량생산 및 대량유통, 대량광고 등을 통해 규모의 경제로 비용을 최소화할 수 있다.
② 자원이 한정되어 있을 때 자원을 집중화하고 시장 안에서의 강력한 위치를 점유할 수 있다.
③ 세분시장 내 소비자 욕구의 변화에 민감하게 반응하여야 위험부담을 줄일 수 있다.
④ 대기업 경쟁사의 진입이 쉬우며 위험이 분산되지 않을 경우 시장의 불확실성으로 높은 위험을 감수해야 한다.
⑤ 단일 제품으로 단일화된 세부시장을 공략하여 니치마켓에서 경쟁력을 가질 수 있는 창업 기업에 적합한 전략이다.

12 A회사는 2023년 1월 1일에 내용연수 5년, 잔존가치 ₩200,000으로 추정되는 제빵기 1대를 ₩2,000,000에 구입하였다. 제빵기는 1차 연도에 10,000개의 빵을 생산한 이후 매년 1,000개씩 생산량이 감소한다고 할 때, 생산량비례법을 이용하여 1차 연도의 감가상각비를 계산하면 얼마인가?

① ₩340,000
② ₩360,000
③ ₩420,000
④ ₩450,000
⑤ ₩500,000

13 다음 중 제품의 마케팅 조사에서 신뢰성에 대한 설명으로 옳지 않은 것은?

① 마케팅 조사의 신뢰도를 측정하는 방법으로, 크론바흐 알파계수를 이용하기도 한다.
② 신뢰도를 측정하는 방법으로는 재검사법, 동형 검사법이 있다.
③ 내적 일관성법은 가능한 모든 반분 신뢰도의 평균값으로 신뢰성을 추정하는 방법이다.
④ 신뢰성이란 동일한 조건에서 동일한 대상에게 동일한 개념에 대해 반복 측정하였을 때 같은 값을 나타내는 정도를 의미한다.
⑤ 체계적 오차는 측정 도구와 관계없이 측정 상황에 따라 발생하는 오차이며, 체계적 오차가 작은 것은 신뢰성이 높다고 볼 수 있다.

14 다음 중 조직 설계에 대한 설명으로 옳지 않은 것은?

① 조직의 과업다양성이 높을수록 조직의 전반적인 구조는 유기적인 것이 바람직하다.
② 집권화의 수준은 유기적 조직에 비해 기계적 조직의 경우가 높다.
③ 조직의 규모가 커지고 더 많은 부서가 생겨남에 따라 조직구조의 복잡성은 증가한다.
④ 조직의 공식화 정도가 높을수록 직무담당자의 재량권은 줄어든다.
⑤ 전문화 수준이 높아질수록 수평적 분화의 정도는 낮아진다.

15 다음 중 유용한 재무정보의 질적 특성에 대한 설명으로 옳은 것은?

① 목적적합성과 충실한 표현은 보강적 질적 특성이다.
② 동일한 경제적 현상에 대해 대체적인 회계처리 방법을 허용하면 비교 가능성이 감소한다.
③ 재무정보가 예측가치를 갖기 위해서는 제공되는 정보 그 자체가 예측치 또는 예상치이어야 한다.
④ 재무정보가 과거 평가를 확인하거나 변경시킨다면 예측가치를 갖는다.
⑤ 재무정보의 제공자와는 달리 이용자의 경우에는 제공된 정보를 분석하고 해석하는 데 원가가 발생하지 않는다.

16 다음 중 실물적 경기변동 이론(Real Business Cycle Theory)에 대한 설명으로 옳지 않은 것은?

① 경기변동은 실질변수가 동태적으로 변동하는 현상이다.
② 정부의 경제 개입은 최소한으로 이루어져야 한다.
③ 경기의 동태성은 거시경제 일반균형의 변동 현상이다.
④ 예상된 화폐공급량 변화는 상대가격의 변화를 유발하지 못하므로 실물경제에 영향을 미치지 않는다.
⑤ 기술의 진보와 같은 실물적 충격에 의한 실업과 같이 불균형 상태가 균형 상태로 수렴하는 과정에서 경기변동이 발생하게 된다.

17 다음 중 다른 기업에게 수수료를 받는 대신 자사의 기술이나 상품 사양을 제공하고 그 결과로 생산과 판매를 허용하는 것은?

① 아웃소싱(Outsourcing)
② 합작투자(Joint Venture)
③ 라이선싱(Licensing)
④ 턴키프로젝트(Turn-key Project)
⑤ 그린필드투자(Green Field Investment)

18 다음 〈보기〉의 사례를 역선택(Adverse Selection)과 도덕적 해이(Moral Hazard)로 바르게 구분한 것은?

〈보기〉
가. 자동차 보험 가입 후 더 난폭하게 운전한다.
나. 건강이 좋지 않은 사람이 민간 의료보험에 더 많이 가입한다.
다. 실업급여를 받게 되자 구직 활동을 성실히 하지 않는다.
라. 사망 확률이 낮은 건강한 사람이 주로 종신연금에 가입한다.
마. 의료보험제도가 실시된 이후 사람들의 의료수요가 현저하게 증가하였다.

	역선택	도덕적 해이
①	가, 나	다, 라, 마
②	나, 라	가, 다, 마
③	다, 마	가, 나, 라
④	나, 다, 라	가, 마
⑤	다, 라, 마	가, 나

19 다음 중 자연독점하의 공기업 공공요금 결정에 대한 설명으로 옳은 것은?

① 규모의 경제를 활용하여 평균비용을 낮추기 위해 하나가 아닌 여러 공기업에서 생산하는 것이 바람직하다.
② 민간기업이 생산하고 가격을 규제하지 않으면 사회적 최적 생산량 달성이 가능하다.
③ 이부가격제도(Two-part Tariff)를 도입하면 생산량 자체는 효율적이다.
④ 한계비용가격 설정을 사용하는 경우 해당 공기업의 경제적 이윤이 0이 된다.
⑤ 평균비용가격 설정을 사용하는 경우 사회적 최적 생산량을 달성할 수 있다.

20 다음은 유통경로의 설계전략에 대한 설명이다. 빈칸 ㉠ ~ ㉢에 들어갈 용어를 바르게 짝지은 것은?

- ___㉠___ 유통은 가능한 많은 중간상들에게 자사의 제품을 취급하도록 하는 것으로, 과자, 저가 소비재 등과 같이 소비자들이 구매의 편의성을 중시하는 품목에서 채택하는 방식이다.
- ___㉡___ 유통은 제품의 이미지를 유지하고 중간상들의 협조를 얻기 위해 일정 지역 내에서의 독점 판매권을 중간상에게 부여하는 방식이다.
- ___㉢___ 유통은 앞의 두 유통 대안의 중간 형태로, 지역별로 복수의 중간상에게 자사의 제품을 취급할 수 있도록 하는 방식이다.

	㉠	㉡	㉢
①	전속적	집약적	선택적
②	집약적	전속적	선택적
③	선택적	집약적	전속적
④	전속적	선택적	집약적
⑤	집약적	선택적	전속적

공기업 경영학

제11회 최종모의고사

모바일 OMR

문항 수 : 20문항
응시시간 : 20분

정답 및 해설 p.052

01 다음 중 ESG 경영을 통해 기업이 얻을 수 있는 긍정적 효과로 옳지 않은 것은?

① 기업의 긍정적 이미지를 제고하고 고객의 신뢰를 얻을 수 있다.
② 재무적 성과 향상에 도움이 된다.
③ 기업의 주가 상승과 이익 증가를 이끌 수 있다.
④ 다양한 정보를 획득하고 평가기관을 통한 신뢰도를 확보할 수 있다.
⑤ 위험을 회피하고 새로운 기회를 발굴할 수 있다.

02 다음 중 맥그리거의 XY이론에서 인간 본질에 대한 X이론의 가정으로 옳지 않은 것은?

① 과업은 본질적으로 모든 인간이 싫어한다.
② 인간의 자아 통제는 조직 목적의 성취에 필수적이다.
③ 인간은 책임을 회피하며, 지시받기를 좋아한다.
④ 인간은 조직의 문제해결에 필요한 창의력이 부족하다.
⑤ 인간은 생리 욕구와 안정 욕구에 의해 동기화된다.

03 다음 중 마일즈 & 스노우의 전략 유형에서 공격형 전략에 대한 설명으로 옳지 않은 것은?

① 혁신을 기본 역할로 하며, 제한적인 인력계획을 수립한다.
② 인력 충원, 배치 등은 영입을 원칙으로 한다.
③ 성과에 대한 보상은 외적 경쟁 정도에 기준을 두며, 성과급의 비중이 크다.
④ 인사고과는 결과 지향적이며, 장기적인 결과를 중시한다.
⑤ 인적자원관리 활동은 계획 → 실행 → 평가의 과정을 거친다.

04 다음 중 경력 닻(Career Anchor) 모형의 구성 요소로 옳지 않은 것은?

① 대인관계
② 역량
③ 가치관
④ 동기
⑤ 목표

05 다음 중 SCM(Supply Chain Management)의 직무에 해당하지 않는 것은?

① 생산관리
② 구매관리
③ 물류관리
④ 품질관리
⑤ 마케팅관리

06 다음 중 앤소프의 의사결정에 대한 설명으로 옳지 않은 것은?

① 전략적 의사결정을 통해 환경 변화 대응을 위한 제품 및 시장 믹스를 선정한다.
② 전략적 의사결정을 통해 기업의 보유 자본을 제품시장 기회에 맞춰 적절히 배분한다.
③ 관리적 의사결정을 통해 최적의 성과를 산출하기 위한 자원을 조직화한다.
④ 관리적 의사결정을 통해 기업자원의 효율화를 극대화하는 일정 계획, 통제 활동을 한다.
⑤ 업무적 의사결정을 통해 전략적 의사결정과 관리적 의사결정을 구체화한다.

07 다음 중 유동부채에 해당하지 않는 것은?

① 미지급금
② 선수금
③ 당기법인세부채
④ 유동성장기부채
⑤ 이연법인세부채

08 다음 중 소비자 정보 처리 과정의 구성 요소로 볼 수 없는 것은?

① 노출
② 경험
③ 주의
④ 지각
⑤ 기억

09 다음 중 기능별 조직의 장점으로 옳지 않은 것은?

① 특정 분야에 대한 전문적인 기술 및 지식을 얻을 수 있다.
② 구성원이 업무에 적극적이고 자율적으로 참여할 수 있다.
③ 구성원 간 활발한 커뮤니케이션을 기대할 수 있다.
④ 업무에 창의성을 발휘할 수 있어서 구성원의 만족도를 높일 수 있다.
⑤ 자원을 중복되지 않고 효율적으로 사용할 수 있다.

10 다음 중 인적 평가센터법의 장단점으로 옳지 않은 것은?

① 뛰어난 인재를 공정하게 선발하여 관리자로 활용할 수 있다.
② 피평가자의 장단점을 파악하여 개별적인 인력개발 프로그램을 적용할 수 있다.
③ 기존 인력개발 프로그램의 적합성 등을 평가하는 데 유용하다.
④ 피평가자가 직무 요구사항에 대해 현실적으로 사고할 수 있다.
⑤ 평가 결과가 안정적이지 않아 피평가자의 수용성이 낮을 수 있다.

11 다음 중 이슈 트리 작성 후 세부 업무계획을 수립할 때 고려하는 항목으로 옳지 않은 것은?

① 이슈
② 가설
③ 분석
④ 원천
⑤ 검증

12 다음 중 관료제의 특징으로 옳지 않은 것은?

① 법과 규칙에 의한 지배
② 관료의 전임화
③ 권한의 명확화
④ 조직의 수평화
⑤ 업무의 문서화

13 다음 중 표적 집단면접에 대한 설명으로 옳지 않은 것은?

① 정성적 조사 방법 중 하나이다.
② 적정한 참가자의 수는 3 ~ 5명이다.
③ 사회적 또는 경제적으로 특성이 유사한 참가자들로 구성한다.
④ 공식적인 설문지에서 기대하지 못하는 정보를 얻을 수 있다는 장점이 있다.
⑤ 한 장소에서 소수의 참가자들이 조사 목적에 관련된 특정 주제에 대해 자유롭게 대화하도록 하는 방식이다.

14 다음 중 브룸의 기대 이론에 따른 동기부여의 계산식으로 옳은 것은?

① (기대감)×(수단성)×(유의성)
② (기대감)×(수단성)÷(유의성)
③ [(기대감)+(수단성)]×(유의성)
④ (기대감)+[(수단성)×(유의성)]
⑤ (기대감)+(수단성)+(유의성)

15 다음 중 커크패트릭의 4단계 평가 모형에서 학습평가 단계에 활용할 수 있는 평가 방법이 아닌 것은?

① 사전・사후 검사 비교
② 통제 연수집단 비교
③ 설문지
④ 자필검사
⑤ 체크리스트

16 다음 중 재무비율 계산식으로 옳지 않은 것은?

① (유동비율)=(유동자산)÷(유동부채)
② (자산회전율)=(매출액)÷(총자산)
③ (매출액순이익률)=(당기순이익)÷(매출액)
④ (자기자본이익률)=(당기순이익)÷(자기자본)
⑤ (이자보상비율)=(이자비용)÷(영업이익)

17 다음 글에 해당하는 유통채널은 무엇인가?

- 다양한 유통채널을 통해 다양한 고객층에게 접근할 수 있다.
- 제품 유통에 대해 상황에 따라 유연하게 대응할 수 있다.
- 유통채널 간 관리의 어려움 또는 경쟁이 발생할 수 있다.

① 직접 판매채널
② 간접 판매채널
③ 혼합 판매채널
④ 온라인 판매채널
⑤ 유통대리점 채널

18 다음 중 카이제곱 검정의 기본 가정으로 옳지 않은 것은?

① 종속변인이 명목변인에 의한 질적변인 또는 범주변인이어야 한다.
② 표본이 모집단에서 무선으로 추출되어야 한다.
③ 각 범주에 포함할 수 있는 기대빈도는 5 이상이어야 한다.
④ 기대빈도가 5보다 작을 경우 사례 수를 감소시켜야 한다.
⑤ 각각의 빈도는 사례와 상관없이 독립적이어야 한다.

19 다음 중 조직관리 관점에서 귀인 이론이 시사하는 내용으로 옳지 않은 것은?

① 구성원마다 생각하는 귀인 요인이 다르므로 각각의 귀인 요인을 파악하는 것이 중요하다.
② 내적 귀인이 높은 사람은 자신의 지식과 노력으로 업무를 처리하려고 한다.
③ 내적 귀인을 높이기 위해서는 자율성을 부여하는 것이 매우 중요하다.
④ 관료제에서는 내적 귀인론자가 많이 나타난다.
⑤ 외적 귀인이 높은 사람은 실패하더라도 통제할 수 없는 외적 요인 때문이라고 생각하여 쉽게 포기하지 않는다.

20 다음 중 HRM(Human Resource Management)의 주요 업무에 해당하지 않는 것은?

① 인적자원 확보
② 인적자원 평가
③ 인적자원 교육
④ 인적자원 계획
⑤ 인적자원 배치

공기업 경영학

제12회 최종모의고사

모바일 OMR

문항 수 : 20문항
응시시간 : 20분

정답 및 해설 p.057

01 다음 중 시장형 공기업의 지정 요건으로 옳은 것은?

① 자산규모 2조 원 이상, 총수입액 중 자체수입액 80% 이상인 공기업
② 자산규모 2조 원 이상, 총수입액 중 자체수입액 85% 이상인 공기업
③ 자산규모 3억 원 이상, 총수입액 중 자체수입액 85% 이상인 공기업
④ 자산규모 3조 원 이상, 총수입액 중 자체수입액 90% 이상인 공기업
⑤ 자산규모 5조 원 이상, 총수입액 중 자체수입액 80% 이상인 공기업

02 다음 중 K-IFRS 기준 재무제표 유형에 해당하지 않는 것은?

① 재무상태표
② 포괄손익계산서
③ 자본변동표
④ 현금흐름표
⑤ 대차대조표

03 다음 중 BARS(Behaviorally Anchored Rating Scale)의 구성요건에 해당하지 않는 것은?

① 구체적인 목표 설정
② 측정 가능한 도구 또는 방법 개발
③ 고난도 목표 설정
④ 결과 지향적 설계
⑤ 시간 제한

04 다음 중 권력의 5가지 유형에 해당하지 않는 것은?

① 전문적 권력
② 준거적 권력
③ 합법적 권력
④ 포용적 권력
⑤ 보상적 권력

05 다음 중 식스 시그마의 특징으로 옳지 않은 것은?

① 전략적인 관점에서 경영을 개선하고자 한다.
② 측정이 가능한 결과를 중시한다.
③ 조직 내 프로세스의 효율성을 중시한다.
④ 팀 단위의 협업을 강조한다.
⑤ 과학적인 데이터 분석 및 통계를 사용한다.

06 다음 중 단순 무작위 표본추출법의 장점으로 옳지 않은 것은?

① 모집단에 대해 구체적인 정보가 필요하지 않다.
② 외적 타당도의 통계적인 추론이 가능하다.
③ 대표집단을 비교적 쉽게 얻을 수 있다.
④ 다른 표본추출법에 비해 표본오차를 낮출 수 있다.
⑤ 분류에 따른 오류 가능성을 제거할 수 있다.

07 다음 중 업종별 부가가치율을 연결한 내용으로 옳지 않은 것은?

① 소매업 : 15%
② 제조업 : 20%
③ 건설업 : 30%
④ 금융서비스업 : 35%
⑤ 부동산임대업 : 40%

08 다음 자료를 참고하여 A주식에 대한 투자 기대수익을 계산하면 얼마인가?

- A주식 투자 금액 : 1,000만 원
- A주식이 오를 확률 : 60%
- A주식이 떨어질 확률 : 40%
- A주식이 올랐을 때 예상 수익률 : 20%
- A주식이 떨어졌을 때 예상 손실률 : 10%

① 40만 원   ② 60만 원
③ 80만 원   ④ 100만 원
⑤ 120만 원

09 다음 중 브랜드 전략 실행 5단계를 순서대로 바르게 나열한 것은?

① 브랜드 아이덴티티 → 브랜드 네이밍 → 브랜드 포지셔닝 → 브랜드 확장 → 브랜드 로열티
② 브랜드 아이덴티티 → 브랜드 네이밍 → 브랜드 로열티 → 브랜드 포지셔닝 → 브랜드 확장
③ 브랜드 네이밍 → 브랜드 포지셔닝 → 브랜드 로열티 → 브랜드 아이덴티티 → 브랜드 확장
④ 브랜드 네이밍 → 브랜드 아이덴티티 → 브랜드 확장 → 브랜드 포지셔닝 → 브랜드 로열티
⑤ 브랜드 네이밍 → 브랜드 아이덴티티 → 브랜드 포지셔닝 → 브랜드 로열티 → 브랜드 확장

10 다음 중 조직 내 갈등이 발생하는 원인으로 볼 수 없는 것은?

① 희소한 자원   ② 낮은 상호의존도
③ 모호한 업무 책임   ④ 성과 보상의 차이
⑤ 의사소통의 부족

11 다음 중 JIT(적시생산 방식)를 적용하기에 적합한 생산 방식은?

① 중품종 중량생산   ② 소품종 소량생산
③ 소품종 대량생산   ④ 다품종 소량생산
⑤ 다품종 대량생산

12 다음 중 네트워크 조직의 특징에 대한 설명으로 옳지 않은 것은?

① 환경 변화에 발 빠르게 대응할 수 있다.
② 핵심 역량만 보유하고 나머지는 네트워크를 활용함으로써 조직을 슬림화할 수 있다.
③ 구성원 간 이해와 협조가 없을 경우 비효과적이다.
④ 기존 네트워크로부터 행동 제약 등의 압박이 발생할 수 있다.
⑤ 네트워크가 확대됨에 따라 외부 네트워크의 잠재적 경쟁자가 나타날 수 있다.

13 다음 중 재무비율에 따른 경영 상황을 분석한 내용으로 옳지 않은 것은?

① 유동비율이 낮으면 기업이 단기부채를 상환하기 어렵다는 것을 의미한다.
② 부채비율이 낮으면 기업이 부채를 많이 사용하고 있지 않다는 것을 의미한다.
③ 매출총이익률이 낮으면 제품의 생산 수익성이 낮다는 것을 의미한다.
④ 자산회전율이 낮으면 자산의 활용도가 낮다는 것을 의미한다.
⑤ 현금흐름비율이 낮으면 부채 상환 능력이 높다는 것을 의미한다.

14 다음 중 마케팅의 타당성을 높이는 방법으로 옳지 않은 것은?

① 측정 대상에 대한 명확한 개념 정의가 필요하다.
② 척도를 개발할 때 측정 대상의 전문가를 참여시킨다.
③ 일관성 있는 측정을 위해 하나의 척도를 사용한다.
④ 기존에 타당성이 있다고 평가된 척도를 적극 활용한다.
⑤ 정확한 의사소통을 위해 용어 등을 엄선하여 사용한다.

15 다음 글에 해당하는 직무분석법은 무엇인가?

- 직무 행동 중 중요도가 높은 행동에 대한 정보를 수집한다.
- 관찰 가능한 직무 행동의 이익, 용도 등을 파악하는 데 도움이 된다.
- 정보를 수집하는 데 많은 시간이 필요하고, 직무 전체의 내용을 파악하는 데 어려움이 있다.

① 면접법 ② 관찰법
③ 중요사건법 ④ 워크 샘플링법
⑤ 질문지법

16 다음 중 신제품 개발 전략에서 선제 전략에 해당하지 않는 것은?

① 연구 개발 전략 ② 마케팅 전략
③ 기업가 전략 ④ 반응 전략
⑤ 매입 전략

17 다음 중 하우스의 리더십 유형으로 옳지 않은 것은?

① 지시적 리더십 ② 지원적 리더십
③ 참여적 리더십 ④ 통제적 리더십
⑤ 성취 지향적 리더십

18 다음 중 현금흐름표상 재무활동으로 인한 현금흐름에 해당하는 것은?

① 장단기차입금의 차입 ② 미수금의 회수
③ 장기금융상품 취득 ④ 이자 및 배당 수익
⑤ 법인세 납부

19 다음 글에 해당하는 제품 유형은 무엇인가?

> • 브랜드와 관계없이 가장 가까운 곳에서 구매하는 제품이다.
> • 계획 없이 충동적으로 구매하는 경우가 많으며, 잡화·생필품·과자 등이 해당한다.

① 산업재
② 내구재
③ 편의품
④ 선매품
⑤ 전문품

20 다음 중 직무 충실화의 기대 효과에 대한 설명으로 옳지 않은 것은?

① 근로자의 직무를 수직적으로 확대하여 의사결정의 자유권이 확보된다.
② 근로자의 창의적인 업무 능력을 개발할 수 있다.
③ 직무의 단조로움을 탈피하여 직무의 완전성을 추구할 수 있다.
④ 적은 비용과 시간으로 근로자의 업무 능력을 향상할 수 있다.
⑤ 근로자의 의사결정 자유권을 증대함으로써 관리자의 반발을 불러올 수 있다.

공기업 경영학
제13회 최종모의고사

모바일 OMR

문항 수 : 20문항
응시시간 : 20분

정답 및 해설 p.062

01 다음 금융상품 중 성격이 다른 하나는?
① 담보대출
② 신용카드
③ 신탁계약
④ 할부금융
⑤ 시설대여

02 다음 중 골드스타인의 교육훈련 타당성 평가 방법으로 옳지 않은 것은?
① 훈련 타당성
② 전이 타당성
③ 결과 타당성
④ 조직 내 타당성
⑤ 조직 간 타당성

03 다음 중 SCM(Supply Chain Management)의 장점으로 옳지 않은 것은?
① 미래에 일어날 것으로 예상되는 상황을 사전에 추측함으로써 비용을 절감할 수 있다.
② 프로세스 자동화 및 데이터 분석 등을 통해 생산성을 향상할 수 있다.
③ 제품 디자인과 개발에 고객의 니즈 및 시장 트렌드를 반영할 수 있다.
④ 설계, 제조, 물류, 배송에 이르는 전 과정을 투명하게 파악할 수 있다.
⑤ 시장 변화, 고객 의견 등에 신속하게 대응할 수 있다.

04 다음 중 리더 – 구성원 교환 이론의 구성 요인으로 옳지 않은 것은?
① 성과
② 신뢰
③ 존중
④ 의존
⑤ 피드백

05 다음 중 SWOT 분석을 통한 비즈니스 전략 분석 요인에 해당하지 않는 것은?

① 강점
② 약점
③ 역할
④ 기회
⑤ 위협

06 다음 중 EVA(경제적 부가가치)의 계산식으로 옳은 것은?

① (세후순영업이익)−(타인자본비용)+(자기자본비용)
② (세후순영업이익)−(타인자본비용)−(자기자본비용)
③ (세후순영업이익)+(타인자본비용)+(자기자본비용)
④ (세전영업이익)−(타인자본비용)−(자기자본비용)
⑤ (세전영업이익)−(타인자본비용)+(자기자본비용)

07 다음 중 요소비교법의 특징에 대한 설명으로 옳지 않은 것은?

① 기능직에 국한하여 사용할 수 있다는 단점이 있다.
② 기준 직무 선정, 평가 요소 결정, 평가 요소별 평가, 임금 결정의 순서로 진행한다.
③ 기준 직무는 업무 내용이 명확하고 임금액이 적절하다고 인정되는 것이어야 한다.
④ 임금의 공정성 및 신뢰도 확보에 용이하다는 장점이 있다.
⑤ 핵심 직무를 기준 직무로 선정하여 각 직무의 평가 요소를 비교함으로써 모든 직무의 상대적 가치를 결정하는 방법이다.

08 다음 중 서번트 리더십의 주요 특징으로 볼 수 없는 것은?

① 사람을 가장 중요한 자원으로 인식한다.
② 노력의 정도에 따라 성과를 평가한다.
③ 개인 간 지나친 경쟁을 경계한다.
④ 개방적인 가치관을 가진다.
⑤ 시간, 경비 등을 기준으로 생산성을 측정한다.

09 다음 중 매슬로의 욕구단계 이론의 가정에 해당하지 않는 것은?

① 만족한 욕구는 더 이상 동기부여를 일으키지 못한다.
② 인간의 욕구는 매우 복잡한 체계를 가진다.
③ 상위 수준의 욕구 충족을 위해 하위 수준의 욕구 충족이 선행되어야 한다.
④ 하위 수준보다 상위 수준의 욕구에 더 많은 충족 방법이 있다.
⑤ 인간의 욕구는 상위, 하위 순서와 관계없이 나타난다.

10 다음 중 SQC(통계적 품질관리)의 과정을 순서대로 바르게 나열한 것은?

① 제품 속성 정리 → 공정 과정 분류 → 품질 특성값 부여 → 품질관리 실행
② 제품 속성 정리 → 품질 특성값 부여 → 공정 과정 분류 → 품질관리 실행
③ 공정 과정 분류 → 품질 특성값 부여 → 제품 속성 정리 → 품질관리 실행
④ 공정 과정 분류 → 제품 속성 정리 → 품질관리 실행 → 품질 특성값 부여
⑤ 공정 과정 분류 → 제품 속성 정리 → 품질 특성값 부여 → 품질관리 실행

11 다음 중 수직적 통합의 장점으로 옳지 않은 것은?

① 불필요한 재고 낭비를 막아 재고비용 절감에 유리하다.
② 전후방 사업 간 긴밀한 협력이 가능하다.
③ 새로운 사업 기회를 신속하게 추진할 수 있다.
④ 시장환경 변화에 유연하게 대처할 수 있다.
⑤ 생산품의 품질을 더욱 확실하게 관리할 수 있다.

12 다음 중 토마스의 갈등관리 이론에 해당하지 않는 것은?

① 경쟁전략 ② 협력전략
③ 회피전략 ④ 타협전략
⑤ 비교전략

13 다음 중 시산표에서 확인할 수 있는 오류로 옳은 것은?

① 거래 전체의 분개를 누락한 경우
② 분개 시 대차를 불일치하게 기재한 경우
③ 분개를 이중으로 한 경우
④ 대차가 모두 틀린 금액으로 분개한 경우
⑤ 오류 내용이 우연히 상쇄된 경우

14 다음 중 임금체계를 결정하는 기준으로 볼 수 없는 것은?

① 필요기준
② 직무기준
③ 능력기준
④ 성과기준
⑤ 기본기준

15 다음 중 학습조직의 특성에 대한 설명으로 옳지 않은 것은?

① 조직 내 창조적인 변화 능력을 확대하여 문제를 해결하고자 한다.
② 탈(脫)관료제를 지향하는 성격을 가진다.
③ 조직 관리자의 주체성, 자발성, 참여성이 존중된다.
④ 지속적이고 연속적인 학습활동을 추구한다.
⑤ 학습조직을 통해 조직의 가치 창조 및 실행 능력을 발전시킨다.

16 다음 중 재고 관리 기법에서 정기 발주 시스템에 대한 설명으로 옳지 않은 것은?

① 실사를 간소화하여 발주 비용을 절감할 수 있다.
② 지속해서 재고기록 유지를 하지 않아도 된다.
③ 정기적인 조달 물품에 적용할 수 있다.
④ 여러 가지 물품을 동일한 공급자로부터 공급받을 때 유용하다.
⑤ 소모품 등 중요도가 낮은 물품에 더 적합하다.

17 다음 중 집단성과 배분제도에 대한 설명으로 옳지 않은 것은?

① 집단성과급제라고도 하며, 보너스 제도와 종업원참여제도가 결합된 조직개발 방식이다.
② 매출액 및 이익의 증대를 목표로 한다.
③ 보너스의 산정 단위는 개인이 아닌 부서, 공장, 사업부 등 집단을 산정한다.
④ 보너스는 사전에 회사와 종업원 간 약속에 의해 결정된다.
⑤ 근로자들이 경영에 직접 참여하여 원가 절감, 생산성 향상 등을 추진하고, 그에 따른 이익을 근로자들에게 분배한다.

18 다음 중 재무제표의 내용에 대한 설명으로 옳지 않은 것은?

① 재무상태표는 일정 시점의 자산, 부채, 자본 등을 확인할 수 있다.
② 손익계산서는 일정 시점의 수입, 지출, 이익 등을 확인할 수 있다.
③ 현금흐름표는 일정 기간의 현금 유출입을 확인할 수 있다.
④ 자본변동표는 일정 기간의 자본 항목의 변동 내용을 확인할 수 있다.
⑤ 주석은 일정 기간 또는 시점의 재무제표에 대한 상세 정보를 확인할 수 있다.

19 다음 중 제품수명주기별 마케팅 전략이 바르게 연결된 것은?

① 도입기 : 집약적 유통
② 성장기 : 선택적 유통
③ 성숙기 : 점유율 확대
④ 성숙기 : 광고 최소화
⑤ 쇠퇴기 : 낮은 가격

20 다음 중 대리인 비용의 종류가 바르게 짝지어진 것은?

① 감시비용, 검증비용, 추정손실
② 감시비용, 잔여손실, 추정손실
③ 확증비용, 감시비용, 잔여손실
④ 확증비용, 검증비용, 잔여손실
⑤ 확증비용, 감시비용, 검증비용

공기업 경영학

제14회 최종모의고사

모바일 OMR

문항 수 : 20문항
응시시간 : 20분

정답 및 해설 p.067

01 다음 중 e-비즈니스의 특징에 대한 설명으로 옳지 않은 것은?

① 유통채널 확대를 통해 소비자들에게 저렴한 가격으로 상품을 공급할 수 있다.
② 시간과 공간의 분리가 사라지게 되었다.
③ 효율적인 마케팅을 실시할 수 있다.
④ 판매 거점이 불필요하다.
⑤ 적은 자본으로 사업 추진이 가능하게 되었다.

02 다음 중 EOQ 모형을 적용할 수 있는 경우로 옳지 않은 것은?

① 고객의 주문 전에 미리 생산을 완료하는 경우
② 수요가 안정적인 경우
③ 주문을 한 번에 납품하는 경우
④ 재고 유지 비용을 알 수 있는 경우
⑤ 주문 비용을 알 수 있는 경우

03 다음 중 조사 시 신뢰성을 높이기 위한 방법으로 옳지 않은 것은?

① 면접 측면에서 면접 방식, 태도 등에 일관성이 있어야 한다.
② 도구 측면에서 측정 도구의 모호성을 제거해야 한다.
③ 동일한 질문을 2회 이상 하여 답변의 신뢰성을 확보한다.
④ 기존 조사에서 신뢰성이 있다고 인정된 측정 도구를 사용한다.
⑤ 측정 항목의 수를 최대한 간소화한다.

04 다음 중 재고자산의 매출원가를 구하는 계산식으로 옳은 것은?

① (기초상품재고액)+(당기순매입액)+(기말재고액)
② (기초상품재고액)-(당기순매입액)-(기말재고액)
③ (기초상품재고액)+(당기순매입액)-(기말재고액)
④ (당기순매입액)-(기초상품재고액)+(기말재고액)
⑤ (당기순매입액)-(기초상품재고액)-(기말재고액)

05 다음 중 ERG 이론의 욕구 3단계가 바르게 짝지어진 것은?

① 생존욕구, 감정욕구, 실현욕구
② 생존욕구, 감정욕구, 성장욕구
③ 존재욕구, 감정욕구, 성장욕구
④ 존재욕구, 관계욕구, 성장욕구
⑤ 존재욕구, 관계욕구, 실현욕구

06 다음 중 마일즈&스노우의 전략 유형에 해당하지 않는 것은?

① 관찰형
② 방어형
③ 혁신형
④ 분석형
⑤ 반응형

07 다음 중 MBO(목표관리제도)의 목적으로 볼 수 없는 것은?

① 조직과 개인의 목표 간 전략적 연계
② 목표 달성을 위한 동기부여
③ 커뮤니케이션 활성화
④ 공정한 처우 및 보상
⑤ 시간과 비용의 절감

08 다음 중 연구 및 개발 단계에서의 통계 기법으로 옳지 않은 것은?

① 표본추출법
② 실험계획법
③ 분산분석법
④ 회귀분석법
⑤ 최적화법

09 다음 글에 해당하는 임금체계는 무엇인가?

> • 근로자의 직무능력 또는 숙련도에 따라 임금이 결정된다.
> • 노사 협력이 잘되고, 노조가 직업훈련에 적극적으로 참여하는 경우에 많이 적용된다.
> • 숙련도와 연공성을 동시에 갖는다.

① 연공급
② 직무급
③ 직능급
④ 역할급
⑤ 성과급

10 다음 중 국제회계기준에 따른 기본 재무제표에 해당하지 않는 것은?

① 재무상태표
② 자본변동표
③ 현금흐름표
④ 포괄손익계산서
⑤ 대차대조표

11 다음 중 집단 의사결정의 장점으로 볼 수 없는 것은?

① 의견대립 시 발생하는 문제에 대한 토론을 통해 시간을 단축할 수 있다.
② 개개인의 의견을 통해 더 많은 정보를 얻을 수 있다.
③ 상호 간 자극을 통해 새로운 아이디어를 얻을 수 있다.
④ 집단 의사결정을 통해 결정된 사안에 대한 높은 동기부여를 제공한다.
⑤ 개인이 미처 확인하지 못한 오류 등을 수정할 수 있다.

12 다음 중 시장세분화를 통해 얻을 수 있는 장점으로 옳지 않은 것은?

① 목표시장을 정확하게 설정할 수 있다.
② 소비자의 반응을 적시에 파악할 수 있다.
③ 마케팅 자원을 효율적으로 배분할 수 있다.
④ 시장 특성에 따라 차별화된 마케팅을 시행할 수 있다.
⑤ 적은 비용으로 높은 마케팅 효과를 얻을 수 있다.

13 다음 중 EOQ 모형에 대한 설명으로 옳지 않은 것은?

① 대표적인 고정 주문량 모형으로, 재고 모형 중 가장 고전적인 모형이다.
② 정해진 수요 형태에 따라 재고 수준이 감소한다.
③ 재고가 0에 이르게 되면 즉시 조달이 이루어진다.
④ 단위 기간의 제품 수요를 정확하게 예측할 수 있다.
⑤ 재고 부족비를 고려하여 재고와 관련된 총비용을 계산한다.

14 다음 중 U자형 배치에 대한 설명으로 옳지 않은 것은?

① 다양한 수요 변화에 대응하기 쉬운 배치 형태이다.
② 작업의 단순화 및 지속적인 개선 사항 반영을 통해 공정별 배치를 개선하였다.
③ 주요 원칙으로 작업량 공평의 원칙, 다공정 담당의 원칙 등이 있다.
④ 공간이 적게 소요되고, 작업의 유연성을 증가시킬 수 있다.
⑤ 재배치에 따른 추가 비용이 소요되고, 생산시설 전용률이 떨어질 수 있다.

15 다음 중 직접법 현금흐름표에 대한 설명으로 옳지 않은 것은?

① 영업활동으로 인한 현금흐름에서 현금유출액을 하나씩 차감하는 방법이다.
② 모든 거래내역을 확인하기 때문에 현금흐름 내역을 모두 파악할 수 있다.
③ 당기순이익에서 조정을 통해 현금흐름이 산출되는 과정을 살펴볼 수 있다.
④ 비중이 크지 않은 항목들도 모두 포함하여 작성하므로 시간이 많이 소요된다.
⑤ 간접법에 비해 사용 빈도가 높지 않다.

16 다음 중 개인형 퇴직연금제도에 대한 설명으로 옳지 않은 것은?

① 상시근로자 10인 미만 사업장에서 행정절차를 간소화하여 퇴직연금제도를 도입할 수 있다.
② 매년 근로자의 연간 임금 총액의 1/12 이상을 사용자가 부담한다.
③ 근로자의 개인별 적립금 운용실적에 따라 급여 금액이 변동된다.
④ 급여 수령은 일시금 또는 5년 이상 연금 형태로 가능하다.
⑤ 주식을 비롯한 위험자산의 투자도 일정 비율 가능하다.

17 다음 중 코즈 마케팅에 대한 설명으로 옳지 않은 것은?

① 제품 판매와 기부활동을 연결하는 마케팅 전략이다.
② 소비자에게 착한 소비라는 동기를 유발하여 매출을 증대하는 것이 목적이다.
③ 사회적 기여에 대한 내용을 알려야 하는 광고비용이 많이 소요된다.
④ 합리적인 가격으로 소비자의 쉬운 참여를 유도하는 것이 중요하다.
⑤ 주로 대기업보다는 규모가 크지 않은 중소기업에서 활용하는 경우가 많다.

18 다음 중 토빈의 Q 이론에 대한 설명으로 옳지 않은 것은?

① 기업의 시가총액을 순자산가치로 나누어 구한다.
② 순자산가치는 기업이 보유한 자산과 동일한 자산을 취득하는 데 소요되는 금액을 의미한다.
③ 토빈의 Q 비율이 1보다 크면 투자를 늘린다.
④ 토빈의 Q 비율이 높을수록 기업가치가 과대평가되었다고 할 수 있다.
⑤ 일반적으로 경쟁이 심하지 않은 업종의 경우 토빈의 Q 비율이 낮게 나타난다.

19 다음 중 학습조직의 구성 요소로 볼 수 없는 것은?

① 확실한 목표가 있는 리더
② 창의적인 아이디어
③ 광범위한 정보 공유
④ 계획 실행 능력
⑤ 구체적인 활동 계획

20 다음 중 프로세스 관리 유형에 대한 설명으로 옳지 않은 것은?

① 프로젝트 프로세스 : 건물・선박・항공기 등 대형 제품 생산에 적용하며, 일회성인 경우가 많다.
② 개별작업 프로세스 : 유사한 자원 또는 방식이 적용되는 생산에 적용하며, 다품종 소량생산에 적합하다.
③ 배치 프로세스 : 그룹화된 제품 생산에 적용하며, 개별 작업 프로세스와 라인 프로세스의 중간 형태이다.
④ 라인 프로세스 : 양방향으로 진행되는 제품 생산에 적용하며, 표준화된 제품 생산에 적합하다.
⑤ 연속흐름 프로세스 : 중단 없이 연속적으로 원자재 공급이 필요한 제품 생산에 적용한다.

공기업 경영학

제15회 최종모의고사

모바일 OMR

문항 수 : 20문항
응시시간 : 20분

정답 및 해설 p.071

01 다음 중 생산 시스템 측면에서 신제품 개발 프로세스를 순서대로 바르게 나열한 것은?

ㄱ. 아이디어 창출	ㄴ. 제품 선정
ㄷ. 최종 설계	ㄹ. 설계의 평가 및 개선
ㅁ. 제품 원형 개발 및 시험 마케팅	ㅂ. 예비 설계

① ㄱ → ㄴ → ㅂ → ㄹ → ㅁ → ㄷ
② ㄱ → ㄷ → ㅁ → ㄹ → ㄴ → ㅂ
③ ㄴ → ㄱ → ㄷ → ㅁ → ㄹ → ㅂ
④ ㄴ → ㅁ → ㄹ → ㄱ → ㄷ → ㅂ
⑤ ㄷ → ㄹ → ㄴ → ㅁ → ㄱ → ㅂ

02 다음 중 직무평가에 있어서 미리 규정된 등급 또는 어떠한 부류에 대해 평가하려는 직무를 배정함으로써 직무를 평가하는 방법은?

① 서열법
② 분류법
③ 점수법
④ 요소비교법
⑤ 순위법

03 다음 중 작업성과의 고저에 따라 임금을 적용하는 단순 복률성과급 방식과 달리 예정된 성과를 올리지 못하여도 미숙련 근로자들에게 최저 생활을 보장하는 방식은?

① 테일러식 복률성과급
② 맨체스터 플랜
③ 메리크식 복률성과급
④ 할증성과급
⑤ 표준시간급

04 다음 중 특정 작업계획으로 여러 부품들을 생산하기 위해 컴퓨터에 의해 제어 및 조절되며 자재취급 시스템에 의해 연결되는 작업장들의 조합은?

① 유연생산 시스템　　　　　　　　② 컴퓨터통합 생산 시스템
③ 적시생산 시스템　　　　　　　　④ 셀 제조 시스템
⑤ 지능형 생산 시스템

05 다음 중 제품 및 제품계열에 대한 수년간의 자료 등을 수집하기 용이하고, 변화하는 경향이 비교적 분명하며 안정적일 경우에 활용되는 통계적인 예측 방법은?

① 브레인스토밍법　　　　　　　　② 시계열분석법
③ 인과 모형　　　　　　　　　　　④ 델파이법
⑤ 회귀분석법

06 다음 내용을 참고할 때, K가 얻게 되는 이익과 손실의 합은?

- K는 땅을 빌려 배추 농사를 짓고 있으며, 1월 1일 10,000평에 해당하는 땅에 대해 1년 동안 농사를 짓기로 계약하고 평당 1,500원의 계약금을 주었다.
- 계약금을 제외한 잔금은 배추의 시장가격에 따라 지급하기로 하였는데, 계약일 기준 6개월 이후 배추 가격이 10% 이상 오를 경우에는 계약금과 동일한 평당 1,500원을 잔금으로 지급하며, 0~10% 미만 오를 경우에는 1,200원을, 하락한 경우에는 평당 800원을 잔금으로 지급한다.
- 1월 1일 기준 평당 배추 가격은 6,000원이며, 7월 1일 기준 평당 배추 가격은 5,500원이다.

① 200만 원　　　　　　　　　　　② 600만 원
③ 1,000만 원　　　　　　　　　　 ④ 2,400만 원
⑤ 3,200만 원

07 다음 중 소비자들에게 타사 제품과 비교하여 자사 제품에 대한 차별화된 이미지를 심어주기 위한 계획적인 전략접근법은?

① 포지셔닝 전략　　　　　　　　　② 시장세분화 전략
③ 가격차별화 전략　　　　　　　　④ 제품차별화 전략
⑤ 비가격경쟁 전략

08 다음 중 마이클 포터(Michael E. Porter)가 제시한 가치사슬 분석에서 본원적 활동에 속하지 않는 것은?

① 구매물류활동
② 생산활동
③ 마케팅과 판매활동
④ R&D 기술개발활동
⑤ 서비스활동

09 A투자안의 명목수익률이 15%이고, 기대인플레이션이 4%일 때 A투자안의 실질수익률은 얼마인가?

① 4.2%
② 7%
③ 9.5%
④ 10.5%
⑤ 13.2%

10 다음 중 투자안의 경제성 평가에 대한 설명으로 옳은 것은?

① 투자안에서 발생하는 현금흐름은 대부분이 확실하기 때문에 기대현금흐름만을 반영한 할인율을 사용한다.
② 내부수익률은 미래의 현금 유입액이 현재의 투자 가치와 동일하게 되는 수익률이다.
③ 공분산은 개별 자산의 수익률의 위험 정도를 나타내는 척도이다.
④ 할인율은 자본기회비용으로 기업이 현재 추진하려고 하는 사업 대신 위험이 다른 사업을 추진하였을 때 기대할 수 있는 수익률이다.
⑤ 위험이 다른 사업안에 대해 투자자들이 기대하는 수익률과 일치할 것이기 때문에 기대수익률 또는 요구수익률이라고 부른다.

11 다음 중 경영관리 과정을 순서대로 바르게 나열한 것은?

① 조직화 → 지휘 → 통제 → 계획 수립
② 지휘 → 통제 → 계획 수립 → 조직화
③ 계획 수립 → 조직화 → 지휘 → 통제
④ 계획 수립 → 통제 → 조직화 → 지휘
⑤ 통제 → 조직화 → 지휘 → 계획 수립

12 다음 중 시산표에 기입하는 거래에 해당하는 것은?

① 해외에서 기계를 수입하기 위해 주문한 경우
② 단기차입금에 대한 이자를 수표로 지급한 경우
③ 건물의 매각을 위해 계약한 경우
④ 거래처와 물품 공급 계약을 체결한 경우
⑤ 건물을 임차하기 위해 임대인과 계약한 경우

13 다음 글에 해당하는 가격 정책은 무엇인가?

> 유표품(Branded Goods)의 제조업자가 도매상 및 소매상과의 계약에 의하여 자사 제품의 도소매 가격을 사전에 설정해 놓고, 이 가격으로 자사 제품을 판매하는 전략으로, 유표품이 도·소매상의 손실유인상품(Loss Leader)으로 이용되는 것을 방지하여 가격 안정과 명성 유지를 도모하고자 하는 정책이다.

① 상대적 저가격 전략　　　　　　② 상대적 고가격 전략
③ 상층 흡수가격 정책　　　　　　④ 재판매가격 유지 정책
⑤ 침투가격 정책

14 다음 중 확정기여형 퇴직연금제도(DC)에 대한 설명으로 옳지 않은 것은?

① 사용자가 납입할 부담금이 사전에 확정된 퇴직연금제도이다.
② 적립금 운용의 책임은 근로자에게 있으며, 기업 부담금은 근로자의 운용 결과에 따라 달라진다.
③ 근로자는 사용자가 납입한 부담금과 운용 손익을 최종 급여로 지급받는다.
④ 일시금 또는 연금으로 55세 이후에 수령할 수 있다.
⑤ 사용자가 근로자 개별 계좌에 부담금을 정기적으로 납입하면, 근로자가 직접 적립금을 운용함은 물론 근로자 본인의 추가 부담금 납입도 가능하다.

15 다음 중 직무분석에 대한 설명으로 옳은 것은?

① 연공급 제도를 실시하기 위해서는 직무분석이 선행되어야 한다.
② 직무기술서와 직무명세서는 직무분석의 2차적 결과물이다.
③ 직무기술서는 특정 직무 수행을 위해 갖추어야 할 직무담당자의 자격요건을 정리한 문서이다.
④ 직무명세서는 직무분석의 결과로 얻게 된 직무정보를 정리한 문서이다.
⑤ 직무명세서에는 직무의 명칭, 책임과 권한, 요구되는 육체적 능력이 기술되어 있다.

16 다음 중 시장실패(Market Failure)의 원인으로 옳지 않은 것은?

① 독과점의 존재
② 소비의 경합성
③ 외부경제의 존재
④ 비대칭 정보의 존재
⑤ 공유자원의 존재

17 다음 중 집약적 유통채널에 대한 설명으로 옳은 것은?

① 특정 지역에서 단일의 유통업자와 거래한다.
② 주로 과자나 저가 소비재 등 소비자들이 구매의 편의성을 중시하는 품목에서 채택한다.
③ 고도의 상품 지식을 필요로 하는 전문 품목에서 채택한다.
④ 제조업자의 통제력이 매우 높다.
⑤ 유통 비용이 비교적 저렴하다.

18 다음 중 조직 차원의 공식적 커뮤니케이션에 해당하지 않는 것은?

① 군집형 커뮤니케이션
② 대각적 커뮤니케이션
③ 수평적 커뮤니케이션
④ 상향식 커뮤니케이션
⑤ 하향식 커뮤니케이션

19 다음 〈보기〉 중 직무분석 시 보완적으로 사용하는 분석법에 해당하는 것을 모두 고르면?

〈보기〉
㉠ 면접법   ㉡ 중요사건법
㉢ 워크샘플링법   ㉣ 설문지법
㉤ 관찰법

① ㉠, ㉡
② ㉠, ㉤
③ ㉡, ㉢
④ ㉢, ㉣
⑤ ㉣, ㉤

20 다음 중 직무명세서를 통해 확인할 수 있는 정보가 아닌 것은?

① 학력, 전공
② 경험, 경력
③ 능력, 성적
④ 지식, 기술
⑤ 업무, 직급

공기업 경영학
제16회 최종모의고사

문항 수 : 20문항
응시시간 : 20분

01 다음 중 기업 다각화의 목적으로 옳지 않은 것은?

① 새로운 성장동력 추구
② 사업 부문별 리스크 분산
③ 시장지배력 강화
④ 자본 및 인력 확보
⑤ 규모의 경제 추구

02 다음 중 STP 전략의 구성 요소가 바르게 짝지어진 것은?

① Speciality, Targeting, Positioning
② Speciality, Training, Positivity
③ Segmentation, Training, Positioning
④ Segmentation, Targeting, Positivity
⑤ Segmentation, Targeting, Positioning

03 다음 중 커크패트릭 모형에 따른 교육훈련 평가 단계에 해당하지 않는 것은?

① 반응평가
② 계획평가
③ 학습평가
④ 행동평가
⑤ 결과평가

04 다음 중 기능별 조직에 대한 설명으로 옳지 않은 것은?

① 조직의 목표를 위해 기본적인 기능을 중심으로 나눈 조직을 의미한다.
② 유사한 업무를 수행하는 구성원으로 조직을 구성하여 규모의 경제를 실현할 수 있다.
③ 원가우위 전략을 중요시하는 기업 또는 사업부에 유리한 조직구조이다.
④ 부서 간 경쟁이 치열하고 부서 운영 비용이 많이 든다.
⑤ 부서 간 협업이나 시너지 효과를 기대하기 어렵다.

05 다음 중 BSC(Balanced Score Card)의 구성 요소에 해당하지 않는 것은?

① 전략체계도
② 핵심 성과지표
③ 목표치
④ 실행과제
⑤ 조직인력

06 다음 중 개인 신용평점을 평가할 때 활용하는 평가 요소로 옳지 않은 것은?

① 상환 이력
② 부채 수준
③ 학력 등의 민감 정보
④ 신용거래 기간
⑤ 신용 형태

07 다음 중 민츠버그의 조직 이론에 따른 조직구조에 해당하지 않는 것은?

① 단순 구조
② 기계적 관료제
③ 전문적 관료제
④ 사업부제
⑤ 본부체제

08 다음 중 브랜드 포지셔닝을 위한 시장세분화 시 고려하는 변수에 해당하지 않는 것은?

① 지리적 변수
② 인구통계학적 변수
③ 심리적 변수
④ 행동적 변수
⑤ 마케팅적 변수

09 다음 중 부가가치율 계산식으로 옳은 것은?

① [(매출액)+(매입액)]÷(매출액)×100
② [(매입액)−(매출액)]÷(매입액)×100
③ [(매출액)−(매입액)]÷(매출액)×100
④ (매입액)÷[(매입액)−(매출액)]×100
⑤ (매출액)÷[(매입액)−(매출액)]×100

10 다음 중 평정척도법에 대한 설명으로 옳지 않은 것은?

① 비표준화 검사를 통한 심리평가에서 나타나는 관찰법의 단점을 보완하기 위해 활용한다.
② 측정 대상의 연속성을 전제로 일정한 등급을 부여하여 평가한다.
③ 모든 관찰자가 쉽게 관찰할 수 없는 특성도 포함하여 평가할 수 있다.
④ 비교 대상이 되는 개인의 행동 또는 사건에 대해 동일한 기준을 가지고 평가한다.
⑤ 비교적 적용이 용이하여 널리 사용되고 있으며, 성적을 A∼F로 나눠 등급을 부여하는 것이 일례이다.

11 다음 중 연속생산과 단속생산을 비교한 내용으로 옳은 것은?

구분	연속생산	단속생산
생산시기	주문생산	계획생산
생산량	대량생산	소량생산
생산속도	느림	빠름
생산원가	높음	낮음
생산설비	범용설비	전용설비

① 생산시기
② 생산량
③ 생산속도
④ 생산원가
⑤ 생산설비

12 다음 중 테일러의 과학적 관리법에서 표준화 및 통제의 구성 요소가 아닌 것은?

① 기능적 직장 제도
② 기구의 표준화
③ 작업 지시서
④ 기획 부문
⑤ 계량화

13 다음 중 확정기여형 퇴직연금제도를 도입하기에 적합한 기업으로 볼 수 없는 것은?

① 근로자의 퇴직금을 전액 사외에 예치하는 기업
② 연봉제 실시 기업
③ 임금인상률이 높은 기업
④ 근로자가 직접 퇴직금을 효율적으로 투자하고자 하는 기업
⑤ 퇴직급여충당금을 부채 항목에서 제외하고자 하는 기업

14 다음 중 유통의 조성 기능으로 볼 수 없는 것은?

① 시장금융 기능
② 위험부담 기능
③ 시장정보 기능
④ 보관 기능
⑤ 표준화 기능

15 다음 글에 해당하는 집단 의사결정 방법은 무엇인가?

- 익명성을 보장하고, 반복적인 피드백을 통계화하여 의사결정을 한다.
- 단계별로 의사결정을 진행하므로 의사결정 진행의 상황 추적이 용이하다.
- 대면하거나 한자리에 모일 필요 없이 비교적 자유롭게 의견 평가를 할 수 있다.

① 지명 반론자 기법
② 명목 집단 기법
③ 델파이 기법
④ 브레인스토밍 기법
⑤ 변증법적 질의법

16 다음 글에 해당하는 총괄생산계획 방법은 무엇인가?

- 근로자 수, 생산율 등을 계량화하여 2차 비용함수로 결괏값을 산출하는 방법이다.
- 전체 생산기간의 예측이 가능할 경우 동태적인 총괄생산계획 수립이 용이하다.
- 근로자 수, 재고 등의 크기에 별도의 제한이 없기 때문에 마이너스 결괏값이 나타날 수 있다.

① 도시법
② 선형계획법
③ 수송계획법
④ LDR법
⑤ 휴리스틱법

17 다음 글에 해당하는 회사채는 무엇인가?

> • 일정 기간 내에 사전에 합의된 조건으로 발행회사가 소유하고 있는 상장주식으로 교환을 청구할 수 있는 권리가 부여된 사채이다.
> • 추가적인 자금 유입 없이 상장주식으로 교환이 가능하다.

① 전환사채
② 신주인수권부사채
③ 이익참가부사채
④ 교환사채
⑤ 옵션부사채

18 다음 중 회귀분석 유형에 대한 설명으로 옳지 않은 것은?

① 다중 회귀분석 : 2개 이상의 독립변수들이 종속변수에 어떤 영향을 미치는지 분석하는 방법이다.
② 단계적 회귀분석 : 여러 종속변수 중에서 독립변수를 가장 잘 나타내는 변수를 선택하는 방법이다.
③ 매개 회귀분석 : 독립변수와 종속변수 간 관계가 매개변수에 의해 어떻게 매개되는지 분석하는 방법이다.
④ 조절 회귀분석 : 독립변수와 종속변수 간 관계가 조절변수에 의해 어떻게 조절되는지 분석하는 방법이다.
⑤ 로지스틱 회귀분석 : 종속변수가 범주형일 때 사용하는 방법이다.

19 다음 중 켈리의 귀인 이론에서 귀인 과정의 3가지 결정요소로 바르게 짝지어진 것은?

① 객관성, 합의성, 복합성
② 객관성, 복합성, 일관성
③ 특이성, 합의성, 일관성
④ 특이성, 합의성, 객관성
⑤ 특이성, 객관성, 일관성

20 다음 중 경력 닻(Career Anchor) 모형의 구성 요소로 옳지 않은 것은?

① 자신의 능력에 대한 지각
② 자신의 욕구에 대한 지각
③ 자신의 동기에 대한 지각
④ 자신의 가치관에 대한 지각
⑤ 자신의 인간관계에 대한 지각

공기업 경영학

제17회 최종모의고사

모바일 OMR

문항 수 : 20문항
응시시간 : 20분

정답 및 해설 p.081

01 다음 중 민츠버그의 5P 전략에 해당하지 않는 것은?

① Plan
② Pattern
③ Position
④ Perspective
⑤ Person

02 다음 중 논리 오차를 제거할 수 있는 방법으로 옳지 않은 것은?

① 객관적으로 관찰이 가능한 사실만 평가한다.
② 평가 요소에 대한 충분한 설명을 실시한다.
③ 주관적 관점을 제거하고, 인사 평가 기준대로 평가한다.
④ 비슷한 유형의 평가 요소에 대해서는 시간 간격을 두고 평가한다.
⑤ 피평가자의 점수를 일정한 비율로 배분하여 평가한다.

03 다음 중 원가를 추정할 때 원가 자료 분석을 통한 방법이 아닌 것은?

① 계정분석법
② 고저점법
③ 공학법
④ 산포도법
⑤ 회귀분석법

04 다음 중 ABC 재고관리를 통해 재고 품목을 구분한 내용으로 옳은 것은?

① A : 70%, B : 20%, C : 10%
② A : 80%, B : 15%, C : 5%
③ A : 80%, B : 10%, C : 10%
④ A : 75%, B : 15%, C : 10%
⑤ A : 70%, B : 15%, C : 15%

05 다음 중 소비자 행동을 분석할 때 행동적 요인에 해당하는 것은?

① 지각
② 기억
③ 학습
④ 태도
⑤ 가족

06 다음 중 맥그리거의 XY이론에서 Y이론을 적용한 동기부여 방법으로 바르게 찍지어진 것은?

① 직무 축소화, 강화, 경영 참가
② 직무 축소화, 강화, 성과급 도입
③ 직무 축소화, 경영 참가, 목표관리법
④ 직무 확대화, 목표관리법, 경영 참가
⑤ 직무 확대화, 목표관리법, 성과급 도입

07 다음 중 켈리의 귀인 이론에 대한 설명으로 옳지 않은 것은?

① 행위의 원인을 추론하는 과정에 대한 이론으로, 큐빅 이론이라고도 한다.
② 귀인은 내적 귀인과 외적 귀인으로 구분한다.
③ 다양성, 특이성, 합의성의 3가지 정보를 기준으로 원인 귀속의 방향을 결정한다.
④ 직무에 자율성을 부여할수록 내적 귀인이 높아진다.
⑤ 타인의 행동을 판단할 때 외재적 요인을 과소평가하고 내재적 요인을 과대평가하는 것을 근본적 귀인 오류라 한다.

08 다음 글에 해당하는 직무평가법은 무엇인가?

> • 조직 내 핵심 직무를 대상으로 사전에 평가 요소를 선정한다.
> • 평가 요소를 회사 상황에 맞춰 조절할 수 있어 신뢰도가 높다는 장점이 있다.
> • 새로운 직무나 직무내용이 바뀔 경우 기존 직무들과 평가 요소 비교를 다시 해야 한다.

① 서열법
② 비교법
③ 요소비교법
④ 점수법
⑤ 분류법

09 다음 중 재고자산의 원가를 회수하기 어려운 경우에 해당하지 않는 것은?

① 원재료 가격이 하락한 경우
② 판매가격이 하락한 경우
③ 재고가 부분적으로 진부화된 경우
④ 재고가 물리적으로 손상된 경우
⑤ 제품 완성에 필요한 원가가 상승한 경우

10 다음 중 SQC(통계적 품질관리)에 대한 설명으로 옳지 않은 것은?

① 주로 검사를 통해 품질을 탐지한다.
② 제품의 다량 검사로 인해 비용이 많이 소요된다.
③ 불량품 제조에 따른 실패비용으로 인해 생산성이 떨어질 수 있다.
④ 불량품 선별 등 사후관리 활동이라 할 수 있다.
⑤ 끊임없는 예방 활동을 통해 실패비용을 대부분 줄일 수 있다.

11 다음 중 매슬로의 욕구단계 이론에 해당하지 않는 것은?

① 생리적 욕구
② 안전의 욕구
③ 애정의 욕구
④ 지시의 욕구
⑤ 자아실현의 욕구

12 다음 중 집단성과 배분제도 도입 시 예상되는 효과로 옳지 않은 것은?

① 근로자가 단기적 성과를 만들어내는 데 치중하여 업무 집중력이 떨어질 수 있다.
② 회사와 조직 간 수익 불일치가 발생하여 회사의 자본 축적이 어려울 수 있다.
③ 임금의 안정성이 증가하여 근로자들의 파업이 줄어들게 된다.
④ 새로운 기계나 기술이 도입될 경우 보너스가 줄어들 수 있어 근로자들이 신기술 개발에 부정적일 수 있다.
⑤ 집단성과 배분제도 운영을 위한 자원 투입비용이 증가한다.

13 다음 중 컨조인트 분석의 주요 목적으로 옳지 않은 것은?

① 신제품 개발
② 제품라인 확장
③ 가격 설정
④ 시장세분화
⑤ 공급 예측

14 다음 중 직무명세서에 기록되는 항목으로 옳지 않은 것은?

① 소속
② 직무 명칭
③ 직무 내용
④ 교육 수준
⑤ 업무 경험

15 다음 중 세부 업무계획을 수립할 때 유의할 점으로 옳지 않은 것은?

① 사전에 세밀한 업무계획을 세우도록 한다.
② 간트 차트 등을 활용하여 업무 간 통제력을 확보한다.
③ 중간 작업물 등의 공유를 통해 가설이 타당한지 검토한다.
④ 업무계획을 빈번하게 수정하지 않도록 한다.
⑤ 업무계획은 최대한 구체적으로 작성한다.

16 다음 중 투자부동산에 해당하지 않는 것은?

① 장래 용도를 정하지 못한 상태로 보유하고 있는 토지
② 직접 소유하고 운용리스로 제공하는 건물
③ 장기적인 시세차익을 위해 보유하고 있는 토지
④ 통상적인 영업 과정에서 단기간에 판매하기 위해 보유하고 있는 토지
⑤ 미래에 투자부동산으로 사용하기 위하여 건설 중인 건물

17 다음 중 브레인스토밍에서 지켜야 할 규칙으로 옳지 않은 것은?

① 전문가, 일반인과 관계없이 참여 대상에 제한을 두지 않는다.
② 개인의 아이디어에 대해 비판이나 비난을 하지 않는다.
③ 최대한 많은 아이디어가 나오도록 유도한다.
④ 타인의 의견을 자신의 의견에 차용하여 보완하거나 발전시키도록 한다.
⑤ 참가자들의 익명성을 최대한 보장하여 자유롭게 이야기할 수 있게 한다.

18 다음 중 체계적 – 비체계적 위험에 대한 설명으로 옳지 않은 것은?

① 체계적 위험은 완벽한 분산투자를 하여도 피할 수 없는 위험이다.
② 체계적 위험은 요구수익률을 높이면 줄일 수 있다.
③ 체계적 위험과 수익은 비례 관계에 있다.
④ 포트폴리오 구성 자산수가 증가할수록 비체계적 위험은 1에 가까워진다.
⑤ 총위험은 체계적 위험과 비체계적 위험의 합이다.

19 다음 중 카이제곱 검정의 2가지 유형이 바르게 짝지어진 것은?

① 객관성 검정, 신뢰도 검정
② 객관성 검정, 독립성 검정
③ 적합도 검정, 독립성 검정
④ 적합도 검정, 신뢰도 검정
⑤ 적합도 검정, 객관성 검정

20 다음 중 피쉬바인 모델에 대한 설명으로 옳지 않은 것은?

① 한 속성의 단점이 다른 속성의 장점으로 상쇄되는 보완적 모델이다.
② 각 속성들의 기대와 각 속성에 대한 가치판단에 의해 태도가 형성된다고 본다.
③ 다양한 대상에 대한 태도 형성 과정을 설명하기 위해 개발되었다.
④ 소비자 행동에 국한된 브랜드에 대한 태도를 측정하기 위한 목적이 있다.
⑤ 소비자 행동을 변화시킬 수 있는 효과적인 전략 수립을 가능하게 한다.

공기업 경영학
제18회 최종모의고사

문항 수 : 20문항
응시시간 : 20분

정답 및 해설 p.086

01 다음 중 시스템 이론에 대한 설명으로 옳지 않은 것은?

① 시스템 이론은 생물학자인 버틀란피에 의해 창안되었다.
② 하나의 시스템을 개별 요소의 단순한 집합체 또는 추상적 총체로 본다.
③ 시스템의 성질은 개별 요소의 성질이 아니라 상호 연관에 의해 결정된다.
④ 시스템 이론은 전체 시스템을 인사, 마케팅, 생산 등 하위 시스템으로 구분한다.
⑤ 시스템 이론을 통해 경영 성과를 종속변수로 하여 조직과 환경 간 적합성을 파악할 수 있다.

02 다음 중 개념타당성에 해당하지 않는 것은?

① 내용타당성
② 집중타당성
③ 수렴타당성
④ 판별타당성
⑤ 이해타당성

03 다음 중 매트릭스 조직의 단점으로 옳지 않은 것은?

① 구성원의 창의력을 저해하고, 문제해결에 필요한 전문 지식이 부족할 수 있다.
② 책임, 목표, 평가 등에 대한 갈등이 유발되어 혼란을 줄 수 있다.
③ 관리자 및 구성원 모두에게 역할 등에 대한 스트레스를 유발할 수 있다.
④ 힘의 균형을 유지하기 어려워 경영자의 개입이 빈번하게 일어날 수 있다.
⑤ 갈등 해결 등을 위한 토의, 조정 등에 많은 시간과 노력이 소요될 수 있다.

04 다음 중 BSC(Balanced Score Card)가 가지는 관점으로 볼 수 없는 것은?

① 고객 관점
② 내부 프로세스 관점
③ 생산 관점
④ 성장 관점
⑤ 재무 관점

05 다음 중 비확률 표본추출법에 해당하지 않는 것은?

① 편의추출법
② 판단추출법
③ 층화추출법
④ 할당추출법
⑤ 눈덩이추출법

06 다음 중 변혁적 리더십의 구성 요소에 해당하지 않는 것은?

① 감정적 치유
② 카리스마
③ 영감적 동기화
④ 지적 자극
⑤ 개별 배려

07 다음 중 비유동자산에 해당하지 않는 것은?

① 재고자산
② 투자자산
③ 유형자산
④ 무형자산
⑤ 기타 비유동자산

08 다음 중 확정기여형 퇴직연금에 대한 설명으로 옳지 않은 것은?

① 사용자의 기여금 수준이 사전에 결정된다.
② 근로자가 받을 연금 급여액은 적립금 운용 실적에 따라 변동된다.
③ 사용자가 도산하여도 연금 수급권이 전액 보장된다.
④ 적립금은 사용자로부터 독립되어 근로자 개인 명의로 적립된다.
⑤ 급여액은 적립한 기여금과 기여금의 투자수익에 의해서만 결정되며, 사전에 급여액 확인이 가능하다.

09 다음 중 브룸의 기대 이론을 구성하는 요소에 해당하지 않는 것은?

① 노력
② 결과
③ 기대치
④ 객관성
⑤ 유인가

10 다음 중 거래비용을 발생시키는 인적 요인으로 바르게 짝지어진 것은?

① 정보 밀집성, 독과점 거래
② 정보 밀집성, 복잡한 거래 절차
③ 제한된 합리성, 독과점 거래
④ 제한된 합리성, 기회주의
⑤ 환경의 불확실성, 정보 밀집성

11 다음 중 요소비교법의 평가요소로 옳지 않은 것은?

① 정신적 노력
② 육체적 노력
③ 임금 수준
④ 숙련도
⑤ 작업 환경

12 다음 중 컨조인트 분석의 절차를 순서대로 바르게 나열한 것은?

① 자료 수집 → 컨조인트 방법 선정 → 제품 속성 결정 → 부분 가치 추정 → 결과 분석
② 자료 수집 → 제품 속성 결정 → 부분 가치 추정 → 컨조인트 방법 선정 → 결과 분석
③ 제품 속성 결정 → 부분 가치 추정 → 컨조인트 방법 선정 → 자료 수집 → 결과 분석
④ 제품 속성 결정 → 컨조인트 방법 선정 → 자료 수집 → 부분 가치 추정 → 결과 분석
⑤ 제품 속성 결정 → 자료 수집 → 컨조인트 방법 선정 → 부분 가치 추정 → 결과 분석

13 다음 중 재무제표상 차변에 기재되는 항목이 아닌 것은?

① 선수금
② 대손충당금
③ 원재료
④ 기계장치
⑤ 저작권

14 다음 중 후광 효과에 대한 설명으로 옳지 않은 것은?

① 대중에게 평판이 좋은 연예인을 광고 모델로 선호하는 것은 후광 효과의 예이다.
② 평가 요인 간 상관관계의 인과성을 추론하는 과정에서 발생하는 실수에 기인한다.
③ 각각의 평가 요소가 서로 관련이 없는 경우 빈번하게 나타난다.
④ 기업은 채용 시 후광 효과를 방지하기 위해 블라인드 채용을 도입하여 운영한다.
⑤ 어떤 사물이나 사람을 평가할 때 일부의 긍정적·부정적 특성에 따라 전체적인 평가에 영향을 미치는 것을 말한다.

15 다음 중 직무분석을 통해 파악할 수 있는 개인의 특성으로 옳지 않은 것은?

① 지식
② 기술
③ 능력
④ 동기
⑤ 임무

16 다음 중 직접금융 방식의 자금 조달 방법으로 바르게 짝지어진 것은?

① 사채발행, 신주발행, IPO
② 사채발행, MBO, M&A
③ 신주발행, IPO, M&A
④ 신주발행, 정책금융, IPO
⑤ 신주발행, 은행 대출, MBO

17 다음 중 학습조직의 특징으로 옳지 않은 것은?

① 양성적인 피드백 ② 반복적인 순환 과정
③ 지속적인 효과 ④ 학습조직과 학습 행위의 분리
⑤ 자발적인 참여

18 다음 중 자본자산가격결정 모형(CAPM)의 기본 가정으로 옳지 않은 것은?

① 무위험자산이 존재하며, 차입과 대출이 불가하다.
② 수요와 공급이 균형 상태에 있다.
③ 해당 기간 인플레이션과 금리는 변동이 없다.
④ 거래비용과 세금이 존재하지 않는다.
⑤ 미래 수익률의 확률분포에 대해 동질적인 기대를 갖는다.

19 다음 중 안전재고 수량을 구하는 계산식으로 옳은 것은?

① [(일일 최대 리드 타임)÷(일일 최고 판매량)]×[(일일 평균 리드 타임)÷(일일 평균 판매량)]
② [(일일 최대 리드 타임)÷(일일 최고 판매량)]+[(일일 평균 리드 타임)÷(일일 평균 판매량)]
③ [(일일 최고 판매량)×(일일 최대 리드 타임)]−[(일일 평균 판매량)×(일일 평균 리드 타임)]
④ [(일일 최고 판매량)×(일일 최대 리드 타임)]+[(일일 평균 판매량)×(일일 평균 리드 타임)]
⑤ [(일일 최고 판매량)×(일일 평균 리드 타임)]−[(일일 평균 판매량)×(일일 최대 리드 타임)]

20 다음 중 탐색조사 방법에 해당하지 않는 것은?

① 문헌조사 ② 전문가 의견조사
③ 사례조사 ④ 표적 집단면접
⑤ 패널조사

공기업 경영학

제19회 최종모의고사

모바일 OMR

문항 수 : 20문항
응시시간 : 20분

정답 및 해설 p.092

01 다음 중 제품 – 시장 매트릭스의 4가지 전략에 해당하지 않는 것은?

① 시장통합 전략
② 시장침투 전략
③ 시장개발 전략
④ 제품개발 전략
⑤ 다각화 전략

02 다음 중 상대평가 방법으로 바르게 짝지어진 것은?

① 체크리스트법, 중요사건 기술법
② 강제할당법, 체크리스트법
③ 강제할당법, 평정척도법
④ 서열법, 평정척도법
⑤ 서열법, 강제할당법

03 다음 중 전사적 자원관리(ERP)의 주요 기능으로 옳지 않은 것은?

① 다양한 구성 요소 및 소프트웨어 간 원활한 작동을 지원한다.
② 실시간으로 데이터를 모니터링하고 처리할 수 있게 한다.
③ 다른 모델과의 호환성을 통해 다양한 옵션을 사용할 수 있게 한다.
④ 반복적인 수동 업무를 자동화할 수 있게 한다.
⑤ 사용자 인터페이스의 디자인, 기능 등을 세분화·다양화하여 진입장벽을 높인다.

04 다음 〈보기〉 중 레버리지 비율에 해당하는 것을 모두 고르면?

―― 〈보기〉 ――
㉠ 부채비율　　　　　　　㉡ 유동비율
㉢ 이자보상비율　　　　　㉣ 당좌비율
㉤ 자산회전율　　　　　　㉥ 평균회수기간

① ㉠, ㉡
② ㉠, ㉢
③ ㉢, ㉣
④ ㉢, ㉤
⑤ ㉤, ㉥

05 다음 중 동기부여 이론에서 내용 이론에 해당하지 않는 것은?

① 욕구단계 이론
② 목표설정 이론
③ ERG 이론
④ 성취동기 이론
⑤ 2요인 이론

06 다음 중 카리스마 리더십의 4단계 과정에 해당하지 않는 것은?

① 비전 설정
② 비전 전달
③ 비전 확대
④ 신뢰 구축
⑤ 비전 달성

07 다음 중 STP 전략의 조건으로 옳지 않은 것은?

① 각 세분시장의 규모, 형태 등이 구체적으로 측정될 수 있어야 한다.
② 각 세분시장은 마케팅 실행이 가능할 정도로 충분히 규모를 갖추어야 한다.
③ 각 세분시장은 상호 간 동질성이 극대화되어야 한다.
④ 각 세분시장의 소비자에게 접근할 기회가 충분하여야 한다.
⑤ 각 세분시장은 마케팅 전략에 대해 서로 다른 반응을 보여야 한다.

08 다음 중 활동기준 원가계산 과정을 순서대로 바르게 나열한 것은?

① 활동중심점 설정 → 활동분석 → 원가집계 → 원가동인 선정 → 제조간접비 배부율 계산 → 제품별 원가배부
② 활동중심점 설정 → 활동분석 → 원가동인 선정 → 제조간접비 배부율 계산 → 원가집계 → 제품별 원가배부
③ 활동분석 → 활동중심점 설정 → 원가집계 → 제조간접비 배부율 계산 → 원가동인 선정 → 제품별 원가배부
④ 활동분석 → 활동중심점 설정 → 원가집계 → 원가동인 선정 → 제조간접비 배부율 계산 → 제품별 원가배부
⑤ 활동분석 → 활동중심점 설정 → 원가동인 선정 → 제조간접비 배부율 계산 → 원가집계 → 제품별 원가배부

09 다음 중 직무 확대의 특징에 대한 설명으로 옳지 않은 것은?

① 근로자의 과업 수는 늘리고 그에 따른 책임은 증가시키지 않는다.
② 근로자의 직무만족도를 높여 이직률을 줄일 수 있다.
③ 단조로운 직무를 많이 부여할수록 근로자의 만족도가 높아진다.
④ 여러 종류의 과업을 수행하게 함으로써 다양성을 증가시킨다.
⑤ 직무수행에 대한 동기부여를 증가시킨다.

10 다음 중 거래비용의 유형으로 옳지 않은 것은?

① 계획비용   ② 준비비용
③ 합의비용   ④ 통제비용
⑤ 적응비용

11 다음 중 서번트 리더십의 특성으로 옳지 않은 것은?

① 인내   ② 친절
③ 겸손   ④ 관리
⑤ 권위

12 다음 중 ROE(자기자본이익률)에 대한 설명으로 옳지 않은 것은?

① 순이익이 커질수록 ROE는 증가한다.
② 자기자본이 작아질수록 ROE는 증가한다.
③ 매출액순이익률이 커질수록 ROE는 증가한다.
④ 총자본회전율이 커질수록 ROE는 증가한다.
⑤ 자기자본비율이 작아질수록 ROE는 감소한다.

13 다음 중 고관여 소비자 의사결정에 대한 설명으로 옳지 않은 것은?

① 다수의 상표, 제품 속성에 대해 적극적인 탐색이 이루어진다.
② 소비자는 모순되는 정보를 배제하고, 자기주장을 합리화하고자 한다.
③ 제품 상표에 대한 충성도가 높다.
④ 소비자에 대한 광고 내용보다 광고 횟수가 더 중요하다.
⑤ 제품 구매 후 인지부조화 현상이 종종 나타난다.

14 다음 글에 해당하는 인사고과의 오류는 무엇인가?

- 현혹 효과라고도 하며, 평가 항목을 줄이거나 다수의 평가자가 동시에 평가함에 따라 나타난다.
- 특정 분야에서의 인상이 다른 분야의 평가에 영향을 미친다.
- 특성에 도덕적 의미가 포함되어 있거나 행동적 표현이 불분명한 경우 많이 나타난다.

① 헤일로 효과　　　　　　② 상동적 태도
③ 항상 오차　　　　　　　④ 논리 오차
⑤ 대비 오차

15 다음 중 유연생산 시스템의 구성 요소로 옳지 않은 것은?

① 수치제어 공장기계
② 자동반송 시스템
③ 자동창고 시스템
④ 개인용 PC
⑤ 산업용 로봇

16 다음 자료를 참고하여 예상되는 확정기여형 퇴직급여액을 계산하면 얼마인가?

- 10년간 임금 총액 : 6억 원
- 10년간 회사부담금 비율 : $\frac{1}{12}$
- 10년간 운용수익률 : 연 4%

① 4,800만 원
② 5,000만 원
③ 5,200만 원
④ 5,400만 원
⑤ 5,600만 원

17 다음 중 부채비율 계산식으로 옳은 것은?

① (부채총계)−[(자본총계)÷(자본총계)]×100
② [(자본총계)÷(부채총계)]×100
③ [(자산총계)÷(부채총계)]×100
④ [(부채총계)÷(자본총계)]×100
⑤ [(부채총계)÷(자산총계)]×100

18 다음 중 편의품으로 볼 수 없는 것은?

① 설탕
② 칫솔
③ 잡지
④ 가구
⑤ 우산

19 다음 중 리더십 상황 이론의 장단점으로 옳지 않은 것은?

① 다양한 상황에서 쉽게 적용이 가능하다.
② 리더십 개발의 필요성이 강조된다.
③ 리더십의 훈련 방향에 대한 구체적인 제시가 부족하다.
④ 구성원의 훈련개발 수준에 대한 정의가 부족하다.
⑤ 인구 통계적 변수를 충분히 고려하지 못한다.

20 다음 중 제품별 배치의 장점으로 옳지 않은 것은?

① 단위당 생산비용이 낮다.
② 재고의 저장공간이 작다.
③ 근로자에 대한 훈련 및 감독이 쉽다.
④ 제품의 운반 거리가 짧아 신속한 프로세스가 가능하다.
⑤ 상대적으로 적은 비용으로 생산설비를 구축할 수 있다.

공기업 경영학

제20회 최종모의고사

모바일 OMR

문항 수 : 20문항
응시시간 : 20분

정답 및 해설 p.099

01 다음 중 지식경영의 구성 요소로 볼 수 없는 것은?

① 전략
② 사람
③ 조직 문화
④ 자원 배분
⑤ 기술

02 다음 중 인적 평가센터법의 특징에 대한 설명으로 옳지 않은 것은?

① 다수의 평가자가 다수의 피평가자를 평가하는 방법이다.
② 피평가자에게 주어지는 조건은 동등하며, 주로 피평가자의 행동을 평가한다.
③ 평가 기준을 사전에 정하여 평가자의 주관적인 판단 영향을 최소화한다.
④ 직무와 관련이 없는 행동들도 평가하기 때문에 예측타당성은 높지 않은 편이다.
⑤ 평가의 실용성을 높이기 위해 사전에 평가자와 피평가자 모두 훈련을 받는다.

03 다음 중 MRP 시스템의 시행 순서를 순서대로 바르게 나열한 것은?

① 제품별 생산량・생산 일정 파악 → 자재별 재고수준・조달기간 파악 → MRP 계획표 작성 → 제품분석도 작성
② 제품별 생산량・생산 일정 파악 → 자재별 재고수준・조달기간 파악 → 제품분석도 작성 → MRP 계획표 작성
③ 제품별 생산량・생산 일정 파악 → 제품분석도 작성 → 자재별 재고수준・조달기간 파악 → MRP 계획표 작성
④ 제품분석도 작성 → 자재별 재고수준・조달기간 파악 → 제품별 생산량・생산 일정 파악 → MRP 계획표 작성
⑤ 제품분석도 작성 → 제품별 생산량・생산 일정 파악 → 자재별 재고수준・조달기간 파악 → MRP 계획표 작성

04 다음 중 민츠버그의 조직 구성 요소에 대한 설명으로 옳지 않은 것은?

① 최고관리층 : 조직의 최상부에 위치하며, 조직 목표를 설정하고 그에 따른 전략을 제시한다.
② 지원부서층 : 운영핵심층의 업무를 지원하는 역할을 한다.
③ 운영핵심층 : 조직의 실무를 담당하며, 핵심적 역할을 한다.
④ 중간관리층 : 운영핵심층의 감독과 통제를 받으며, 운영핵심층에게 자원을 제공하고 지원하는 역할을 한다.
⑤ 기술구조층 : 조직 내의 기술적인 문제를 전문적으로 다루어 조직의 업무를 계획하고 분석하며, 부족한 부분을 훈련하는 업무를 담당한다.

05 다음 중 브랜드 전략 실행 5단계로 옳지 않은 것은?

① 브랜드 네이밍 ② 브랜드 아이덴티티
③ 브랜드 포지셔닝 ④ 브랜드 로열티
⑤ 브랜드 개발

06 다음 중 자본에 해당하지 않는 항목은?

① 자본금 ② 예수금
③ 자본잉여금 ④ 이익잉여금
⑤ 기타포괄손익

07 다음 중 소비자 행동 모델(AIDMA)의 구성 요소로 옳지 않은 것은?

① Achievement ② Interest
③ Desire ④ Memory
⑤ Action

08 다음 중 간트 차트를 구성하는 주요 요소에 해당하지 않는 것은?

① 날짜
② 협업 여부
③ 장소
④ 작업 항목
⑤ 소유자

09 다음 중 직무평가의 직접적 요소에 해당하지 않는 것은?

① 지식
② 경험
③ 육체적 노력
④ 정신적 노력
⑤ 대인적 책임

10 다음 중 현금에 해당하지 않는 것은?

① 자기앞수표
② 송금환
③ 송금수표
④ 양도성 예금증서
⑤ 우편환증서

11 다음 중 앤소프의 의사결정에 대한 설명으로 옳지 않은 것은?

① 단계별로 피드백이 이루어진다.
② 단계별 접근법을 따라 체계적으로 분석 가능하다.
③ 앤소프의 의사결정은 전략적·운영적·관리적 의사결정으로 분류된다.
④ 분석 결과에 따라 초기 기업 목적, 시작 단계에서의 평가 수정이 불가능하다.
⑤ 단계별 의사결정 과정은 기업의 위상과 목표 간의 차이를 줄이는 과정이다.

12 다음 중 자본시장선(CML)에 대한 설명으로 옳지 않은 것은?

① 투자자는 자신의 위험도와 관계없이 위험자산의 포트폴리오를 시장포트폴리오로 선택한다.
② 체계적 위험을 나타내는 베타계수와 기대수익과의 관계를 나타낸다.
③ 자본시장선 상 포트폴리오는 체계적 위험만으로 이루어진다.
④ 비효율적 포트폴리오는 자본시장선의 오른쪽 또는 아래쪽에 나타난다.
⑤ 자본시장선상 포트폴리오와 시장포트폴리오 간 상관계수는 항상 1이다.

13 다음 중 개인형 퇴직연금제도의 연간 세액공제 한도는 얼마인가?

① 400만 원
② 500만 원
③ 600만 원
④ 700만 원
⑤ 900만 원

14 다음 중 시장세분화의 유형으로 옳지 않은 것은?

① 인구통계학적 세분화
② 지리적 세분화
③ 퍼모그래픽 세분화
④ 행동적 세분화
⑤ 객관적 세분화

15 다음 중 신제품 개발 단계를 순서대로 바르게 나열한 것은?

① 제품 로드맵 구축 → 제품 전략 수립 → 아이디어 창출 → 아이디어 선별 → 시제품 제작 → 테스트 → 제품 생산
② 제품 로드맵 구축 → 아이디어 창출 → 아이디어 선별 → 제품 전략 수립 → 시제품 제작 → 테스트 → 제품 생산
③ 아이디어 창출 → 아이디어 선별 → 제품 로드맵 구축 → 제품 전략 수립 → 시제품 제작 → 테스트 → 제품 생산
④ 아이디어 창출 → 아이디어 선별 → 제품 전략 수립 → 제품 로드맵 구축 → 시제품 제작 → 테스트 → 제품 생산
⑤ 아이디어 창출 → 제품 전략 수립 → 제품 로드맵 구축 → 아이디어 선별 → 시제품 제작 → 테스트 → 제품 생산

16 다음 중 르윈의 조직변화 3단계를 순서대로 바르게 나열한 것은?

① 변화 → 해빙 → 재동결
② 변화 → 재동결 → 해빙
③ 해빙 → 변화 → 재동결
④ 해빙 → 재동결 → 변화
⑤ 재동결 → 해빙 → 변화

17 다음 중 컨조인트 분석이 유용하게 활용될 수 있는 경우로 옳지 않은 것은?

① 기본 속성에 따라 제품을 분류할 수 있다.
② 대상 제품이 저관여 제품에 해당한다.
③ 기본 속성을 결합하면 유망한 신규 콘셉트를 만들 수 있다.
④ 대부분의 프로파일이 현실적이다.
⑤ 소비자를 대상으로 제품 콘셉트를 효과적으로 전달할 수 있다.

18 다음 중 재고 유형에 대한 설명으로 옳지 않은 것은?

① 안전재고 : 생산이나 부품 조달 등의 불확실성에 대비하는 재고이다.
② 완충재고 : 품질불량, 미납주문 등에 대비하는 재고이다.
③ 예비재고 : 계절적 수요나 일시적인 공장 가동 중지 등에 대비하는 재고이다.
④ 로트사이즈 재고 : 경제적 생산량을 확보하기 위한 재고이다.
⑤ 운송재고 : 수송 중에 있어 상당한 조달기간을 요하며, 대금을 지급하기 전 재고이다.

19 다음 중 고정 자산 비율에 대한 설명으로 옳지 않은 것은?

① 장기자금에 의한 고정자산의 조달 정도를 나타낸다.
② 고정자산을 자기자본으로 나눈 값이다.
③ 고정비율이 낮을수록 기업의 장기적인 재무 안정성이 우수한 것으로 볼 수 있다.
④ 고정장기적합률은 일반적으로 100% 이상을 바람직한 것으로 본다.
⑤ 고정장기적합률은 고정부채를 고정 자산에 얼마나 안정적으로 배분하였는지를 나타낸다.

20 다음 중 카리스마 리더십의 구성 요소로 볼 수 없는 것은?

① 전략적인 목표
② 환경에 대한 민감성
③ 구성원의 신뢰
④ 관습적인 행동
⑤ 위험 감수 행동

답안채점 • 성적분석 서비스

모바일 OMR

| 도서 내 모의고사 우측 상단에 위치한 QR코드 찍기 | 로그인 하기 | '시작하기' 클릭 | '응시하기' 클릭 | 나의 답안을 모바일 OMR 카드에 입력 | '성적분석 & 채점결과' 클릭 | 현재 내 실력 확인하기 |

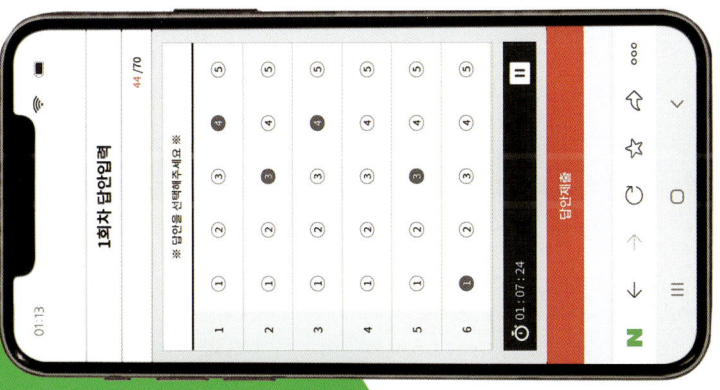

도서에 수록된 모의고사에 대한
객관적인 결과(정답률, 순위)를
종합적으로 분석하여 제공합니다.

※ OMR 답안채점 / 성적분석 서비스는 등록 후 30일간 사용 가능합니다.

시대에듀
공기업 취업을 위한 NCS
직업기초능력평가 시리즈

NCS부터 전공까지 완벽 학습 "통합서" 시리즈

공기업 취업의 기초부터 차근차근! 취업의 문을 여는 Master Key!

NCS 영역 및 유형별 체계적 학습 "집중학습" 시리즈

영역별 이론부터 유형별 모의고사까지! 단계별 학습을 통한 Only Way!

공기업 경영학

편저 | SDC(Sidae Data Center)

최종모의고사 20회분
정답 및 해설

시대에듀

해설편

정답 및 해설

끝까지 책임진다! 시대에듀!

QR코드를 통해 도서 출간 이후 발견된 오류나 개정법령, 변경된 시험 정보, 최신기출문제, 도서 업데이트 자료 등이 있는지 확인해 보세요! **시대에듀 합격 스마트 앱**을 통해서도 알려 드리고 있으니 구글 플레이나 앱 스토어에서 다운받아 사용하세요. 또한, 파본 도서인 경우에는 구입하신 곳에서 교환해 드립니다.

공기업 경영학

제1회 기출모의고사 정답 및 해설

01	02	03	04	05	06	07	08	09	10	11	12	13	14	15	16	17	18	19	20
⑤	①	③	②	④	④	②	④	⑤	①	④	②	④	②	①	①	②	④	④	③

01
정답 ⑤

마이클 포터의 5 Forces 모델은 기업의 경쟁력을 산업 구조의 5가지 요인(기존 경쟁자 간 경쟁, 신규 진입자의 위협, 대체재의 위협, 공급자의 교섭력, 구매자의 교섭력)을 통해 분석한다. 대체재가 많을수록, 진입장벽이 낮을수록, 퇴출장벽이 높을수록, 구매자가 많을수록, 공급자가 많을수록 기업 간 경쟁이 심화되고 각 기업이 경쟁우위를 확보하기 위한 전략을 수립하게 된다.
따라서 공급자가 적을수록 기업 간 경쟁이 약해지므로 가격이 상승할 가능성이 커진다.

02
정답 ①

직무명세서, 직무기술서, 직무평가, 직무분석은 모두 인사관리에 사용되는 개념이지만 목적과 내용에 있어 차이가 있다. 직무분석을 통해 직무의 성격과 요구사항을 분석할 수 있으며, 그 결과로 직무기술서(직무내용 중심)와 직무명세서(자격요건 중심)를 작성한다. 직무평가는 직무의 상대적 가치를 평가하는 절차로 직무분석을 바탕으로 이루어진다. 따라서 설명이 바르게 연결된 것은 ①이다.

03
정답 ③

유통 커버리지 전략은 집약적 유통, 전속적 유통, 선택적 유통으로 나눌 수 있다. 집약적 유통은 가능한 한 많은 소매점을 통해 제품을 판매하여 접근성을 극대화하는 것으로 대중적인 소비재에 주로 사용되며, 전속적 유통은 특정 지역에서 단 하나의 판매업체에만 판매권을 부여하여 통제력을 강화하는 것으로 고급 제품이나 특정 브랜드의 이미지 구축에 적합하다. 선택적 유통은 집약적 유통과 전속적 유통의 중간 형태로 지역별 자격을 갖춘 소수의 판매점과 거래하는 전략이며, 소비자가 비교적 신중하게 선택하는 제품에 적합하다.

04
정답 ②

제시된 내용은 테일러의 과학적 관리론에 대한 설명이다. 과학적 관리론은 산업 현장에서 작업 방법을 과학적으로 분석하고 표준화하여 생산성을 높이려는 관리이론이다.

05
정답 ④

포디즘(Fordism, 포드주의)은 미국의 자동차 회사 창립자 헨리 포드가 도입한 대량생산 중심의 산업 체제로, 조립라인(컨베이어 시스템)을 이용하여 표준화된 제품을 효율적으로 대량생산하는 방식이다. 포디즘에서는 생산 과정의 단계를 단순화·분업화하고 표준화하여 생산 속도와 효율성을 향상시킨다. 또한 노동자들에게 높은 임금을 지급하여 구매력을 높여 생산제품을 대량 소비할 수 있도록 유도하였다. 반면 컨베이어 시스템에 의한 대량생산이 특징이기 때문에 고객의 다양한 기호 변화에는 적응하기 어려운 한계가 있다.
따라서 보기에서 포디즘에 대한 설명으로 옳은 것은 모두 4개이다.

06 정답 ④

인바스켓 기법(In-Basket Technique)은 조직에서 관리자의 문제해결 능력과 의사결정 능력을 평가하거나 훈련하기 위해 사용되는 모의상황 평가 방법이다. 인바스켓 기법은 실제 업무와 유사한 상황을 통해 현실적인 판단력을 평가할 수 있고, 단순 지식보다 실무형 의사결정 능력을 평가할 수 있으며, 관리직이나 리더 후보의 업무 처리 스타일을 파악할 수 있는 장점이 있다. 그러나 평가 준비에 많은 시간과 비용이 소요되고, 평가자의 주관적 판단이 개입될 가능성이 있는 단점이 있다.

오답분석
① 구조적 피드백 : 구체적인 예시, 영향, 변화가 필요한 부분을 명확하게 전달하는 체계적인 방법이다.
② 직무순환 : 직무의 단조로움을 줄이고 다양한 직무 경험을 통해 직원의 능력과 만족도를 높이는 방법이다.
③ OJT : 현업에서 실제 업무를 통해 직접적으로 지식과 기술을 배우는 방법이다.
⑤ 시뮬레이션 : 실제 직무 상황과 유사한 모의 상황을 만들어 놓고, 참가자가 그 상황 속에서 역할을 수행하며 문제를 해결해 나가는 행동·상황 재현을 중심으로 하는 방법이다.

07 정답 ②

중립가격(Neutral Pricing)은 제품이나 서비스의 가격을 소비자가 인식하는 가치(경제적 가치)에 맞추어 책정하는 가격 전략이다. 소비자가 느끼는 심리적 균형점에 가격을 맞추므로 가격에 대한 저항을 최소화하고, 가격 신뢰도를 형성한다.

오답분석
① 탄력가격제 : 판매자가 시장 수요와 공급 상황, 경쟁사 가격, 소비자 행동 등 다양한 요인들을 실시간으로 고려하여 제품이나 서비스의 가격을 유동적으로 변경하는 전략이다.
③ 침투가격 : 신규 시장 진입 시 시장 점유율을 빠르게 확보하기 위해 제품 가격을 의도적으로 낮게 설정하는 전략이다.
④ 종속가격 : 본체는 저렴하게 판매하고, 주기적으로 교체해야 하는 소모품은 비싸게 파는 전략이다.
⑤ 유인가격 : 일부 제품의 가격을 원가 이하로 낮게 책정하여 고객을 매장으로 유인하고, 다른 상품 판매를 촉진하는 전략이다.

08 정답 ④

앤소프의 다각화 전략이란 기업이 기존의 제품이나 시장을 벗어나 새로운 제품을 새로운 시장에 출시하는 전략으로 새로운 수익원 창출, 기존 시장의 성장 한계 극복, 위험 분산을 목적으로 한다. 다각화 전략은 기존 시장이나 사업에 대한 의존도를 낮출 수 있고, 성공 시 새로운 수익을 기대할 수 있지만, 실패 시 위험도 크다. 앤소프의 다각화 전략은 다음의 세부 유형으로 구분된다.
- 동심형 다각화 전략 : 기존 사업과 연관성이 있는 새로운 제품을 새로운 시장에 출시하는 전략
- 수평형 다각화 전략 : 기존 제품과 다른 제품을 기존 고객에게 판매하는 전략
- 비관련 다각화 전략 : 기존 사업과 직접적인 연관이 없는 완전히 새로운 사업 분야에 진출하는 전략

09 정답 ⑤

최근 오류(Recency Error)는 평가자가 피평가자의 최근의 행동이나 성과에 지나치게 영향을 받아 전체 평가를 왜곡하는 인사평가 오류이다. 이러한 오류를 방지하기 위해서는 피평가자의 주요 행동, 성과, 사건 등을 정기적으로 메모·기록하거나, 다면평가를 활용해야 한다.

오답분석
① 후광 효과 : 특정 긍정적인 특성이 다른 특성에 대한 평가에 영향을 미치는 현상이다.
② 스테레오타이핑 : 특정 그룹이나 개인에 대한 고정관념이나 선입견이 작용하는 현상이다.
③ 중심화 경향 : 평가 방법에 대한 이해나 평가 능력 부족으로 대부분을 중간 점수에 몰아주는 현상이다.
④ 투사 오류 : 자신의 특성과 기준을 피평가자에게 투영하여 평가하는 현상이다.

10 정답 ①

경영참가제도는 크게 간접참가제도와 직접참가제도로 구분할 수 있으며, 간접참가제도는 자본참가로 종업원지주제도 등이 해당한다. 직접참가제도는 이윤참가와 경영의사결정참가로 성과분배제도, 이익분배제도, 노사협의제 등이 해당한다.

11
정답 ④

패널 면접은 한 명 또는 소수의 지원자에게 번갈아가며 질문을 던지고, 지원자의 태도·역량·사고력·문제해결 능력 등을 종합적으로 평가하는 면접 형태이다.

오답분석
① 집단 면접 : 다수의 면접관이 다수의 지원자를 한 번에 평가하는 방식으로, 짧은 시간에 능률적으로 면접을 진행할 때 사용하는 방식이다.
② 스트레스 면접 : 면접관이 특정 정답이 없는 질문을 하여 지원자를 압박하는 면접 방식으로, 지원자는 본인이 가진 생각을 논리적으로 말하는 것이 중요하다.
③ 상황 면접 : 면접관이 특정한 상황을 주고 그에 대한 의견을 지원자가 답하는 면접 방식으로, 면접관의 의도를 잘 파악하여 합리적인 답변을 하는 것이 중요하다.

12
정답 ②

외부요인 귀인은 행동의 원인을 환경, 상황 등 외부적 요인으로 판단하는 객관적 귀인 방식이므로 귀인 오류(Attribution Error)가 아니다. 귀인 오류란 사람들이 타인의 행동 원인을 판단할 때 일관되지 않거나 왜곡된 방식으로 귀인(원인 해석)하는 오류로, 실제 원인과 다르게 해석하는 심리적 경향이다.

오답분석
① 근본적 귀인 오류 : 다른 사람의 행동 원인을 찾을 때 외부 요인은 배제하고 내부 요인으로만 귀인하려는 오류이다.
③ 자존적 편견 : 자신의 행동 원인을 찾을 때 좋은 쪽으로 귀인하려는 오류이다.
④ 행위자-관찰자 편견 : 자신의 행동과 타인의 행동 원인을 다르게 보는 오류이다.

13
정답 ④

ISO 26000은 기업의 사회적 책임을 위한 기존 방법이나 계획을 대체하는 역할을 하는 것이 아니라 보완하는 역할을 하며, 이를 통해 사회적 책임에 대한 공동의 이해를 증진시키는 것을 목표로 한다.

> **ISO 26000**
> 국제표준화기구(ISO)에서 2010년 발표한 기업의 사회적 책임(CSR; Corporate Social Responsibility)에 대한 국제표준이다. 책임성, 투명성, 윤리적 행동, 이해관계자의 이익 존중, 법규 준수, 국제 행동규범 존중, 인권 존중 7개의 기본 원칙을 바탕으로 기업이 사회적 책임을 이행하고 커뮤니케이션을 제고하는 방법과 관련하여 지침을 제공한다.

14
정답 ②

제품 차별화가 낮은 경우 비슷한 기능과 형태의 제품이 다양하게 시장에 진입할 수 있어 진입장벽이 낮은 경우에 해당한다.

오답분석
① 초기 투자가 많이 필요한 경우 그만큼 자금력이 뒷받침되어야 하므로 진입장벽이 높다.
③ 법적 규제가 있는 경우 해당 규제에 맞는 제품만 시장에 들어올 수 있어 진입장벽이 높다.
④ 기존 경쟁업체가 많은 경우 시장에 참여해도 성과를 내기 쉽지 않기 때문에 진입장벽이 높다.

15
정답 ①

고든법은 브레인스토밍의 단점을 개선하기 위해 고안된 것으로, 브레인스토밍이 테마를 구체적으로 제시하는 반면 고든법은 해당 테마의 키워드만을 제공하며, 참가자들이 자유롭게 발언하여 다양한 아이디어를 제시하도록 하고, 나중에 주제를 공개하여 아이디어를 구체화하여 문제의 해결에 활용하는 방법이다.

오답분석
② 롤스토밍법 : 참가자가 아이디어를 떠올리기 위해 다른 사람의 역할을 맡아 아이디어를 연기하는 방법이다.
③ 직관상기법 : 참가자들이 토론 주제에 대한 의도를 각자 조용히 생각하고, 이후 논의를 진행하는 방법이다.
④ 집단토론법 : 토론 주제를 여러 개의 세부 주제로 나누고 각각의 주제를 해결하기 위해 여러 팀으로 나누는 방법이다.

16
정답 ①

포터의 가치사슬에서 인적자원관리, 연구개발, 구입·조달은 지원적 활동에 해당한다. 또한 생산운영, 내부물류, 외부물류, 마케팅 등은 본원적 활동에 해당한다.

17
정답 ②

카르텔에 참여하는 구성원은 법적·경제적 위험을 공유함으로써 개별 위험을 분산시킬 수 있고, 이를 통해 이윤 극대화를 추구한다.

18
정답 ④

민츠버그의 조직 유형 중 기계적 관료제 구조에 대한 설명이다.

오답분석
① 단순 구조 : 소규모 조직에서 일반적으로 나타나는 조직 유형으로 대부분의 의사결정이 관리자의 지시와 감독으로 이루어진다.
② 사업부제 구조 : 제품·서비스·지역 등에 따라 부서가 독립적으로 운영되는 형태의 조직 유형으로, 각 부서가 자율적으로 운영되는 것이 특징이다.
③ 임시조직 구조 : 각 분야의 전문가들이 모여 프로젝트 팀을 구성하고, 혁신을 강조하는 창의적인 형태의 조직 유형이다.

민츠버그의 5가지 조직 유형
- 단순 구조 : 최고관리층에 의한 직접 감독이 특징으로, 권한이 최고경영자에 집중된 구조이다.
- 기계적 관료제 구조 : 기술구조층에 의한 작업 과정의 표준화가 특징으로, 절차와 규칙에 따라 움직이는 안정된 조직이다.
- 전문적 관료제 구조 : 운영핵심층에 의한 기술의 표준화가 특징으로, 전문가의 자율성이 강조되는 조직이다.
- 사업부제 구조 : 중간관리층에 의한 산출물의 표준화가 특징으로, 각 부서가 독립적으로 성과 책임을 맡는 조직이다.
- 임시조직 구조 : 특별위원회에 의한 상호 조정이 특징으로, 창의적이고 유연한 프로젝트 중심 조직이다. 애드호크라시라고도 부른다.

19
정답 ④

클로즈드 숍은 노동조합에 가입해야만 고용될 수 있으며, 모든 직원이 조합원이므로 조합의 단결력이 가장 강하다. 우리나라의 경우 노동조합 및 노동관계조정법에서 특정 노동조합 가입을 고용 조건으로 삼는 행위를 원칙적으로 금지하고 있다.

오답분석
① 에이전시 숍 : 근로자에게 노동조합 가입이 강제되지 않으나 조합 가입 대신 조합비는 납부하도록 하는 제도이다.
② 유니언 숍 : 고용된 근로자는 일정 기간 내에 노동조합에 가입하여 조합원 자격을 가져야 하고, 노동조합에 가입하지 않는 경우 해고하도록 정하는 제도이다.
③ 오픈 숍 : 사용자가 조합원 또는 비조합원 여부와 상관없이 아무나 채용할 수 있으며, 근로자도 노동조합 가입이나 탈퇴가 자유로운 제도이다.

20
정답 ③

전방통합과 후방통합은 기업의 수직적 통합전략으로, 기업 공급망의 상하단으로 사업을 확장하는 방식이다. 전방통합은 기업이 자사 제품을 고객에게 판매하는 유통이나 판매 단계를 직접 수행하기 위해 공급망의 하류(고객 쪽)로 확장하는 전략이다. 반면 후방통합은 기업이 자사 제품에 필요한 원자재, 부품, 또는 원재료 공급을 직접 수행하기 위해 공급망의 상류(공급자 쪽)로 확장하는 전략이다. 따라서 자동차 생산업체가 원자재인 철강 공장을 구입하는 사례는 후방통합에 해당한다.

공기업 경영학
제2회 기출모의고사 정답 및 해설

01	02	03	04	05	06	07	08	09	10	11	12	13	14	15	16	17	18	19	20
③	①	③	③	②	③	③	①	④	③	①	③	④	③	④	⑤	⑤	③	④	⑤

01　　　　　　　　　　　　　　　　　　　　　　　　　　　　　　　　　정답 ③

공정성 이론에 따르면 공정성 유형은 크게 절차적 공정성, 상호작용적 공정성, 분배적 공정성으로 나누어진다.
- 절차적 공정성 : 과정 통제, 접근성, 반응속도, 유연성, 적정성
- 상호작용적 공정성 : 정직성, 노력, 감정이입
- 분배적 공정성 : 형평성, 공평성

02　　　　　　　　　　　　　　　　　　　　　　　　　　　　　　　　　정답 ①

조직시민행동(OCB; Organizational Citizenship Behavior)은 직원들이 조직의 원활한 운영을 위해 공식적으로 주어진 임무 외에 구성원들이 자발적으로 수행하는 부차적인 행동을 의미하며, 이 중 예의성은 조직 내 구성원 간 갈등이 발생할 가능성을 미리 막으려고 노력하는 행동이다.

오답분석
② 이타성에 대한 설명이다.
③ 양심성에 대한 설명이다.
④ 스포츠맨십에 대한 설명이다.
⑤ 시민정신에 대한 설명이다.

03　　　　　　　　　　　　　　　　　　　　　　　　　　　　　　　　　정답 ③

조직시민행동은 조직 구성원의 내재적 만족으로 인해 촉발되므로 구성원에 대한 처우가 합리적일수록 자발적으로 일어난다.

04　　　　　　　　　　　　　　　　　　　　　　　　　　　　　　　　　정답 ③

집단 간 경쟁이 많을수록 집단과 자신들을 보호하고 안전을 지키기 위하여 집단의 응집성이 증가되는 원인으로 작용한다.

오답분석
① 구성원의 수가 많을수록 여러 가지 다양한 의견이 존재하여 집단의 의견을 통일하는 데 어려움을 겪을 수 있다.
② 가입 난이도가 쉬울수록 다양한 특성을 가진 구성원의 참여가 늘어남에 따라 개인 간 역량의 편차가 커지고 경쟁 등이 심화되어 집단의 응집성을 저해할 수 있다.
④ 집단 내 실패 경험이 많을수록 의사결정 또는 과정에 대한 서로 간 불신이 커지게 되어 집단의 응집성을 저해할 수 있다.
⑤ 구성원 간 교류가 적을수록 중요한 정보 공유 등에 제약이 생기게 되어 집단의 성과 창출을 위한 응집성을 저해할 수 있다.

05 정답 ②

협상을 통해 공동의 이익을 확대(Win – Win)하는 것은 통합적 협상에 대한 설명이다.

> **분배적 협상과 통합적 협상**
> - 분배적 협상
>   - 고정된 자원을 대상으로 합리적인 분배를 위해 진행하는 협상이다.
>   - 한정된 자원량으로 인해 제로섬 원칙이 적용되어 갈등이 발생할 가능성이 많다.
>   - 당사자 간 이익 확보를 목적으로 하며, 협상 참여자 간 관계는 단기적인 성격을 나타낸다.
> - 통합적 협상
>   - 당사자 간 이해관계를 조율하여 더 큰 이익을 추구하기 위해 진행하는 협상이다.
>   - 협상을 통해 확보할 수 있는 자원량이 변동될 수 있어 갈등보다는 문제해결을 위해 노력한다.
>   - 협상 참여자의 이해관계, 우선순위 등이 달라 장기적인 관계를 가지고 통합적인 문제해결을 추구한다.

06 정답 ③

분배적 협상은 희소하거나 한정적인 자원을 대상으로 진행하는 협상 방식이다. Win – Win 등 창의적인 가치 창출 전략을 제시하는 것은 통합적 협상에서 고려해야 하는 사항이다.

오답분석

① 분배적 협상은 상호 배타적인 방식의 협상이므로 자신의 이익을 최대화하기 위해 상대방과의 이해관계나 제약사항 등의 사전조사가 필요하다.
② 목표치를 높게 잡되, 상대방이 수긍할 수 있는 합리적인 수준이어야 한다.
④ 앵커링 전략이라고도 한다.
⑤ 최선의 대안을 확보하고 있을 경우 상대방의 불리한 제안을 충분히 거절할 수 있다.

07 정답 ③

마코브 체인은 미래의 조건부 확률분포가 현재의 상태에 의해서 결정되는 마코브 특성을 이용하는 것으로, 현재의 안정적인 인력상황, 조직환경 등을 측정하여 미래에 예상되는 인력공급, 직무이동 확률 등을 예측하는 방법이다.

오답분석

② 기능목록 분석 : 근로자가 보유하고 있는 기능, 경험, 교육수준 등을 정리·분석하는 방법이다.
④ 대체도 : 조직 내 특정 직무에 대한 공석을 가정하여 대체할 수 있는 인력에 대한 연령, 성과 등을 표시하는 방법이다.
⑤ 외부공급 예측 : 경제활동인구, 실업률 등의 외부 정보를 활용해 인력공급을 예측하는 방법이다.

08 정답 ①

연속생산은 동일 제품을 대량생산하기 때문에 규모의 경제가 적용되어 여러 가지 제품을 소량생산하는 단속생산에 비해 단위당 생산원가가 낮다.

오답분석

② 연속생산의 경우 표준화된 상품을 대량으로 생산함에 따라 운반에 따른 자동화 비율이 매우 높고, 속도가 빨라 운반비용이 적게 소요된다.
③·④ 제품의 수요가 다양하거나 제품의 수명이 짧은 경우 단속생산 방식이 적합하다.
⑤ 연속생산은 작업자의 숙련도와 관계없이 작업에 참여가 가능하다.

09 정답 ④

e-비즈니스 기업은 비용 절감 등을 통해 더 낮은 가격으로 우수한 품질의 상품 및 서비스를 제공할 수 있다는 장점이 있다.

10
정답 ③

워크 샘플링법은 전체 작업 과정에서 무작위로 많은 관찰을 실시하여 직무활동에 대한 정보를 얻는 방법으로, 여러 직무활동을 동시에 기록하기 때문에 전체 직무의 모습을 파악할 수 있다.

오답분석
① 관찰법 : 조사자가 직접 조사 대상과 생활하면서 관찰을 통해 자료를 수집하는 방법이다.
② 면접법 : 조사자가 조사 대상과 직접 대화를 통해 자료를 수집하는 방법이다.
④ 질문지법 : 설문지로 조사 내용을 작성하고 자료를 수집하는 방법이다.
⑤ 연구법 : 기록물, 통계자료 등을 토대로 자료를 수집하는 방법이다.

11
정답 ①

가구, 가전제품 등은 선매품에 해당한다. 전문품에는 명품제품, 자동차, 아파트 등이 해당한다.

12
정답 ③

스캔런 플랜은 종업원의 참여의식을 높이기 위해 위원회 제도를 통한 종업원의 경영참여와 개선된 생산품의 판매가치를 기준으로 성과급을 분배하는 방식이다.

오답분석
① 임프로쉐어 플랜 : 단위당 소요되는 표준 노동시간과 실제 노동시간을 비교하여 절약된 시간만큼 분배하는 것이다.
② 러커 플랜 : 스캔런 플랜을 개선한 방식으로, 노동비용을 판매가치에서 재료비, 간접비 등을 제외한 부가가치로 나누는 것이다.
④ 링컨 플랜 : 근로자의 생산성 향상을 위한 방식으로, 성과급제와 이윤분배제를 결합한 것이다.
⑤ 카이저 플랜 : 재료, 노무 등에서 발생하는 비용을 절약한 만큼 분배하는 것이다.

13
정답 ④

유기적 조직의 경우 부서 간, 구성원 간 유기적인 의존관계가 이루어지기 때문에 관리의 폭이 넓다.

14
정답 ③

테일러의 과학적 관리법은 하루 작업량을 과학적으로 설정하고 과업 수행에 따른 임금을 차별적으로 설정하는 차별적 성과급제를 시행한다.

오답분석
①·② 시간연구와 동작연구를 통해 표준 노동량을 정하고, 해당 노동량에 따라 임금을 지급하여 생산성을 향상시킨다.
④ 각 과업을 전문화하여 관리한다.
⑤ 근로자가 노동을 하는 데 필요한 최적의 작업조건을 유지한다.

15
정답 ④

풀(Pull) 전략은 소비자가 자사의 제품을 적극적으로 찾게 함으로써 중간상들이 자발적으로 자사 제품을 취급하게 만드는 전략이다. 반면, 직접적·적극적으로 고객을 대상으로 인바운드 마케팅을 하는 것은 푸시(Push) 전략에 해당한다.

16
정답 ⑤

기능목록제도는 종업원별로 기능보유색인을 작성하여 데이터베이스에 저장하여 인적자원관리 및 경력개발에 활용하는 제도이며, 근로자의 직무능력평가에 있어 필요한 정보를 파악하기 위해 개인능력평가표를 활용한다.

오답분석
① 자기신고제도 : 근로자에게 본인의 직무내용, 능력수준, 취득자격 등에 대한 정보를 직접 자기신고서에 작성하여 신고하게 하는 제도이다.
② 직능자격제도 : 직무능력을 자격에 따라 등급화하고 해당 자격을 취득하는 경우 직위를 부여하는 제도이다.
③ 평가센터제도 : 근로자의 직무능력을 객관적으로 발굴·육성하기 위한 제도이다.
④ 직무순환제도 : 담당 직무를 주기적으로 교체함으로써 직무 전반에 대한 이해도를 높이는 제도이다.

17
정답 ⑤

데이터베이스(DB) 마케팅은 고객별로 맞춤화된 서비스를 제공하기 위해 정보 기술을 이용하여 고객의 정보를 데이터베이스로 구축하여 관리하는 마케팅 전략이다. 이를 위해 고객의 성향, 이력 등 관련 정보가 필요하므로 기업과 고객 간 양방향 의사소통을 통해 1 : 1 관계를 구축하게 된다.

18
정답 ③

퇴직급여충당부채는 비유동부채에 해당한다. 유동부채에는 단기차입금, 매입채무, 미지급법인세 등이 해당된다.

오답분석
① 당좌자산(유동자산) : 현금 및 현금성자산, 매출채권, 단기매매금융자산 등
② 투자자산(비유동자산) : 만기보유금융자산, 투자부동산, 매도가능금융자산 등
④ 자본잉여금(자본) : 주식발행초과금, 자기주식처분이익, 감자차익 등
⑤ 이익잉여금(자본) : 이익준비금, 임의적립금, 당기순이익, 당기순손실 등

19
정답 ④

급격하게 성장하는 사업 초기 기업일수록 FCFF(Free Cash Flow to Firm)는 음수로 나타난다. 일반적으로 급격하게 성장하는 초기 기업의 경우 외부 자금조달 등을 통해 성장을 지속하는 경우가 많아 잉여현금흐름이 안정기에 도달할 때까지는 음수로 나타난다.

20
정답 ⑤

합작투자는 2개 이상의 기업이 공동의 목표를 달성하기 위해 공동사업체를 설립하여 진출하는 직접투자 방식이다.

공기업 경영학

제3회 최종모의고사 정답 및 해설

01	02	03	04	05	06	07	08	09	10	11	12	13	14	15	16	17	18	19	20
⑤	③	④	⑤	④	④	④	③	④	③	③	③	⑤	④	③	④	④	③	⑤	③

01
정답 ⑤

수익이 많고 안정적이어서 현상을 유지하는 것이 필요한 사업은 현금젖소(Cash Cow)이다. 스타(Star)는 성장률과 시장 점유율이 모두 높아 추가적인 자금흐름을 통해 성장시킬 필요가 있는 사업을 의미한다.

BCG 매트릭스의 영역
- 물음표(Question) : 성장률은 높으나 점유율이 낮아 수익이 적고, 현금흐름이 마이너스인 사업이다.
- 스타(Star) : 성장률과 시장 점유율이 모두 높아 수익이 많고, 더 많은 투자를 통해 수익을 증대하는 사업이다.
- 현금젖소(Cash Cow) : 성장률은 낮으나 점유율이 높아 안정적인 수익이 확보되는 사업으로, 투자 금액이 유지·보수 차원에서 머물게 되어 자금 투입보다 자금 산출이 많다.
- 개(Dog) : 성장률과 시장 점유율이 모두 낮아 수익이 적거나 마이너스인 사업이다.

02
정답 ③

행동 감소 전략 중 하나인 소거는 신속한 결과를 얻을 수 없다는 단점이 있다.

소거(消去)
- 정의
  - 문제 행동이 강화를 받아서 유지되었을 때 강화 인자를 줄여서 바람직하지 않은 행동이 더 이상 일어나지 않게 하거나 이를 약화하는 방법이다.
- 장점
  - 주변 인물이 이해하기 쉽다.
  - 문제 행동을 효과적으로 제거할 수 있다.
  - 효과를 장시간 지속할 수 있다.
  - 극단적이거나 위험하지 않다.
- 단점
  - 시작 단계에서 문제 행동의 빈도와 강도가 증가하기 쉽다.
  - 상당한 일관성과 지속성이 요구된다.
  - 신속한 결과를 얻을 수 없다.
  - 소거로 대처하기 곤란한 행동이 있다.
  - 소요 시간을 단정하기 어렵다.

03 정답 ④

BARS는 피평가자의 행위를 보고 평가하기 때문에 신뢰도와 객관성이 높다는 장점이 있다.

> **BARS(행위기준 평정척도)**
> - 직무수행과 관련된 중요한 사건을 추출하고, 그 중요한 사건의 범주를 나누어서 범주별로 척도를 부여하는 인사평가 방법으로, 절대평가 중에서도 행위를 중심으로 평가하는 기법이다.
> - 중요사건법(Critical Incidents Method)과 평정척도법(Graphic Rating Scale)이 혼합된 방법으로, 정교하고 계량적이다.
> - 다양하고 구체적인 직무에 적용이 가능하다.
> - 업무수행 능력을 개선하는 효과가 있으며, 목표관리(MBO) 기법과 혼합하여 사용하면 행위와 결과를 모두 평가할 수 있다.

04 정답 ⑤

검증은 식스 시그마의 또 다른 방법론인 DMADV와 관계가 있다.

오답분석

①·②·③·④ 식스 시그마의 방법론 중 DMAIC는 정의, 측정, 분석, 개선, 관리의 5단계로 구성되며, 기존의 프로세스를 향상하기 위해 사용하는 방법이다.

> **6σ 이론**
> - 혁신적인 품질 개선을 목적으로 만든 기업 경영전략이다.
> - 시그마(σ, 표준편차)라는 통계 척도를 사용하여 모든 품질 수준을 정량적으로 평가한다.
> - 6σ : 규격 상한(USL; Upper Specification Limit)과 규격 하한(LSL; Lower Specification Limit)이 있는 경우 단기적으로 분포의 중심과 규격 한계 사이의 거리가 표준편차의 6배가 될 정도로 불량률이 아주 낮은 상태이다.
> - 품질 혁신 및 고객 만족을 목표로 하여 전사적으로 실행하는 종합적인 기업의 경영전략이다.
>
> **6σ Full 방법론의 유형**
> - DMAIC : 고객 만족을 위해 6σ 품질에 도달할 수 있도록 일상 업무 개선, 품질 혁신, 원가 절감 등을 통해 제품과 공정 개선
>   - Define : 문제 정의, 고객의 핵심 요구사항과 연계된 CTQ(Critical to Quality) 선정
>   - Measure : 현재 수준 측정을 통해 현재 수준을 파악
>   - Analyze : 데이터 수집 및 분석을 통해 근본 원인을 선정
>   - Improve : 근본 원인 해결을 위한 최적안을 선정 및 개선 효과를 검증
>   - Control : 관리 계획을 수립 및 확대 적용
> - DMADV : 프로세스 설계, 부분 재설계
>   - Define : 공정과 설계 목표를 정의
>   - Measure : 위험 및 생산 능력 등 공정과 제품의 품질에 중요한 측면을 측정 및 파악
>   - Analyze : 공정 설계를 개발하고, 분석을 통해 공정에 가장 적합한 설계를 선택
>   - Design : 공정 상세 정보를 설계하고, 설계를 최적화 및 테스트
>   - Verify : 공정에 선택된 설계를 검증하고, 새로운 공정을 구현 및 모니터링

05 정답 ④

마케팅 조사는 문제 정의 → 조사 방법 설계 → 자료 수집 → 자료 분석 → 조사 결과 분석의 순서로 이루어진다.

06 정답 ④

변동원가는 생산량에 비례하여 증가한다.

07
정답 ④

기계적 조직은 조직 또는 구성원의 통솔 범위가 좁다.

> **기계적 조직의 특징**
> 명확히 규정된 직무, 많은 규칙과 규정, 좁은 통솔 범위, 분명한 명령 복종 체계, 높은 공식화와 표준화, 낮은 팀워크, 경직성 등

08
정답 ③

가치사슬(Value Chain)은 기업의 경쟁적 지위를 파악하고 이를 향상할 수 있는 지점을 찾기 위해 사용하는 모형으로, 고객에게 가치를 제공함에 있어서 부가가치 창출에 직·간접적으로 관련된 일련의 활동·기능·프로세스의 연계를 뜻한다. 가치사슬의 각 단계에서 가치를 높이는 활동을 어떻게 수행할 것인지, 비즈니스 과정이 어떻게 개선될 수 있는지를 조사·분석하여야 한다.

> **가치사슬 분석의 효과**
> - 프로세스 혁신 : 생산, 물류, 서비스 등 기업의 전반적 경영활동을 혁신할 수 있다.
> - 원가 절감 : 낭비요소를 사전에 파악하여 제거함으로써 원가를 절감할 수 있다.
> - 품질 향상 : 기술개발 등을 통해 더욱 양질의 제품을 생산할 수 있다.
> - 기간 단축 : 조달, 물류, CS 등을 분석하여 고객에게 제품을 더욱 빠르게 납품할 수 있다.

09
정답 ④

기능목록은 근로자의 직무 적합성을 쉽게 파악할 수 있도록 핵심직무, 경력, 학력, 자격현황 등의 직무와 관련된 정보를 기재한 표이다.

10
정답 ③

거래비용 이론은 계약 이행, 성과 측정 등에서 발생하는 거래비용 요소를 정확히 측정할 수 없다는 단점이 있다.

> **거래비용 이론**
> 기업 내에서 처리할 때의 조직 관리 비용과 기업 밖에서 처리할 때의 거래비용을 상대적으로 비교하여 해당 업무에 대한 내부화나 외부화를 결정하는 이론이다.

11
정답 ③

목표설정 이론이 아니라 기대효용 이론(Expected Utility Theory)에서 개인의 효용을 극대화할 수 있는 대안을 선택하여 행동한다고 본다.

오답분석

①·②·④·⑤ 목표설정 이론은 목표관리기법의 기초 이론으로, 목표 설정을 통한 동기부여를 설명한다.

12 정답 ③

이동평균법(Moving Average Method)은 정량적인 수요예측 기법으로, 과거 일정 기간의 실적을 평균해서 다음 기의 값을 예측하는 방법이다. 단순이동평균법, 가중이동평균법이 이에 해당된다.

오답분석

①·②·④·⑤ 정성적인 수요예측 기법에는 델파이법, 시장조사법, 패널동의법, 역사적 유추법 등이 있다.

> **정성적 조사(Qualitative Method)**
> - 특징
>   - 형식에 얽매이지 않는 유연한 질문을 할 수 있다.
>   - 조사 대상 및 내용에 대해 깊은 이해가 가능하다.
>   - 합리적인 설명이 불가능한 내용에 대해 답변을 얻을 수 있다.
>   - 소비자의 독창적 아이디어를 끌어낼 수 있다.
> - 종류
>   - 심층 면접조사, 집단 심층 면접(FGI), 투사법, 관찰법, 델파이법, 시장조사법, 패널동의법, 역사적 유추법, 판매원 의견예측법 등
>
> **정량적 조사(Quantitative Method)**
> - 특징
>   - 정밀하고 통계적이며 수치적인 측정을 한다.
>   - 통계학적으로 견본이 될 수 있는 표본을 대량으로 사용한다.
>   - 분석할 수 있는 정보를 제공하여야 한다.
>   - 일정한 간격을 두고 조사를 반복할 수 있어야 한다.
> - 종류
>   - 시계열분석법 : 이동평균법, 지수평활법, 최소자승법 등
>   - 인과형 예측법 : 회귀분석 모델, 계량경제 모델 등

13 정답 ⑤

만기가 3개월 이내인 채무증권, 금융상품 등은 단기금융상품이 아니라 현금 및 현금성 자산으로 분류한다.

오답분석

①·②·③·④ 만기가 1년 이내에 도래하지만 현금성 자산이 아닌 상품은 단기금융상품으로 분류한다.

14 정답 ④

인적자원개발(HRD)의 구성 요소

- 개인 개발(Individual Development) : 단기적 결과로 개인에 초점을 맞추며, 개인의 성장과 발전에 역점을 두어 현재 직무에 적합한 개인의 지식, 기술, 태도, 역량 등을 향상하기 위한 모든 학습활동이다.
- 경력 개발(Career Development) : 장기적인 결과로 개인에 초점을 맞추며, 개인과 조직 상호 간 경력 구상을 위한 구조화와 계획적인 활동 또는 노력이다.
- 수행 관리(Performance Management) : 단기적 결과로 조직에 초점을 맞추며, 목적은 조직의 수행 요소를 확인하고 수행 개선 활동을 규명하며, 업무분석을 통해 필요 요건을 명시하여 과업의 기대 수준을 설정하는 것이다.
- 조직 개발(Organizational Development) : 장기적 결과로 조직에 초점을 맞추며, 조직의 성장을 위한 학습활동이다.

15
정답 ③

개방 시스템은 목표에 이르는 수단을 여러 가지 확보하여 목표를 달성하고자 한다.

오답분석

① 시스템 구성 요인의 변화가 다른 부문에 영향을 미치면서 조직 전체의 목표 달성을 위해 움직인다.
② 필요한 기능 분야별로 조직이 나누어져 전문성을 발휘하게 한다.
④ 조직은 환경을 항상 의식하여 그에 맞게 적절히 대응하여야 한다.
⑤ 조직 쇠퇴가 우려되는 경우 더 많은 자원을 확보하여 시스템을 더욱 발전시키고자 노력한다.

개방 시스템
- 정의
  - 외부의 환경과 상호작용을 계속하는 시스템이다.
- 특징
  - 부정적 엔트로피 : 엔트로피란 시스템이 붕괴·쇠퇴·정지·소멸하는 성향이다. 개방 시스템은 붕괴하지 않으려는 속성을 가지고 있어 시스템이 쇠퇴할 조짐을 보이면 더 많은 자원을 확보하여 자체 수정함으로써 시스템의 붕괴를 막는 부정적 엔트로피를 갖는다.
  - 확장성 : 개방 시스템이 더 정교하고 복잡하게 되면 시스템의 소멸에 저항하고 자기 상태를 계속 유지하려는 힘이 강해져서 시스템은 확장하고 성장하는 방향으로 움직이게 된다.
  - 환경 의식 : 조직은 자신의 경계 밖에 어떠한 환경이 있는지 환경의 속성까지 파악하려고 하므로 항상 환경을 의식한다.
  - 순환적 특성 : 기업은 개방 시스템으로서 외부와의 관계 속에서 존재하기 때문에 외부의 자원, 에너지, 정보를 수용하여 재화와 서비스로 전환한 다음 이를 다시 외부에 내보냄으로써 환경과의 균형 관계를 유지하게 된다.
  - 항상성 : 조직은 합리적인 규정과 제도 없이 그대로 두어도 환경과 교환하고 반응하는 역동적 균형으로 항상성을 유지한다.
  - 균형성 : 개방 시스템은 안정과 변화라는 2가지 상반된 활동의 균형을 추구한다.
  - 이인동과성 : 방법과 수단은 여러 가지가 있고 서로 다르지만 모두 동일한 결과에 이른다는 것을 의미한다.

16
정답 ④

오답분석

① 논리적 모순 : 개인의 사고 안에 있는 논리적인 배경에 따라 관점이 달라지는 부조화이다.
② 문화적 관습 : 문화적 차이에 따라 어떤 것이 일치하고 다른지 정의를 내리는 부조화이다.
③ 가치관의 배치 : 평소 자신이 품고 있던 도덕적 가치관이나 생각에 배치되는(어긋나는) 판단과 행동을 하였을 경우 발생하는 부조화이다.
⑤ 과거의 경험 : 경험적으로 아는 것에 대해 실제 현실에서 증거를 찾지 못할 때 발생하는 부조화이다.

인지부조화(認知不調和, Cognitive Dissonance)
사람들이 자신의 태도와 행동 따위가 서로 모순되어 양립할 수 없다고 느끼는 불균형 상태이다.

17
정답 ④

리더 – 구성원 교환 이론은 수직적 양자관계 → 리더 – 부하 교환관계 → 리더십 결정 → 팀 구성 역량 네트워크의 4단계로 발달한다.

리더 – 구성원 교환 이론의 발달 4단계
- 수직적 양자관계 : 작업 집단 안에서 리더 – 구성원 간 차별의 타당도
- 리더 – 부하 교환관계 : 조직의 결과물을 위한 차별적 관계의 타당도
- 리더십 결정 : 리더 – 구성원 간 관계 개발을 위한 연구
- 팀 구성 역량 네트워크 : 더 큰 집단으로 발전하기 위한 관계 연구

18 정답 ③

오답분석
① 제품별 배치 : 대량 또는 연속생산에서 제품 생산에 필요한 설비와 근로자를 생산과정 순으로 배치하는 형태이다.
② 기능별 배치 : 기계설비를 기능별로 배치하는 형태로, 다품종 소량생산에 적합한 형태이다.
④ 혼합형 배치 : 설비배치의 3가지 형태(제품별 배치, 기능별 배치, 위치고정형 배치)가 혼합된 형태이다.
⑤ 그룹별 배치 : 자재 운반 시간을 단축하면서 다양한 품목을 생산할 수 있도록 배치하는 형태이다.

19 정답 ⑤

기대 이론에서 인간은 여러 행동에 대한 기대의 정도를 비교하여 하나의 행동을 선택한다고 가정한다.

20 정답 ③

오답분석
① 브랜드 가치와 맞지 않는 마케팅은 역효과를 불러올 수 있다.
② 참여 방법이 쉬워야 더 많은 소비자가 참여할 수 있다.
④ 경제적 이익으로 사회 문제해결을 위한 금전적인 후원이나 기부가 이루어지면 소비자들에게 신뢰감을 줄 수 있다.
⑤ 과정 및 결과를 투명하게 공개함으로써 브랜드 신뢰도를 높일 수 있다.

공기업 경영학

제4회 최종모의고사 정답 및 해설

01	02	03	04	05	06	07	08	09	10	11	12	13	14	15	16	17	18	19	20
③	③	③	⑤	①	⑤	④	③	②	⑤	②	①	④	⑤	②	①	⑤	⑤	④	⑤

01 정답 ③
SWOT 분석은 강점(Strength), 약점(Weakness), 기회(Opportunity), 위협(Threat)의 앞 철자를 모아서 만든 단어로, 경영전략 수립을 위한 분석 도구이다.

02 정답 ③

오답분석

① 자율·독립형 : 독립적인 경력을 추구하며, 컨설팅·연구개발 등 전문적인 영역을 자유롭게 담당하는 업무에 적합하다.
② 기술·기능형 : 경영자 또는 관리자에 대한 목표 없이 특정한 업무에 흥미를 느끼고, 도전적이고 업무 자체의 내재적 의미를 중요시한다.
④ 창의적 기업가형 : 자신만의 사업 욕구가 강하며, 새로운 것에 대한 도전, 많은 보수 등에 관심을 가진다.
⑤ 순수 도전형 : 사물 또는 사람에 대한 정복 욕구가 강하며, 도전 기회가 지속해서 제공되는 것이 중요하다.

03 정답 ③
공급망 계획은 수요계획, 제조계획, 유통계획, 운송계획, 재고계획 등으로 구성된다.

> **공급망 계획(Supply Chain Planning)의 구성 요소**
> - 수요계획 : 제품 또는 서비스에 대한 수요분석을 통한 공급계획을 수립한다.
> - 제조계획 : 제품 또는 서비스의 생산과 관련된 세부 일정을 수립한다.
> - 유통계획 : 수요계획, 제조계획, 운송계획을 통합하여 물류상 운영계획을 수립한다.
> - 운송계획 : 제품 또는 서비스가 고객에게 최소의 비용으로 전달될 수 있도록 자원 배분계획을 수립한다.
> - 재고계획 : 향후 수요에 대비하기 위한 최적의 재고 보관계획을 수립한다.

04 정답 ⑤
개인이 아니라 조직을 통해 경력 관리를 검증한다.

오답분석

①·②·③·④ 베버는 처음으로 관료제를 연구하고 사용한 독일의 사회학자로, 합리적·합법적인 권한에 의한 관료제를 통해 가장 효율적인 조직을 구성할 수 있다고 주장하였다. 베버는 전형적인 관료제의 특징으로 위계의 서열화, 권한의 명확화, 문서로 정의된 법규에 따른 과업 수행, 관료의 전문성, 조직에 의해 검증된 경력 관리 등을 들었다.

05 정답 ①

ABC 재고관리는 관리 대상 선정 시 하나의 지표만을 활용하여 평가하기 때문에 정확도에 문제가 생길 수 있는 단점이 있다.

> **ABC 재고관리**
> 품목을 중요도에 따라 차별적으로 관리하는 재고관리 방식으로, 재고 회전 횟수가 증가함에 따라 재고수준은 점차 감소하게 된다.

06 정답 ⑤

전기와 당기의 성과가 혼합되어 성과 측정 시 유용한 정보를 제공하지 못한다는 것은 선입선출법이 아니라 평균법에 대한 설명이다.

> **선입선출법과 평균법**
> - 선입선출법
>   - 재고자산의 원가가 발생 순서에 따라 매출원가로 소멸한다는 가정에 근거하므로 매출원가는 오래전에 발생한 원가를 반영하는 반면, 기말재고액은 최근에 발생한 원가를 반영한다.
> - 평균법
>   - 재고자산의 원가가 발생 순서와 관계없이 섞여서 매출원가로 소멸한다는 가정에 근거하므로 기말재고액과 매출원가가 재고자산 발생 원가의 가중평균을 반영하게 된다.
>   - 실지재고조사법에서는 총평균법이라 하고, 계속기록법에서는 이동평균법이라 한다.

07 정답 ④

리더 – 구성원 교환 이론은 수직적 관계(집단에서의 리더 – 구성원 간 양자관계) → 교환 관계(집단의 결과물을 위한 리더 – 구성원 간 양자관계) → 리더십 결정(리더 – 구성원 간 양자관계 개발을 위한 이론 및 연구) → 역량 네트워크(더 큰 집단을 구성하기 위한 리더 – 구성원 간 양자관계 연구) 순으로 발달하였다.

08 정답 ③

오답분석
① 콘텐츠 마케팅 : 소비자에게 유용한 콘텐츠를 제공하여 관심을 끌어냄으로써 브랜드 인지도를 높이는 방법이다.
② 오프라인 마케팅 : 전통적인 마케팅 방법으로, 행사·브로셔 등을 활용하여 브랜드 인지도를 높이는 방법이다.
④ 인바운드 마케팅 : 잠재고객의 관심을 끌어낼 수 있는 콘텐츠, 사례 등을 활용하여 적극적으로 유인하는 방법이다.
⑤ 자연유입 마케팅 : 소비자가 자발적으로 기업 또는 제품을 찾아 소비하도록 하는 방법이다.

09 정답 ②

직무급은 직무 특성, 난이도 등을 고려하여 임금을 책정한다.

오답분석
① 연공급 : 근속연수
③ 직능급 : 직무 경력, 훈련
④ 역할급 : 역할의 크기
⑤ 성과급 : 개인 및 집단의 성과

10
정답 ⑤

인력 훈련 및 개발의 기능 형성을 기본으로 하는 것은 방어형이다. 공격형은 기능 확인 및 적용을 기본으로 한다.

> **마일즈 & 스노우의 전략 유형**
> - 공격형(Prospector)
>   - 변화와 혁신으로 고성과를 추구하는 전략으로, 신기술·신제품 등을 통해 새로운 시장으로의 진입을 강조하며, 기능 확인 및 적용을 기본으로 한다.
>   - 인적자원을 적극적으로 외부에서 영입하고자 하므로 충원은 비공식적·변동적·제한적으로 이루어진다.
>   - 보상은 성과급의 비중이 높은 시스템을 활용한다.
>   - 성과 평가는 과정보다 결과 중심으로 평가하고, 평가 기준은 경쟁기업 등 횡단적 비교를 실시한다.
>   - 인사관리 활동 : Do – See – Plan
> - 방어형(Defender)
>   - 안정적인 영역에서 확실한 포지션을 구축하며, 인력 훈련 및 개발의 기능 형성을 기본으로 한다.
>   - 소수의 제품을 효율적으로 생산하여 높은 품질과 가격 경쟁력을 주된 수단으로 삼는다.
>   - 보상은 조직의 안정을 위해 내적 공정성을 중시하여 기본급의 비중이 크고 연공의 비중이 높은 보상 시스템을 활용한다.
>   - 성과 평가는 결과보다 과정 중심의 평가이며, 평가 기준은 전년도 성과와 같은 시계열 비교를 한다.
>   - 인사관리 활동 : Plan – Do – See
> - 분석형(Analyzer)
>   - 공격형과 방어형의 중간 형태로, 위험은 최소로 하며 최대 이윤을 추구한다.
>   - 주로 프로젝트 조직구조, 매트릭스 조직구조를 가진다.
>   - 보상은 대내적 공정성을 중시하면서도 약간의 성과를 반영하여 대외적 경쟁력도 고려한다.
>   - 성과 평가는 주로 과정 중심의 평가 및 시계열 비교를 하고, 평가 기준은 일부 결과 중심의 평가 및 횡단적 비교를 병행한다.
>   - 인사관리 활동 : See – Do – Plan
> - 반응형(Reactor)
>   - 환경 변화에 따른 압박이 높을 경우에만 대응한다.
>   - 보상은 주로 성과를 지향한다.
>   - 성과 평가는 상황에 따른 과정 및 결과를 지향한다.

11
정답 ②

간트 차트에서 가로축에는 날짜, 세로축에는 프로젝트 수행 활동이 위치한다.

오답분석
① 간트 차트의 형태 및 의미에 대한 내용이다.
③ 간트 차트의 장점에 대한 내용이다.
④·⑤ 간트 차트의 단점에 대한 내용이다.

12
정답 ①

제품수명주기는 개발기 → 도입기 → 성장기 → 성숙기 → 쇠퇴기의 5단계로 이루어진다.

> **제품수명주기(PLC; Product Life Cycle)**
> 제품 카테고리에는 일정한 수명이 있고 이러한 수명은 새로운 제품이 등장할 때마다 반복적인 형태로 나타나는 것을 의미하는데, 단계마다 다른 전략들을 적용해야 한다.

13 정답 ④

규범적 동형화란 전문성 및 전문적 기준을 수용하거나 전문가의 단체에서 가장 효과적이고 최선의 방법이라고 규정한 기법을 규범적 요소로 수용하여 조직 간 제도적 동형화가 이루어지는 것을 말하는 것이다. 이는 조직에 전문적인 외부 인력의 유입 증가를 뜻하는 것은 아니다.

오답분석

② 모방적 동형화에 대한 설명이다.
③ 강압적 동형화에 대한 설명이다.
⑤ 제도화 이론은 조직에 기술적 차원과 제도적 차원이 존재하며, 기술적 차원은 합리적이고 효율적인 규범이 지배하는 반면, 제도적 차원은 조직에 대한 외부 환경의 기대가 지배한다고 본다.

제도화 이론
조직 간 관계에 대한 관점 중 조직이 생존하기 위해 효율적인 생산보다 이해관계자로부터 정당성을 획득하는 것이 중요하다고 보는 이론이다.

제도화 이론의 동형화
- 모방적 동형화 : 조직에서 적용할 기술을 이해하기 어렵거나 조직의 목표가 모호하거나 환경이 불확실한 경우에 조직이 다른 조직에서 적용하고 있는 성공적인 모형을 찾아 모방함으로써 제도적 동형성을 갖는 것을 말한다.
- 강압적 동형화 : 어떤 조직이 의존하고 있는 다른 조직으로부터 영향이나 사회·문화적 기대가 그 조직에 공식적·비공식적 압력의 형식으로 작용하는 경우에 나타나는 현상을 말한다.
- 규범적 동형화 : 전문성 및 전문적 기준을 수용하거나 전문가의 단체에서 가장 효과적이고 최선의 방법이라고 규정한 기법을 규범적 요소로 수용하여 조직 간 제도적 동형화가 이루어지는 것을 말한다.

14 정답 ⑤

순현재가치가 0보다 크면 타당성이 있는 사업으로 판단한다.

순현재가치(NPV; Net Present Value)
- 미래에 발생하는 특정 시점의 현금흐름을 이자율로 할인하여 현재 시점 금액으로 환산하는 것을 말한다.
- NPV가 0보다 크면 투자가치가 있는 것으로, 0보다 작으면 투자가치가 없는 것으로 평가한다.

15 정답 ②

서번트 리더십은 조직의 목표와 역할을 구성원들의 눈높이에서 정할 수 있어 구성원들의 능력을 최대한 활용할 수 있다는 장점이 있다.

오답분석

①·③ 서번트 리더십의 장점에 대한 내용이다.
④·⑤ 서번트 리더십의 단점에 대한 내용이다.

서번트 리더십의 장단점
- 장점
  - 조직 개발에 헌신 : 부하직원이 업무를 수행하도록 최대한 영감을 주어 기업이 나아갈 수 있는 최대한의 상태를 만든다.
  - 개인 능력의 극대화 : 조직의 임무와 목표를 조직원들의 눈높이에서 정할 수 있어서 근로자가 개인의 능력을 최대한 효율적으로 활용할 수 있다.
- 단점
  - 권한의 부족 : 업무에 있어서 조직의 전반적인 권한을 최소화한다.
  - 업무 효율성 감소 : 업무를 수직적 관계에서 효율적인 방식으로 처리하던 전통적 리더십에 비해 성과를 거두기까지 비교적 긴 시간이 걸린다.

16
정답 ①

안정적으로 성장하는 조직이 되기 위해서는 조직과 구성원 간 협력을 통해 경제적 효율성과 사회적 효율성을 동시에 추구하여 균형을 맞추는 것이 중요하나, 경제적 효율성에만 집중할 경우 구성원의 노동력이 그만큼 많이 투입되어야 하므로 구성원의 사회적 효율성이 낮아진다.

17
정답 ⑤

유연생산 시스템의 목적은 높은 생산성을 토대로 다양한 제품을 유연하게 제조하고, 제조 방식을 자동화하여 신뢰성을 높이는 데 있다.

18
정답 ⑤

탐색조사는 정성적인 마케팅 조사 방법에 해당하며, 본조사를 하기 전에 수행하는 실상을 더듬어 찾는 간단한 조사를 말한다.

오답분석

①・②・③・④ 정량적인 마케팅 조사 방법은 기술조사, 인과조사로 나누어지며, 기술조사는 다시 횡단조사, 종결조사로 나누어진다.

> **정성적 조사와 정량적 조사**
> - 정성적 조사
>   - 현상학적 인식론을 바탕으로 연구자와 대상자 간 긴밀한 상호작용을 통해 진행된다.
>   - 언어, 몸짓, 행동 등 상황과 환경적 요인을 연구한다.
>   - 연구자의 개인적인 준거를 사용하여 비교적 주관적인 연구를 수행한다.
>   - 관찰자의 해석으로부터 독립된 객관적인 관찰은 존재하지 않음을 주장한다.
>   - 행위자가 자기 경험에 부여하는 의미의 파악을 중시한다.
>   - 탐색적 연구에 효과적이며, 사회과학에서 많이 사용한다.
>   - 귀납법에 기초하며, 연구 결과의 일반화에 어려움이 있다.
>   - 현지연구, 사례연구 등이 해당한다.
> - 정량적 조사
>   - 현상의 속성을 계량적으로 표현하고, 그들의 관계를 통계 분석으로 밝혀낸다.
>   - 정형화된 측정 도구를 사용하여 객관적인 연구를 수행한다.
>   - 연역법에 기초하며, 연구 결과의 일반화가 쉽다.
>   - 실증주의적 인식론에 바탕을 두며, 객관성과 보편성을 강조한다.
>   - 방법론적 일원주의를 주장한다.
>   - 관찰에 근거하지 않은 지식의 공허함을 주장한다.
>   - 일반화 가능성이 높지만, 구체화에 문제가 있다.
>   - 질문지연구, 실험연구, 통계자료분석 등이 해당한다.

19
정답 ④

기대 이론은 모형이 복잡하기 때문에 충분한 결과 측정이 곤란하다.

오답분석

⑤ 기대 이론의 변수를 설문조사 등의 형태로 조사함에 따라 조사자마다 다른 결과가 나타날 수 있어 비교가 곤란하다는 단점이 있다.

20
정답 ⑤

델파이 기법은 익명성을 보장함으로써 외부의 간섭을 배제하고, 솔직한 답변을 끌어낼 수 있다는 장점이 있다. 이에 따라 해당 주제에 대한 지속적인 관심과 의견 제시를 끌어낼 수 있다.

델파이 기법의 장단점
- 장점
  - 익명성이 유지되어 전문가가 예측값을 낼 때 정치적이거나 사회적인 요인에 의해 영향을 받지 않고 솔직하게 응답하여 신뢰성 있는 결과를 얻을 수 있다.
  - 한 장소에 모이기 힘든 전문가를 동시에 참여시킬 수 있고, 참여자들 간 정보 및 문제해결 과정의 공유가 가능하다.
  - 조사 과정에서 대략적인 결과 확인 및 판단이 가능하다.
- 단점
  - 전문가 선정 및 응답자에 대한 통제의 어려움이 있다.
  - 설문조사 자체의 결함 및 설문의 조작 가능성이 있다.
  - 직접적인 의사소통에 제한적이다.
  - 합의에 이르는 데 시간이 너무 많이 걸려서 참여하는 사람의 결집력이 떨어질 수 있다.
  - 극단적인 판단은 의견 일치를 위해 제외되는 경향이 있어 창의적인 의견들이 손상될 수 있다.

공기업 경영학

제5회 최종모의고사 정답 및 해설

01	02	03	04	05	06	07	08	09	10	11	12	13	14	15	16	17	18	19	20
①	⑤	④	①	①	③	①	①	①	⑤	③	③	②	③	⑤	②	②	⑤	①	⑤

01　　　정답 ①
기능 조직(Functional Structure)은 기능별 전문화의 원칙에 따라 공통의 전문지식과 기능을 지닌 부서단위로 묶는 조직구조를 의미한다.

02　　　정답 ⑤
컨베이어 시스템은 모든 작업을 단순 작업으로 분해하고 분해된 작업의 소요시간을 거의 동일하게 하여 일정한 속도로 이동하는 컨베이어로 전체 공정을 연결해 작업을 수행하는 것으로, 포드가 주장한 것이다.

03　　　정답 ④
미국의 경영자 포드는 부품의 표준화, 제품의 단순화, 작업의 전문화 등 '3S 운동'을 전개하고 컨베이어 시스템에 의한 이동조립방법을 채택해 작업의 동시 관리를 꾀하여 생산 능률을 극대화했다.

04　　　정답 ①
오답분석
② 스캔런 플랜 : 생산의 판매가치에 대한 인건비 비율이 사전에 정한 표준 이하인 경우 종업원에게 보너스를 주는 제도이다.
③ 메리크식 복률성과급 : 표준생산량을 83% 이하, 83~100%, 그리고 100% 이상으로 나누어 상이한 임률을 적용하는 방식이다.
④ 테일러식 차별성과급 : 근로자의 하루 표준작업량을 시간연구 및 동작연구에 의해 과학적으로 설정하고, 이를 기준으로 하여 고·저 두 종류의 임률을 적용하는 제도이다.
⑤ 러커 플랜 : 조직이 창출한 부가가치 생산액을 구성원 인건비를 기준으로 배분하는 제도이다.

05　　　정답 ①
학습조직은 구성원들에게 권한 위임(Empowerment)을 강조한다. 따라서 개인보다는 팀 단위로 조직을 구성하고, 문제해결에 창의성과 혁신을 유도하기 위하여 권한을 부여하며 조직의 수평화 및 네트워크화를 유도한다. 학습조직은 결과만을 중시하는 성과 중심의 관리나 물질적 보상을 중시하는 전통적 관리와는 다르다.

06　　　정답 ③
목표관리는 조직에서 권력을 강화하기 위한 전술이라기보다는 조직의 동기부여나 조직의 업적 향상과 관련이 깊다.

07 정답 ①

델파이(Delphi) 기법은 예측하려는 현상에 대해 관련 있는 전문가나 담당자들로 구성된 위원회를 구성하고 개별적 질의를 통해 의견을 수집하여 종합·분석·정리하며, 의견이 일치될 때까지 개별적 질의 과정을 되풀이하는 예측 기법이다.

08 정답 ①

인원·신제품·신시장의 추가 및 삭감이 신속하고 신축적인 것은 기능별 조직에 대한 설명이다.

09 정답 ①

오답분석

다. 기업의 조직구조가 전략에 영향을 미치는 것이 아니라 조직의 전략이 정해지면 그에 맞는 조직구조를 선택하므로, 조직의 전략이 조직구조에 영향을 미친다.
라. 대량생산 기술을 사용하는 조직은 기계적 조직구조에 가깝게 설계해야 한다. 기계적 조직구조는 효율성을 강조하며 고도의 전문화, 명확한 부서화, 좁은 감독의 범위, 높은 공식화, 하향식 의사소통의 특징을 갖는다. 반면, 유기적 조직구조는 유연성을 강조하며 적응성이 높고 환경 변화에 빠르게 적응하는 것을 강조한다.

10 정답 ⑤

마이클 포터는 원가우위 전략과 차별화 전략을 동시에 추구하는 것을 이도저도 아닌 어정쩡한 상황이라고 언급하였으며, 둘 중 한 가지를 선택하여 추구하는 것이 효과적이라고 주장했다.

11 정답 ③

오답분석

① 신뢰성에 대한 설명이다.
② 수용성에 대한 설명이다.
④ 구체성에 대한 설명이다.
⑤ 실용성에 대한 설명이다.

12 정답 ③

합자회사(合資會社)는 무한책임사원과 유한책임사원으로 이루어지는 회사로, 무한책임사원이 경영하고 있는 사업에 유한책임사원이 자본을 제공하고, 사업으로부터 생기는 이익의 분배에 참여한다.

13 정답 ②

자원 기반 관점(RBV; Resource-Based View)은 기업을 자원집합체로 보는 것으로, 기업 경쟁력의 원천을 기업의 외부가 아닌 내부에서 찾는 관점이다.

14 정답 ③

시장지향적 마케팅은 고객지향적 마케팅의 장점을 포함하면서 그 한계점을 극복하기 위한 포괄적 마케팅 노력이며, 기업이 최종 고객들과 원활한 교환을 통하여 최상의 가치를 제공해 주기 위해 기업 내외의 모든 구성 요소들 간 상호작용을 관리하는 총체적 노력이 수반되기도 한다. 그에 따른 노력 중에는 외부 사업이나 이익 기회들을 확인하고 다양한 시장 구성 요소들이 완만하게 상호작용하도록 관리하며, 외부 시장의 기회에 대해 적시에 정확하게 대응한다. 때에 따라 기존 사업시장을 포기하며 전혀 다른 사업 부분으로 진출하기도 한다.

15
정답 ⑤

목표관리는 목표의 설정뿐 아니라 성과 평가 과정에도 부하직원이 참여하는 관리 기법이다.

오답분석
① 목표설정 이론은 명확하고 도전적인 목표가 성과에 미치는 영향을 분석한다.
② 목표는 지시적 목표, 자기설정 목표, 참여적 목표로 구분되며, 이 가운데 참여적 목표가 종업원의 수용성이 가장 높다.
③ 조직의 상·하 구성원이 모두 협의하여 목표를 설정한다.
④ 조직의 목표를 부서별·개인별 목표로 전환하여 조직 구성원 각자의 책임을 정하고, 조직의 효율성을 향상시킬 수 있다.

16
정답 ②

라인 확장(Line Extension)이란 기존 상품을 개선한 신상품에 기존의 상표를 적용하는 브랜드 확장의 유형이다. 라인 확장은 적은 마케팅 비용으로 매출과 수익성 모두 손쉽게 높일 수 있고, 제품의 타깃이 아닌 소비자층을 타기팅함으로써 소비자층을 확대할 수 있다는 장점이 있다. 하지만 무분별한 라인 확장은 브랜드 이미지가 약해지는 희석 효과나 신제품이 기존 제품 시장을 침범하는 자기잠식 효과를 유발하는 등 역효과를 일으킬 수도 있기 때문에 주의해야 한다.

17
정답 ②

공정성 이론은 조직 구성원이 자신의 투입에 대한 결과의 비율을 동일한 직무 상황에 있는 준거인의 투입에 대한 결과의 비율과 비교하여 자신의 행동을 결정하게 된다는 이론이다.

오답분석
① 기대 이론 : 구성원 개인의 모티베이션의 강도를 성과에 대한 기대와 성과의 유의성에 의해 설명하는 이론이다.
③ 욕구단계 이론 : 인간의 욕구는 위계적으로 조직되어 있으며, 하위 단계의 욕구 충족이 상위 계층 욕구의 발현을 위한 조건이 된다는 이론이다.
④ 목표설정 이론 : 의식적인 목표나 의도가 동기의 기초이며 행동의 지표가 된다고 보는 이론이다.
⑤ 인지적 평가 이론 : 성취감이나 책임감에 의해 동기유발이 되어 있는 것에 외적인 보상(승진, 급여인상, 성과급 등)을 도입하면 오히려 동기유발 정도가 감소한다고 보는 이론이다.

18
정답 ⑤

주식을 할증발행(액면금액을 초과하여 발행)하면 자본잉여금인 주식발행초과금이 발생한다. 주식발행초과금은 주식발행가액이 액면가액을 초과하는 경우 그 초과하는 금액으로, 자본전입 또는 결손보전 등으로만 사용이 가능하다. 따라서 자산과 자본을 증가시키지만 이익잉여금에는 영향을 미치지 않는다.

이익잉여금의 증감 원인

증가 원인	감소 원인
• 당기순이익 • 전기오류수정이익(중대한 오류) • 회계정책 변경의 누적 효과(이익)	• 당기순손실 • 배당금 • 전기오류수정손실(중대한 오류) • 회계정책 변경의 누적 효과(손실)

19

정답 ①

스키밍(Skimming) 가격전략이란 상품이 시장에 도입되는 초기 단계에 고가로 출시하여 점차 가격을 하락시켜 나가는 방법이다.

20

정답 ⑤

㉠은 클로즈드 숍, ㉡은 오픈 숍, ㉢은 유니언 숍에 대한 설명이다.

오답분석

- 프레퍼렌셜 숍 : 근로자 고용 시 노동조합의 조합원 가입을 우선순위로 두는 제도이다.
- 에이전시 숍 : 비조합원도 조합원과 동일하게 노동조합에 대해 재정적 지원을 부담하는 제도이다.
- 메인테넌스 숍 : 일정 기간 동안 노동조합의 조합원 지위를 유지해야 하는 제도이다.

공기업 경영학

제6회 최종모의고사 정답 및 해설

01	02	03	04	05	06	07	08	09	10	11	12	13	14	15	16	17	18	19	20
③	⑤	①	⑤	③	③	③	④	①	⑤	③	③	①	④	③	③	④	④	④	①

01 정답 ③

미래 예측은 전략개발 단계에 해당한다. GE 매트릭스의 상황평가 단계는 분석단위 결정, 변수 파악, 가중치 부여, 사업단위 위치 결정으로 진행된다.

오답분석

① 분석단위 결정 : 시장, 제품 등에 대해 독립된 의사결정 또는 자원배분이 가능한 단위를 말한다.
② 변수 파악 : 수익성을 결정하는 변수가 무엇인지 파악한다.
④ 가중치 부여 : 산업의 매력도, 시장에서의 경쟁우위 등 중요도에 따라 비중을 부여한다.
⑤ 사업단위 위치 결정 : 각 변수를 평가하여 개별 사업의 매트릭스상 위치를 결정한다.

02 정답 ⑤

조직 및 개인의 역량 개발은 HRD의 업무에 해당한다.

오답분석

①・②・③・④ HRM(Human Resource Management)은 인적자원관리를 의미하며, 인적자원의 확보 및 배치, 미래 인적자원 계획, 인사제도 기획 및 실행, 임금 및 복리후생 설계 등을 통해 조직의 인력 효율성・생산성을 높여 성과를 창출하기 위한 관리 기법이다.

HRD(Human Resource Development)
• 인적자원개발로 조직 내에서 직원들의 역량을 향상하고 발전시키는 업무이다.
• 일반적으로 교육・훈련・경력이나 역량 개발 등을 포함하며, 개개인이 조직의 목표에 더 잘 부합하도록 구성원의 성장을 지원한다.

03 정답 ①

MBO는 구성원과 조직과의 활발한 커뮤니케이션을 통해 조직에 알맞은 구성원의 목표를 관리함으로써 구성원과 조직의 성장에 목적을 두므로, 개인 목표와 조직 목표의 연계가 필요하다.

오답분석

②・③・④・⑤ 목표관리법(MBO; Management By Objectives)은 모든 조직 구성원이 목표를 설정하고 실행하여 이에 대한 성과를 함께 평가하는 방법이다.

04
정답 ⑤

재고를 최소화하기 위해서는 로트 크기를 줄이는 것이 중요하다. 로트는 1회에 생산되는 제품 단위를 의미하며, 로트를 줄일수록 재고를 최소화할 수 있다.

적시생산 방식(JIT; Just-In Time)
- 소규모 로트 크기 : 생산소요 시간 및 재고 감축과 시공간·비용을 절약할 수 있으며, 각 공정의 작업부하가 작업시간 동안에 평준화되는 경향을 보이게 된다.
- 풀(Pull) 형식의 자재 흐름 통제 : 주문에 의해 생산이 개시되어 필요로 하는 양만큼의 자재를 각 공정을 따라 조립설비까지 끌어당기는 형태인 풀(Pull) 형식의 수단으로 정보를 주고받는 카드 모양의 칸반(Kanban)을 활용한다.
- 노동력의 유연성과 팀워크 : 노동자가 다기능을 수행하여 낭비되는 생산 능력을 줄이고 팀워크도 좋아지는 이점이 있다.
- 공급업체와의 유대 강화 : 공급업체와의 유대를 강화하여 공급업체로부터 우수한 품질의 부품을 적기에 필요로 하는 수량만큼만 공급받을 수 있도록 한다.
- 원천에서의 품질 관리 : 작업자가 품질의 책임까지 담당하도록 하는 '원천에서의 품질관리(Quality at Source)'로 별도의 품질 관리부서가 불필요하게 된다.

05
정답 ③

오답분석
① 프리미엄 가격 : 타깃 고객이 가격에 민감하지 않고 높은 품질의 제품을 선호하는 경우 제품에 높은 가격을 붙여 판매하는 방법이다.
② 경쟁자 기반 가격 : 경쟁자들이 책정한 가격을 분석하여 제품의 가격을 결정하는 방법이다.
④ 원가 기반 가격 : 제품의 생산, 마케팅 등에 소요된 비용을 분석하여 이익을 창출할 수 있는 수준으로 가격을 결정하는 방법이다.
⑤ 시장침투 가격 : 시장 내 비슷한 제품이 많아 경쟁이 치열할 경우 경쟁제품 대비 저렴한 가격을 설정하여 제품의 시장 점유율을 높이는 방법이다.

06
정답 ③

공사(公社)는 일반 행정 기관에 적용되는 예산 회계에 관한 법령의 적용을 받지 않는다.

오답분석
① 공사의 운영은 공공기관의 운영에 관한 법률에 따라 이루어진다.
② 공사형 공기업은 자본금 전액을 정부가 출자하며, 독립적인 특수법인의 형태를 이루는 공기업이다.
④·⑤ 공사는 임원의 임명권과 운영의 책임을 모두 정부가 가지기 때문에 공공성과 기업성을 적절히 조화시켜 운영하는 것을 목표로 한다.

07
정답 ③

생산이나 근로조건 등은 경제적 관계인 데 반해, 생산이나 근로조건 결정을 위한 교섭은 인간관계를 수반하는 사회관계이다.

오답분석
① 이상적인 노사관계는 경영자와 근로자(노동조합)의 힘이 균형된 상태이다.
② 노사관계는 근로자와 사용자가 생산 면에서는 협력적 관계에 있고, 성과 배분 면에서는 그 몫에 대해 대립적 관계를 형성한다고 본다.
④ 근로자 개인의 입장에서 사용자와의 관계는 개별적 관계로 취업규칙과 관련되고, 개별 근로자들이 구성한 노동조합은 사용자 집단과 집단적 관계를 형성하며 단체협약에 의해 규정된다.
⑤ 개별 근로자는 경영자에게 종속적 관계에 있지만, 근로자가 소속된 노동조합과 경영자는 대등적 관계를 동시에 맺는 양면성이 나타난다.

08 정답 ④

신주인수권은 지분증권(주식매매에 의한 주가 차익이나 배당금을 얻기 위해 기업의 자본에 투자하는 것)에 해당한다.

오답분석

① · ② 회사채, DLB(파생결합사채)는 채무증권에 해당한다.
③ ELS(주가연계증권)는 파생결합증권에 해당한다.
⑤ 신탁증권은 수익증권에 해당한다.

증권의 유형
- 지분증권
  - 주식 : 보통주와 종류주 - 우선주, 후배주, 상환주, 전환주, 혼합주
  - 신주인수권 : 신주인수권증권(Warrant), 신주인수권증서(Right)
  - 출자증권 : 기명식, 지시식 또는 무기명식 등 모든 발행 형태의 출자증권을 포함
  - 기타 지분증권 : 주식 · 신주인수권 · 출자증권이 아닌 여타 지분증권
- 채무증권
  - (회)사채 : 일반사채, 주식 관련 사채 - 전환사채, 교환사채, 신주인수권부 사채(분리형 · 비분리형), 이익참가부 사채
  - 국공채 : 국채, 지방채, 특수채
  - 기타 채무증권 : 국채 · 지방채 · 특수채 및 사채에 해당하지 않은 여타 채무증권으로서 기업어음증권이 아닌 것
- 수익증권
  - 집합투자증권 : 투자신탁 및 투자회사 등을 모두 포함
  - 투자계약증권 및 기타 수익증권 : 집합투자증권 및 투자계약증권이 아닌 여타 수익증권
- 파생결합증권
  - 기초자산의 가격 · 이자율 · 지표 · 단위 또는 이를 기초로 하는 지수 등의 변동과 연계하여 미리 정해진 방법에 따라 지급하거나 회수하는 금전 등이 결정되는 권리가 표시된 것
  - ELS(Equity Linked Securities), DLS(Derivatives Linked Securities)
- 투자계약증권
  - 특정 투자자가 그 투자자와 타인 간 공동사업에 금전 등을 투자하고 주로 타인이 수행한 공동사업의 결과에 따른 손익을 귀속 받는 계약상의 권리가 표시된 것
- 증권예탁증권
  - 증권을 예탁받은 자가 그 증권이 발행된 국가 외의 국가에서 발행한 것으로, 그 예탁받은 증권에 관련된 권리가 표시된 것

09 정답 ①

브랜드 개발 전략은 시장 상황 분석 → 정체성 수립 → 가치 제안 → 콘셉트 개발 → 구성 요소 개발의 순서로 이루어진다.

브랜드 개발 전략의 5단계
- 시장 상황 분석 : 브랜드 개발에 앞서 현재 환경과 자사의 마케팅 전략을 분석한다.
- 정체성 수립 : 자사 브랜드의 정체성을 개발하고, 자사 브랜드가 추구하는 바를 수립한다.
- 가치 제안 : 정체성을 통해 실제 고객이 느낄 가치를 제안한다.
- 콘셉트 개발 : 가장 효과적으로 정체성을 전달할 방법 및 콘셉트를 개발한다.
- 구성 요소 개발 : 이름, 로고, 슬로건 등 구성 요소를 구체적으로 개발한다.

10 정답 ⑤

네트워크 조직은 핵심 업무만 해당 조직에서 수행하고, 그 외 부수 업무는 다른 조직을 활용하여 수행한다.

11
정답 ③

평균 및 표준편차 관리도는 계량형 관리도에 해당한다.

> **관리도의 종류**
> - 계수형 관리도(Control Charts for Attributes)
>   - 불량률 관리도(P Chart)
>   - 불량 개수 관리도(Np Chart)
>   - 결점수관리도(C Chart)
>   - 단위당 결점수관리도(U Chart)
> - 계량형 관리도(Control Charts for Variable)
>   - 평균값 관리도(X-bar Chart)
>   - 표준편차 관리도(S Chart)
>   - 분산 관리도(S^2 Chart)
>   - 범위 관리도(R Chart)
>   - 두 측정값의 범위 차 관리도(Rs Chart)
>   - 개개의 측정값 관리도(X Chart)
>   - 중앙값 관리도(X-tilde Chart)
>   - 최댓값 - 최솟값 관리도(L-S Chart)

12
정답 ③

기업의 체질 및 구조를 근본적으로 재설계하여 경쟁력을 확보하는 것은 리엔지니어링에 대한 설명이다.

오답분석

①·②·④·⑤ 다운사이징은 기업의 소형화·감량화를 통해 조직의 효율성을 향상하고, 조직 내 인력, 업무, 부서 등 규모를 축소하는 경영 혁신전략 중 하나이다.

13
정답 ①

오답분석

② 재검사법 : 동일한 대상에 대해 동일한 척도를 가지고 일정 시간 이후 재측정하여 얻은 2개의 측정값의 상관관계로 신뢰도를 측정하는 방법이다.
③ 반분법 : 서로 다른 대상에서 측정 항목을 나누어 측정하고 측정값 간 상관관계를 통해 신뢰도를 측정하는 방법이다.
④ 동형검사법 : 동일 대상에 대해 일정 간격을 두고 2개의 척도를 측정하여 신뢰도를 측정하는 방법이다.
⑤ 내적일관성법 : 여러 개의 측정 항목 중에 신뢰도를 저해하는 항목을 찾아내어 측정 항목에서 제외함으로써 측정 도구의 신뢰성을 높이고자 할 때 사용되는 방법이다.

> **신뢰도 측정 방법**
> - 재검사법 : 검사 점수가 시간의 변화에 따라 얼마나 일관성이 있는지를 알아보는 것이므로, '안정성 계수(Coefficient of Stability)'를 사용한다.
> - 반분법 : 검사를 두 번 시행하지 않고 신뢰도를 측정하는 방법으로, 동일한 검사를 두 부분으로 나누고(예 문항의 짝수 번과 홀수 번) 두 부분 간 상관관계를 구하여 둘로 구분된 문항들의 내용이 얼마나 일관성 있게 동일한 개념을 측정하고 있는가를 판별한다.
> - 동형검사법 : 2개 이상의 유사한 측정 도구를 사용하여 동일한 표본에 적용한 결과를 서로 비교해서 신뢰도를 측정하는 방법이다. 2개의 동형 검사를 동일 집단에 동시에 시행하므로 검사 간격이 문제되지 않는다는 점이 있으나, 동형 검사 제작이 어렵다는 단점이 있다.
> - 내적 일관성법 : 동일한 개념을 측정하기 위해 여러 개의 항목을 이용할 때 항목들이 일관성 혹은 동질성을 갖는가를 측정하는 방법이다.

14
정답 ④

업무가 철저하게 세분되어 있으며 반복적으로 수행하는 것은 전문적 관료제가 아니라 기계적 관료제의 특징이다.

오답분석
① 전문적 관료제의 특징에 대한 내용이다.
② 전문적 관료제의 장점에 대한 내용이다.
③ 전문적 관료제의 단점에 대한 내용이다.
⑤ 전문적 관료제의 활용기관에 대한 내용이다.

> **전문적 관료제**
> • 특징
>   - 전문가들이 문제를 표준화된 프로그램으로 균일하게 처리하는 구조 형태이다.
>   - 전문적인 직원에게 재량권을 부여한다.
> • 활용기관
>   - 대학, 종합병원, 사회복지기관, 컨설팅회사 등
>
> **기계적 관료제**
> • 특징
>   - 조직의 효율성을 목적으로 하는 대규모의 구조 형태이다.
>   - 표준화, 세분화, 높은 집권화, 높은 공식화를 지닌다.
>   - 단순반복적으로 과업을 수행하고, 이를 획일적으로 규정한다.
> • 활용기관
>   - 은행, 행정부, 대량생산 제조업체 등

15
정답 ③

오답분석
① 개별법 : 상품마다 각각의 단가를 적용하는 방법이다.
② 총평균법 : 당기에 매입한 전체 금액을 전체 수량으로 나누어 계산하는 방법이다.
④ 선입선출법 : 먼저 매입한 재고가 먼저 판매된다는 전제하에 판매한 재고자산 가액을 결정하는 방법이다.
⑤ 후입선출법 : 나중에 매입한 재고가 먼저 판매된다는 전제하에 판매한 재고자산 가액을 결정하는 방법이다.

16
정답 ③

오답분석
① 서열법 : 직무 난이도를 상호 비교하여 등급을 정하는 방법이다.
② 분류법 : 직무 난이도 등을 고려한 등급 정의에 따라 적당한 등급으로 편입하는 방법이다.
④ 점수법 : 직무의 상대적 가치를 점수로 평가하는 방법이다.
⑤ 요소비교법 : 직무의 상대적 가치를 임금으로 평가하는 방법이다.

17
정답 ④

가설주도 방식은 문제해결 단계에 적용하는 것이 효율적이며, 문제해결 후반부에 적용하는 것이 효율적인 것은 이슈맵 방식이다.

이슈 트리(Issue Tree)
- 정의
  - 떠오르는 생각들을 흐름에 따라 구조화하여 작성한 결과물이다.
- 작성 유형
  - 연역법 방식 : 문제를 정의하고 구성 요소를 세분화하는 방식으로, 문제해결 초기 단계나 사전지식이 부족할 때 사용한다.
  - 가설주도 방식 : 먼저 가설을 제시하고 검증에 필요한 논거를 통해 질문에 대한 답을 도출하는 방식으로, 확고한 가설을 수립할 수 있을 수준으로 문제가 파악되었을 때 사용한다.
  - 이슈맵 방식 : 이슈에 대하여 '예' 또는 '아니오'로 구분하면서 배열하는 방식으로, 문제해결 후반부에 주로 사용된다.

18
정답 ④

노동의 효율적 이용을 위해 기술적 작업, 관리적 업무 등에서 분업을 통해 전문화를 지향한다.

오답분석

① 책임과 권한 : 책임은 권한으로부터 생겨나는 것으로, 책임과 권한이 서로 관련되어야 한다.
② 명령의 일원화 : 근로자는 한 명의 상사에게만 명령과 지시를 받아야 한다.
③ 집권화 : 권한이 집중되거나 분산되어야 하는 정도를 의미하며, 이를 통해 최선의 전체 이익을 추구한다.
⑤ 주도권 : 경영자가 개인적인 욕심을 버리고 근로자가 주도적으로 실천할 수 있는 계획을 세우게 하는 것이다.

페이욜의 일반관리 원칙
- 책임과 권한 : 직무를 효과적으로 수행하기 위해서는 책임과 권한이 서로 상응하여야 한다.
- 명령의 일원화 : 하위자는 한 사람의 상사로부터 명령과 지시를 받아야 한다.
- 집권화 : 개별적인 여건에 따라 '최선의 전체 이익'을 가져다 줄 수 있는 집중과 분산의 정도가 결정된다.
- 주도권 : 스스로 계획을 세우고 실천하는 것으로, 경영자는 '개인적인 자만'을 버리고 하위자가 주도권을 실천할 수 있게 해야 한다.
- 분업 : 노동의 효율적 이용을 위해 필요하다고 보는 전문화이다.
- 직장의 안정성 : 능률은 안정된 노동력에 의하여 증진될 수 있다.
- 공정성 : 상사가 하위자를 다룰 경우에는 사랑과 정의를 적절하게 조화함으로써 종업원의 충성심과 조직에 대한 헌신을 유도하여야 한다.
- 질서 : 인적·물적 요소의 배치에 핵심이 되는 적재적소의 조직 원칙이다.
- 계층의 연쇄 : 최상위로부터 최하위에 이르기까지 '상급자의 사슬'로 보며, 불필요하게 이 사슬로부터 이탈해서도 안 되지만, 이를 엄격하게 따르는 것이 오히려 해로울 때는 단축할 필요가 있다.
- 보수 : 보수의 금액과 지급 방법은 공정해야 하며, 종업원과 고용주 모두에게 똑같이 최대의 만족을 주는 것이어야 한다.
- 전체의 이익을 위한 개인의 복종 : 전체의 이익과 개인의 이익이 충돌할 경우 경영자는 이를 조정해야 한다.
- 지휘의 일원화 : 동일한 목적을 위한 조직체로서의 집단의 활동은 동일한 상사에 의하여 계획되어야 한다.
- 규율 : 규칙을 준수하고 그에 따라 일을 처리하고 노력해야 한다는 것으로, 잘못된 업무수행에 대한 처벌은 유능하고 공정한 감독과 결부되어야 한다.
- 단결심 : 팀워크의 중요성과 그것을 조성하기 위한 의사소통의 중요성을 강조한다.

19
정답 ④

직무분석은 직무분석 계획 → 정보 수집 → 정보 분석 및 검증 → 직무기술서와 직무명세서 작성 → 분석 정보 수정의 5단계로 이루어진다.

20
정답 ①

카리스마 리더십에서는 비언어적 표현(눈빛, 제스처, 억양 등)을 통해 구성원들에게 의사표시를 할 수 있는 능력을 중요시한다.

카리스마 리더십의 특징
- 비전 제시
  - 비언어적(눈빛, 제스처, 억양, 표정 등) 표현으로 의사표시를 할 수 있다.
  - 현재보다 나은 미래 목표를 제시하며, 구성원이 이해하기 쉽게 목표와 비전을 설명한다.
  - 구성원들로부터 신뢰를 얻는다.
  - 개인적인 매력을 가지고 있다.
- 위험 감수
  - 목표 달성을 위해 개인적인 위험, 비용, 희생을 수용한다.
- 구성원의 능력과 욕구 인정
  - 구성원의 능력을 정확히 평가하고, 욕구와 감정에 알맞게 대응한다.
- 관습 파괴
  - 관습이나 규범에 얽매이지 않고, 환경에 맞는 새로운 행동을 추구한다.
- 환경에 민감
  - 외부 환경을 정확히 판단하고, 변화를 위한 필요 자원에 대해 명확히 인지한다.

공기업 경영학

제7회 최종모의고사 정답 및 해설

01	02	03	04	05	06	07	08	09	10	11	12	13	14	15	16	17	18	19	20
④	③	④	②	③	③	⑤	⑤	①	③	②	⑤	④	⑤	③	④	③	⑤	⑤	③

01   정답 ④

오답분석
① 단수가격 : 제품가격의 끝자리를 단수(가격에서 끝자리를 홀수로 정하는 것)로 표시하여 제품가격이 저렴하게끔 보이게 한다.
② 명성가격 : 품질이 좋으면 가격이 높다고 생각하는 소비자들의 경향을 이용하여 제품가격을 높게 책정한다.
③ 준거가격 : 소비자가 제품의 구매를 결정할 때 기준이 되는 가격으로, 소비자들이 제품 구입 시 과거 경험이나 기억, 외부에서 들어온 정보로 적정하다고 생각하는 가격으로 책정한다.
⑤ 유보가격 : 소비자가 제품에 대해 지불할 의사가 있는 최대가격으로, 소비자는 유보가격으로 정한 수준보다 낮은 가격에 판매되는 제품을 구매하게 된다.

02   정답 ③

관료제는 권위주의, 관료주의 등으로 인해 사회 변동에 빠르게 적응하지 못하는 경직성 문제를 가져올 수 있다.

오답분석
①·②·④·⑤ 관료제는 창의성의 결여, 인간 소외 현상, 목적 전도 현상, 비능률성 등의 부작용을 일으킬 수 있다.

> **관료제의 단점**
> - 창의성의 결여 : 지나친 위계질서의 강조로 절차와 규정에 얽매여 개인의 창의성을 살리는 데 어렵다.
> - 인간 소외 현상 : 창의성과 개성이 결여되어 인간성 상실에 따른 인간 소외 현상이 발생한다.
> - 목적 전도 현상 : 수단과 절차를 지나치게 강조하여 본래의 목적에 소홀하게 되는 목적 전도 현상이 일어난다.
> - 비능률성 : 고도의 창의성을 필요로 하는 업무에서는 오히려 비능률적이다.

03   정답 ④

MRP(Material Requirements Planning) 시스템은 제품을 생산하는 데 있어 자재가 투입될 시점과 투입되는 양을 관리하기 위한 시스템을 말하며, 특히 조립 제품 생산에 많이 활용된다.

04   정답 ②

시장침투 가격전략은 기업이 신제품을 출시하면서 경쟁제품 대비 가격을 낮게 설정하여 시장 점유율을 빠르게 확보하기 위한 전략이다.

05
정답 ③

K-IFRS는 유·무형자산 평가 시 역사적 원가 모형 외에 공정가치 활용 재평가 모형도 인정한다.

K-IFRS와 K-GAAP

구분	K-IFRS	K-GAAP
주요 재무제표	연결재무제표	개별재무제표
비재무 사항 연결공시	○	×
유무형 자산 평가	역사적 원가 모형과 공정가치 활용 재평가 모형 중 선택할 수 있으며, 재평가 시 평가 차익은 자본에 보고	역사적 원가 모형만 적용하는 것이 원칙이나, 유형자산은 재평가 허용
대손충당금	발생 기준에 의해서만 인식	합리적·객관적인 기준
영업권	영업권은 상각하지 않고, 손상평가	20년 이내에서 정액법 상각

06
정답 ③

직무기술서는 직무의 특성을 중점적으로 기재하는 반면, 직무명세서는 직무수행자의 인적 요건을 중점적으로 기재한다.

07
정답 ⑤

분개는 거래 발생 시 기재할 계정과목과 금액을 차변과 대변으로 나누어 표시하는 것이다. 이는 회계상 거래 여부 파악 → 계정과목 결정 → 차변 및 대변 결정 → 계정과목별 발생 금액 결정의 순서로 이루어진다.

08
정답 ⑤

자본집약도가 높아지면 한 사람의 노동자가 만들어내는 산출량의 크기, 즉 노동생산성이 상승하는 경향이 있으므로 비례 관계이다.

오답분석
① (자본집약도)=(자본투입량)÷(노동투입량)
② 자본집약도는 원자재 등 유동자본을 고려하는 경우도 있으나, 대부분 고정자본을 의미한다.
③ 기술이 진보하면 노동자 1인당 고정자본량이 늘어나 자본집약도가 높아진다.
④ 경공업은 노동집약적으로 작업이 이루어지므로 자본집약도가 낮게 나타난다.

09
정답 ①

기능식 조직은 일상적인 기술을 사용하여 부서 간 기술의존성이 낮은 조직에 적합하다.

기능식 조직(Functional Organization)
수평적 분업 관계에서 연결되는 여러 전문 기능별 직장들이 각기 그 전문적 입장에서 모든 작업자를 지휘, 감독하는 조직체계이다.

10
정답 ③

오답분석
①·②·④·⑤ 참여적 리더십은 구성원의 자발적 참여와 리더의 의견 경청을 통해 민주적인 의사결정을 할 수 있으며, 이를 통해 구성원들에게 적극적인 동기부여 및 사명감을 부여할 수 있다.

리더십의 유형
- 지시적 리더십 : 상급자 중심의 의사결정으로, 하급자에 명령을 전달한다.
- 위임적 리더십 : 하급자 중심의 의사결정으로, 상급자가 권한과 책임을 전적으로 하급자에게 위임한다.
- 참여적 리더십 : 리더가 구성원들과의 협의를 바탕으로 문제해결 과정을 함께 공유한다.

11
정답 ②

연속생산은 종료 및 시작 프로세스의 반복을 피함으로써 프로세스를 변경시키지 않고 품질을 일관되게 관리할 수 있다.

연속생산
- 정해진 생산 공정에 따라 일정한 생산 속도로 차별화가 어렵고, 가격에 민감한 제당, 제지, 정유, 전력 등과 같은 장치산업을 대량생산하는 방식이다.
- 생산 단가나 시간과 관리 절차 등이 절약되어 생산성이 향상되며, 작업의 분업화 및 표준화로 미숙련자나 반(半)숙련자의 작업이 가능하다는 장점이 있다.
- 생산원가는 낮지만(고효율), 다양한 수요에 대응한 제품 생산에는 유연성이 떨어진다.
- 생산 흐름의 연속성으로 어느 한 곳에서 고장이 생길 때에는 전체 공정이 정지되므로 다른 생산 시스템에 비하여 생산 공정의 높은 신뢰성이 요구된다.

단속생산
- 주로 고객의 주문에 따라 생산하는 방식으로, 대량생산이 어려운 제품 생산에 유리하다.
- 항공기 제조업, 조선업, 맞춤 의류 제조업 등에서 볼 수 있다.
- 고수요 변화에 대한 대응이 쉽다는 장점이 있다.

12
정답 ⑤

오답분석

①·②·③·④ 상품의 매매, 채무의 발생 및 소멸, 현금의 수입 및 지출, 금전의 대여 및 차입, 비용의 지급 등은 회계상 거래에 해당한다.

회계상 거래와 회계상 거래가 아닌 경우
- 회계상 거래 : 자산, 부채, 자본의 증감 변화, 금액의 측정 가능성
- 회계상 거래가 아닌 경우 : 단순 주문과 계약, 보관, 약속, 담보, 고용(채용) 등

13
정답 ④

비체계적 오차의 발생 가능성을 제거하거나 낮추는 것이 신뢰도를 높이는 방법이다.

측정오차의 종류
- 체계적 오차(Systematic Error)
  - 자료의 수집 방법이나 수집 과정에서 개입되는 오차로, 조사 내용이나 목적에 비해 자료 수집 방법이 잘못 선정되었거나 조사 대상자가 응답할 때 본인의 태도나 가치와 관계없이 사회가 바람직하다고 생각하는 편향으로 응답할 경우 발생할 수 있다.
  - 체계적으로 영향을 미치는 요인으로는 주로 지식, 교육, 신분, 특수 정보, 인간성 등이 있으며, 이는 경우에 따라 인위적으로 또는 자연적으로 작용하여 측정에 오차를 초래한다.
  - 측정 결과의 자료 분포가 어떠한 방향으로 기울어지는 것이 특징이다.
  - 변수 간 상호관계에서 어떤 한쪽으로 지나치게 높거나 낮게 나타나는 경향이 있다.
  - 측정의 타당도는 체계적 오차와 관련성이 크다. 즉, 체계적 오차와 타당도는 반비례 관계이다.
  - 표준화된 측정 도구를 사용하면 체계적 오차를 줄일 수 있다.
- 비체계적 오차(Random Error)
  - 무작위적 오차라고도 하며, 측정 과정에서 우연히 또는 일시적인 사정에 의해 나타나는 오차이다.
  - 측정 대상, 측정 과정, 측정 환경, 측정자 등에 따라 일관성 없이 영향을 미침으로써 발생한다.
  - 통제하기 어려운 상황에서 주로 발생한다.
  - 인위적이지 않아 오차의 값이 다양하게 분산되어 있다.
  - 방향이 일정하지 않아 상호 간 영향에 의해 상쇄되는 경우도 있다.
  - 측정의 신뢰도는 비체계적 오차와 관련성이 크다. 즉, 비체계적 오차와 신뢰도는 반비례 관계이다.

14 정답 ⑤

오답분석
① 제품의 단순화 : 대량생산을 통한 생산비 절감을 목표로 제품을 단순화한다.
② 작업의 단순화 : 근로자의 동일 작업에 대한 연속 실시로 생산 능률이 향상된다.
③ 부품의 표준화 : 제품의 표준화(단순화)를 위해 호환성 있는 표준화된 부품을 생산한다.
④ 기계의 전문화 : 생산원가의 절감 및 부품의 표준화를 위해 단일 목적의 기계로 생산한다.

> **포드 시스템의 3S**
> • Simplification(단순화) : 제품, 작업
> • Standardization(표준화) : 부품, 작업
> • Specialization(전문화) : 기계, 공구, 공정

15 정답 ③

오답분석
① 상동적 태도 : 헤일로 효과와 유사한 오류로, 집단의 특성에 따라 해당 집단의 구성원을 평가하는 것이다.
② 항상 오차 : 평가자의 가치판단에 따른 심리적 오차로, 관대화 경향과 중심화 경향으로 나뉜다.
④ 논리 오차 : 평가 요소 간 상관관계가 있을 때 하나의 요소가 특별할 경우 다른 요소도 그러할 것이라고 평가하는 것이다.
⑤ 대비 오차 : 절대적인 평가 기준이 아닌 자기 자신과 피평가자를 비교하여 평가하는 것이다.

16 정답 ④

오답분석
① 선착순 우선법 : 주문이 들어온 순서에 따라 작업 순서를 결정하는 것이다.
② 최소 작업시간 우선법 : 작업 완료까지 잔여 시간이 가장 적은 순서로 결정하는 것이다.
③ 최소 여유시간 우선법 : 남아 있는 납기일 수와 작업 완료까지 잔여 시간의 차이가 가장 적은 순서로 결정하는 것이다.
⑤ 긴급률 우선법 : 작업 완료까지 잔여 시간과 남아 있는 납기일 수의 비율이 가장 적은 순서로 결정하는 것이다.

17 정답 ③

오답분석
①・②・④・⑤ 피쉬바인 모델은 어떤 대상에 대한 태도가 해당 대상이 각 속성에서 어떨 것인지에 대한 소비자의 신념과 각 속성에 대한 소비자의 평가에 따라 결정된다는 모델이다.

> **피쉬바인(Fishbein) 모델**
> $$A = \sum_{i=1}^{n} b_i e_i$$
> • A : 대상에 대한 태도(Attitude)
> • n : 고려되는 속성의 수
> • b_i : 대상이 속성 i에서 어떨 것인지에 대한 소비자의 신념(Belief)
> • e_i : 속성 i에 대한 소비자의 평가(Evaluation)

18
정답 ⑤

직무분석 절차는 배경정보 수집 → 대표 직위 선정 → 직무정보 수집 → 직무기술서 작성 → 직무명세서 작성의 5단계로 진행된다.

직무분석 절차의 5단계
- 배경정보 수집 : 조직도, 업무분장표 등 배경정보를 수집한다.
- 대표 직위(직무) 선정 : 여러 가지 직무를 대표할 수 있는 대표 직위를 선정하여 분석한다.
- 직무정보 수집 : 직무 성격, 직무에 대한 근로자의 행동 등을 직무분석법에 따라 분석한다.
- 직무기술서 작성 : 수집된 직무정보를 참고하여 직무기술서를 작성한다.
- 직무명세서 작성 : 직무기술서 내용을 토대로 직무수행에 필요한 인적 특성, 경험 등을 작성한다.

19
정답 ⑤

변혁적 리더십에서 구성원의 성과 측정뿐만 아니라 구성원들을 리더로 얼마나 육성했는지도 중요한 평가 요소라 할 수 있다.

20
정답 ③

세후 타인자본비용은 세전 타인자본비용에 [1-(법인세율)]을 곱한 값이다.

자본비용(Cost of Capital)
- 정의
  - 어떤 자산으로부터 얻어내야 할 최소의 기대수익률로, 투자자의 기회비용이다.
  - 투자안 평가, EVA(경제적 부가가치)에 의한 성과 측정, 운전 자본관리, 최적 자본구조 결정 등 기업의 주요 의사결정 요인이다.
- 구성
  - 자기자본비용 : 보통주를 발행하여 자금을 조달하는 대가로 지급하는 비용이다.
  - 타인자본비용 : 기업의 자금 조달 수단 중 부채금융에 의하여 조달된 자금이다.

공기업 경영학

제8회 최종모의고사 정답 및 해설

01	02	03	04	05	06	07	08	09	10	11	12	13	14	15	16	17	18	19	20
①	③	⑤	③	②	④	①	⑤	③	④	③	①	③	⑤	③	③	③	③	③	⑤

01 정답 ①

내향성이 아니라 외향성이 해당한다.

오답분석

②·③·④·⑤ 개개인의 성격을 파악하여 행동을 예측하기 위해 외향성, 친화성, 성실성, 안정성, 개방성의 Big 5 Model을 활용한다.

> Big 5 Model
> - 외향성 : 다른 사람과의 사교, 자극과 활력을 추구하는 성향으로, 인간관계에서 느끼는 편안함의 정도를 뜻한다.
> - 친화성 : 타인에게 협력하고 양보하는 정도를 뜻한다.
> - 성실성 : 책임감과 신뢰감 있게 노력하는 정도를 뜻한다.
> - 안정성 : 스트레스 대처, 자신감 등 감정적 안정의 정도를 뜻한다.
> - 개방성 : 새로운 것에 대한 흥미와 관심의 정도를 뜻한다.

02 정답 ③

권위법은 해당 제품 또는 분야의 전문가가 등장하여 제품을 소개함으로써 소비자에게 신뢰를 주고, 제품 판매에 긍정적 영향을 미친다.

오답분석

① 자사 제품과 경쟁제품 간 비교우위를 강조하는 것은 비교법이다.
② 상품의 특징을 비유로 알기 쉽게 표현하는 것은 비유법이다.
④ 광고 문구, 제품 등을 사람처럼 표현하여 소비자의 흥미를 끌어내는 것은 의인화이다.
⑤ 창조적 발상을 통해 제품의 속성을 강조하는 것은 과장법이다.

> 광고 표현 기법의 종류
> - 비유법 : 상품의 특징을 비유로 알기 쉽고 재미있게 표현한다.
> - 비교법 : 경쟁상품과 자사의 제품을 비교하여 그 우위를 강조한다.
> - 권위법 : 오피니언 리더(전문가)가 등장하며, 제품 판매에 효과적이다.
> - 의인화 : 사람이 아닌 제품이나 광고 문구 등을 사람처럼 표현하여 소비자의 흥미를 끌어내는 기법이다.
> - 과장법 : 크리에이터의 능력을 발휘할 수 있는 기법이다.
> - 휴머니즘 : 인간의 감성을 자극하여 드라마틱하게 구성하는 기법이다.

03 정답 ⑤

직무명세서(Job Specification)는 직무를 성공적으로 수행하는 데 필요한 인적 요건을 명시해 놓은 것이다. 일반적으로 자격 요건, 가치관, 작업자에게 요구되는 지식 및 기술, 능력, 적성, 성격, 흥미, 태도, 경력 및 경험 등이 포함된다.

04 정답 ③

주식회사 등의 외부감사에 관한 법률 시행령 제6조 제1항 제1호에 따라 코넥스 상장법인은 K-IFRS(Korean International Financial Reporting Standards, 한국채택국제회계기준)를 적용하지 않아도 된다.

오답분석

①·②·④·⑤ K-IFRS 적용 대상에는 집합투자업자, 주권상장법인(코스피·코스닥), 신용카드회사, 금융지주회사, 은행, 보험회사 등이 해당한다.

> **회계처리기준(주식회사 등의 외부감사에 관한 법률 시행령 제6조 제1항)**
> 다음 각 호의 어느 하나에 해당하는 회사는 한국채택국제회계기준을 적용하여야 한다.
> 1. 주권상장법인. 다만, 코넥스 시장에 주권을 상장한 법인은 제외한다.
> 2. 해당 사업연도 또는 다음 사업연도 중에 주권상장법인이 되려는 회사. 다만, 코넥스 시장에 주권을 상장하려는 법인은 제외한다.
> 3. 금융지주회사법에 따른 금융지주회사. 다만, 전환대상자는 제외한다.
> 4. 은행법에 따른 은행
> 5. 자본시장과 금융투자업에 관한 법률에 따른 투자매매업자, 투자중개업자, 집합투자업자, 신탁업자 및 종합금융회사
> 6. 보험업법에 따른 보험회사
> 7. 여신전문금융업법에 따른 신용카드업자

05 정답 ②

목표관리법은 목표 달성에 대한 결과를 중점적으로 측정하기 때문에 단기적인 성과에 치중한다는 단점이 있다.

오답분석

①·③·④·⑤ 목표관리법의 장점으로는 명확한 목표 설정, 평가 결과에 대한 공정성, 구성원의 역량 강화, 동기부여를 통한 조직 활성화, 성과급 제도 도입 등이 있다.

> **목표관리법(MBO)의 장단점**
> • 장점
>   - 조직과 구성원의 합의에 의한 목표 설정으로 인해 목표에 대한 공감대 형성 및 참여도 증대를 기대할 수 있다.
>   - 구성원의 성장 촉진 및 조직의 성과 향상에 기여한다.
>   - 실적에 따른 차별 보상(성과급 제도)이 가능하다.
>   - 구성원의 목표 달성에 따른 피드백으로 인재 육성 계획이 가능하다.
> • 단점
>   - 도입의 초창기에는 적절한 목표 설정이 어려우며, 서류 작업이 많아 부담으로 작용할 수 있다.
>   - 직무 특성상 수치 적용이 어려운 부서의 도입은 어렵다.
>   - 목표 수립 시 장기 전략을 염두에 둔 절차 또는 방법에 대해 폭넓게 제시할 수 없다.
>   - 단기간의 실적에 치우치는 경향이 있다.
>   - 개인으로서의 목표 달성과 능력 획득보다 조직으로서의 목표가 우선시될 우려가 있으므로 적극적인 참여도가 낮아질 수 있다.

06
정답 ④

전사적 자원관리(Enterprise Resource Planning)는 리스크를 제거하는 것이 아니라 리스크를 사전에 예측하고 예방하여 리스크를 완화하는 데 목적이 있다.

오답분석

①·②·③·⑤ 전사적 자원관리의 장점에는 생산성 제고, 보고 속도 향상, 업무 간소화, 리스크 완화, 신속성 향상, 단일 데이터 소스 구축 등이 있다.

07
정답 ①

아웃바스켓 훈련이 아니라 인바스켓 훈련이 해당한다.

오답분석

② 비즈니스 게임 : 훈련생들을 소수의 인원으로 나누어 그룹화한 후 각각의 경영환경을 제시하여 경쟁하게 함으로써 가장 좋은 성과를 거두도록 훈련하는 것을 말한다.
③ 역할연기법 : 훈련생들에게 현실에 가까운 상황을 부여하고, 특정 역할을 연기하게 하는 체험형 훈련 방식이다.
④ 행동모델법 : 훈련생들에게 어떤 상황에서의 가장 이상적인 행동을 제시하여 그것을 이해하고 따라 하도록 훈련하는 것을 말한다.
⑤ 교류분석법 : 두 사람의 대화 내용을 분석하여 훈련하는 것을 말한다.

> **인바스켓 훈련(In-basket Training)**
> 의사결정 능력 향상을 위해 모의 경영 상황을 부여하고, 특정 상황에서 문제를 해결할 수 있는 능력을 훈련하는 것이다.

08
정답 ⑤

인간관계론은 노동력 투입에 따른 산출량이 아니라 근로자 간 민주적인 관계를 통한 사회적 능률을 중시한다.

오답분석

① 인간관계론의 사회적 규범 중시에 대한 설명이다.
② 인간관계론의 비경제적 요인 중시에 대한 설명이다.
③ 인간관계론의 비공식적 조직 중시에 대한 설명이다.
④ 인간관계론의 민주적 리더십 중시에 대한 설명이다.

> **인간관계론의 특징**
> • 사회적 규범 중시 : 생산수준은 사회적·집단적 규범에 의하여 정해지며, 협동주의와 집단주의의 속성을 지닌다.
> • 비경제적 요소 중시 : 구성원은 경제적 문제뿐만 아니라 다양한 비경제적 요소에 의하여 만족을 느끼며, 이러한 만족의 증가가 생산성의 향상을 이끈다.
> • 비공식적 조직 중시 : 근로자의 작업량은 개인별 능력이 아니라 비공식적 집단이 합의한 사회적 규범에 의하여 결정된다.
> • 민주적 리더십 중시 : 집단규범의 설정과 시행에 있어서 참여와 동기부여를 강조하는 민주적 리더십이 효율적이다.
> • 사회적 능률 : 생산성은 단순한 투입에 따른 산출을 의미하는 기계적 능률보다 인간적이고 민주적인 능률을 나타내는 사회적 능률을 중시한다.

09
정답 ③

영업권, 개발비, 저작권, 광업권, 어업권, 산업재산권 등은 무형자산에 해당한다. 기계장치, 구축물, 건설 중인 자산은 유형자산에 해당한다.

10 정답 ④

흐름 생산은 연속생산에 해당한다.

오답분석

① 프로젝트 생산 : 생산량이 적으며 상당히 오랜 기간에 걸쳐 생산하는 형태로서 제품의 흐름은 없으며, 프로젝트의 완성에 필요한 많은 세부 과업들이 선행관계에 따라 연결된다.
② 개별 생산 : 주문자의 요구에 의한 생산 방식으로, 소량생산 방식에 해당한다.
③ 로트(Lot) 생산 : 동일한 제품을 일정한 간격을 두고 반복하여 생산하는 방식이다.
⑤ 배치(Batch) 생산 : 주문 생산과 흐름 생산의 중간 형태인 생산 방식이다.

11 정답 ③

오답분석

① 연공승진 : 근로자의 나이, 근속연수, 학력, 경력 등에 따라 자동으로 승진시키는 제도이다.
② 조직변화승진 : 조직을 변화시켜 새로운 직위나 직무를 만들어 승진시키는 제도이다.
④ 역직승진 : 조직 편성과 운영 원리에 따라 직급 체계에 맞춰 승진시키는 제도이다.
⑤ 자격승진 : 승진에 일정한 자격을 설정하여 그 자격을 취득한 자를 승진시키는 제도이다.

12 정답 ①

컨조인트 분석의 자료수집 방법에는 2요인 접근법, 전체 프로파일 접근법이 있다.

오답분석

②・④ 선호점수법은 평가척도 결정 단계에서 사용하는 방법이다.
③・⑤ 카드제시법은 자극 표시 단계에서 사용하는 방법이다.

> **컨조인트 분석의 자료수집 방법**
> • 2요인 접근법(Two-Factor Approach / Trade-off Method)
>   - 한 번에 두 속성만을 고려하면서 각 속성의 수준으로 이루어진 쌍에 가장 선호하는 것부터 가장 싫어하는 것까지 순위를 부여하여 자료를 수집하는 방법이다.
>   - 응답자에게 평가상 어려움을 덜어 주고 평가에 필요한 정보처리량을 줄여줄 수 있어서 자료수집이 쉽고 속성의 수가 많으며 상호관계가 적을 때 타당도가 높아진다.
>   - 많은 횟수의 평가가 요구되고, 2개의 속성만을 동시에 평가한다는 면에서 비현실적이다.
> • 전체 프로파일 접근법(Full-Profile Approach)
>   - 응답자가 모든 속성들의 수준에 대한 정보를 담고 있는 프로파일을 평가하는 방법이다.
>   - 등간척도 이상에 의한 평가가 가능하며 속성의 수가 적고 속성 간 상호작용 관계가 클 때 유용하다.
>   - 속성과 속성 수준 수가 많으면 응답자들의 평가 대안 수가 많아져 혼돈을 초래하는 등 바람직하지 못한 결과가 도출될 수 있다.

13 정답 ③

오답분석

① 기능 조직 : 업무를 기능별로 부서화한 조직이다.
② 매트릭스 조직 : 기능구조와 사업구조를 복합적으로 적용한 조직이다.
④ 네트워크 조직 : 조직기능은 핵심 역량 위주로 구성하고, 그 외 기능은 외부 계약 등을 통해 수행하는 조직이다.
⑤ 사업 조직 : 산출물을 기준으로 부서화한 조직이다.

> **조직구조의 유형**
> 기능 조직, 매트릭스 조직, 팀 조직, 네트워크 조직, 계층별 조직, 수평적・평면적 조직, 부문별 조직 등

14 정답 ⑤

조업도가 증가하면 총변동비는 증가하고, 총고정비는 일정하므로 준고정비[(총고정비)+(총변동비), 일정 범위의 조업도 내에서는 총원가가 일정하지만, 조업도 구간이 달라지면 총원가가 변동됨]는 증가한다. 그 예로 택시 구간제 요금이 있다.

15 정답 ③

오답분석

① 유한책임회사 : 1인 이상 유한책임사원인 회사이다.
② 합자회사 : (1인 이상 무한책임사원)+(1인 이상 유한책임사원)인 회사이다.
④ 주식회사 : 1인 이상 주주인 회사이다.
⑤ 유한회사 : 1인 이상 출자사원인 회사이다.

16 정답 ③

총괄생산계획의 수립은 제품군 형성 → 총괄 수요 예측 → 시설 이용 평준화 → 현재의 능력과 생산능력 소요량과의 비교 → 생산전략 개발 → 최적 생산전략 결정의 순서로 이루어진다.

17 정답 ③

존 맥스웰의 리더십 5단계는 지위, 관계, 성과, 인재 개발, 인격으로 구성된다.

존 맥스웰의 리더십 5단계
- 지위 : 주어진 지위를 이용하여 구성원들을 따르게 하는 수준이다.
- 관계 : 신뢰 구축을 통해 구성원들이 자발적으로 따르게 하는 수준이다.
- 성과 : 조직의 성과 창출을 통해 구성원이 따르게 하는 수준이다.
- 인재 개발 : 구성원들을 리더로 성장시켜 함께 조직을 이끌어 가는 수준이다.
- 인격 : 오랜 기간에 걸쳐 검증된 탁월한 리더십과 인품을 통해 존경받는 수준이다.

18 정답 ③

회귀분석을 사용할 때 독립변수 간 상관관계가 높지 않아야 유의미한 결과를 얻을 수 있다.

다중공선성(多重共線性, Multicollinearity)
다중 회귀분석 시 독립변수 간 연관성이 높으면 독립변수 간 강한 선형 상관관계가 나타나게 된다. 이때, 각 독립변수가 종속변수에 어느 정도의 영향력을 미치는지 정확하게 해석하기 어려운 문제가 발생할 수 있다.

19   정답 ③

오답분석
① 요원화 기능 : 채용 대상자에게 채용 정보를 제공하고, 채용에 흥미를 느끼도록 하여 지원을 유도하는 기능이다.
② 훈련 및 개발 기능 : 구성원들이 업무를 효과적으로 수행하는 데 필요한 능력, 태도, 생각 등을 향상하도록 직원 교육 요구사항을 식별하여 효과적인 교육 프로그램을 만들고 실시하는 기능이다.
④ 동기부여 기능 : 구성원들이 업무에 자발적으로 참여하여 생산성을 높이는 데 기여할 수 있도록 자극하는 기능이다.
⑤ 유지 기능 : 구성원의 업무 능률이 떨어지지 않도록 유지하고 관리하는 기능이다.

20   정답 ⑤

ROE(Return On Equity)는 자기자본이익률로, 기업이 자기자본을 이용하여 어느 정도의 이익을 냈는지를 나타내는 지표이다. 이는 당기순이익을 자기자본으로 나눈 값에 100을 곱하여 계산한다.

공기업 경영학

제9회 최종모의고사 정답 및 해설

01	02	03	04	05	06	07	08	09	10	11	12	13	14	15	16	17	18	19	20
⑤	③	③	①	⑤	②	⑤	⑤	⑤	④	①	④	⑤	④	③	⑤	⑤	④	⑤	②

01
정답 ⑤

개츠비 곡선에 따르면 경제적 불평등이 심화될수록 세대 간 경제적·사회적 계층 이동성이 낮게 나타난다. 개츠비 곡선은 우상향하는 모습을 나타낸다.

02
정답 ③

행동수정 전략은 과거 사건을 강조하지 않으며, 현재의 환경 사건을 강조한다.

행동수정 전략
- 정의
  - 인간의 행동을 개선하기 위하여 환경과 특정 행동 간 기능적 관계를 분석하여 행동에 변화를 주는 것이다.
- 특성
  - 행동 원리에 기초한 절차이다.
  - 행동에 초점을 맞춘다.
  - 현(現) 환경 사건을 강조한다. ⇒ 행동의 원인으로 과거 사건을 비(非)강조한다.
  - 절차에 대해 정확히 설명한다.
  - 행동 변화를 측정한다.
  - 일상생활에서 인간이 실행하는 처치이다.
  - 행동에 대한 가설적 기저 원인을 반대한다.

03
정답 ③

오답분석
① 노동조합의 단체교섭 및 경영참여 기능에 대한 내용이다.
② 노동조합의 공제적 기능에 대한 내용이다.
④ 노동조합의 정치적 기능에 대한 내용이다.
⑤ 노동조합의 노동시장 통제 기능에 대한 내용이다.

04
정답 ①

EVA에서 투하자본은 총자산에서 비영업용 자산을 제외하고, 실제 영업에 투하된 자산을 기준으로 한다.

05 정답 ⑤

오답분석
① 제품 : 소비자의 니즈를 충족하는 재화 또는 서비스를 의미한다.
② 가격 : 소비자가 지불하는 금액으로, 제품의 실제 가치뿐 아니라 고객이 지불할 의사가 있는 가격 또한 의미한다.
③ 판매촉진 : 소비자에게 제품 또는 서비스에 대해 널리 알리는 것을 의미한다.
④ 유통채널 : 제품 또는 서비스를 어디에 판매할지에 대한 전략을 의미한다.

06 정답 ②

EOQ 모형은 단위당 구매비용, 생산비용이 일정하다고 가정한다. 즉, 대량 구매를 한다고 해도 별도의 할인이 적용되지 않는다.

EOQ(Economic Order Quantity) 모형
- 정의
  - 연간 재고 유지비용과 주문비용의 합을 최소화하는 1회 주문량이다.
- 가정
  - 단위 기간 중의 수요를 정확히 예측할 수 있다.
  - 단위당 구매비용, 생산비용이 일정하다.
  - 재고 사용량은 일정하다.
  - 제품 조달기간은 일정하다.
  - 단위당 재고 유지비용은 일정하다.
  - 주문량은 전량 일시에 입고된다.
  - 각 주문은 지연 없이 입고되며, 공급이 중단되지 않는다.

07 정답 ⑤

브랜드 가치는 고객의 충성도, 고객의 인지도, 제품의 품질, 브랜드 이미지, 경쟁우위 등을 통하여 결정된다.

08 정답 ⑤

목표 달성 이후 즉시 보상함으로써 보상적 권력을 더욱 잘 사용할 수 있다.

09 정답 ⑤

MECE(Mutually Exclusive and Collectively Exhaustive) 기법은 글로벌 컨설팅사 맥킨지의 분석 기법으로, 각 항목이 서로 배타적이면서도 부분의 합들이 누락된 사항 없이 전체를 이루도록 하는 것을 의미하며, 전체 집합 내에서 문제가 해결되는 것을 전제로 하므로 해결 방법이 전체 집합 외부에 존재할 경우 사용할 수 없다.

10 정답 ④

노사 간 협력은 조직 내 갈등 완화 및 성과 향상이 목적이므로 직무분석과는 관계가 없다.

11
정답 ①

수익을 인식하기 위해서는 계약 식별 → 수행 의무 식별 → 거래가격 산정 → 거래가격 배분 → 수익 인식의 5단계를 적용해야 한다.

수익 인식 모형의 5단계(K-IFRS 제1115호)
- 계약 식별 : 고객과의 계약인지 여부를 확인하는 단계이다.
- 수행 의무 식별 : 고객에게 수행할 의무가 무엇인지를 확인하는 단계이다.
- 거래가격 산정 : 고객에게 받을 대가를 측정하는 단계이다.
- 거래가격 배분 : 거래가격을 수행 의무별로 배분하는 단계이다.
- 수익 인식 : 수행 의무의 이행 시 수익을 인식하는 단계이다.

12
정답 ④

생산 자재 품질의 불량은 우연원인이 아닌 이상원인에 해당한다.

오답분석
①·②·③·⑤ 우연원인은 정상적인 생산 조건에서 발생하는 변동으로, 우연적이며 피할 수 없는 변동이다.

품질의 산포(散布)를 발생시키는 원인
- 우연원인
  - 생산 조건이 엄격하게 관리된 상태에서도 발생하는 어느 정도의 불가피한 변동을 주는 원인이다.
  - 근로자의 숙련도 차이, 작업 환경의 차이, 생산 자재 가격의 변동, 생산설비의 허용 가능한 오차 등에 의하여 발생한다.
  - 품질 개선을 위해서는 시스템적이고 관리적인 접근이 필요하다.
- 이상원인
  - 산발적으로 발생하여 품질 변동을 일으키는 원인이다.
  - 근로자의 부주의, 불량 자재의 사용, 생산설비의 이상 등에 의하여 발생한다.

13
정답 ⑤

회귀분석법은 시계열이 아닌 인과관계 분석을 통한 예측 기법에 해당한다.

오답분석
① 지수평활법 : 가장 최근의 실적치에 가장 큰 가중치를 부여하고, 오래된 데이터의 가중치는 지수함수적으로 적게 적용하는 방법이다.
② 최소자승법 : 예측값과 실제값의 오차 제곱의 합이 최소가 되는 값을 구하는 방법이다.
③ 박스 - 젠킨스법 : 자동회귀 이동평균을 활용하여 과거값에 대한 현재의 최적값을 구하는 방법이다.
④ 목측법 : 시계열의 경과도표에서 눈대중으로 각 점을 가장 가깝게 통과하는 평균선을 어림잡아 그려보는 방법이다.

14
정답 ④

오답분석
① 타당성 : 인사 평가 내용이 평가의 목적을 적절히 반영하여야 한다.
② 수용성 : 평가 절차 또는 결과가 공개되어 피평가자들이 평가의 공정성 및 활용 목적에 동의하는 정도를 말한다.
③ 신뢰성 : 평가 결과는 일관성이 있어야 한다.
⑤ 실용성 : 평가에 투입된 비용 대비 결과가 합리적이어야 한다.

15 정답 ③

가공원가는 직접노무비와 제조간접비의 합으로 구한다.

오답분석
① 직접원가 계산식이다.
② 제조원가 계산식이다.
④ 총원가 계산식이다.
⑤ 판매가격 계산식이다.

16 정답 ⑤

ERG 이론은 욕구를 단계적인 계층적 개념이 아닌 중요도와 구체성 정도에 따라 분류하였다. 이때, 욕구 간 순서는 존재하지 않는다고 본다.

17 정답 ⑤

$$(부채비율) = \frac{(부채총계)}{(자기자본)} \times 100$$

18 정답 ④

직무분석은 법적 리스크를 완화하기 위하여 고용 관련 법률(남녀고용평등과 일·가정 양립 지원에 관한 법률 제8조 제1항)에 따른 근거를 정의한다.

오답분석
① 직무분석의 인력 채용 및 선발에 대한 내용이다.
② 직무분석의 인력 훈련에 대한 내용이다.
③ 직무분석의 성과 평가에 대한 내용이다.
⑤ 직무분석의 성과 보상에 대한 내용이다.

> **직무분석(Job Analysis)**
> 분석하고자 하는 산업 현장에서의 다양한 책무와 과업을 일목요연하게 정리하고, 정리된 과업 순서(책무·과업)를 나열하여 그에 따른 지식과 스킬·태도를 분석하는 것이다.

19 정답 ⑤

이자율의 변동은 비체계적 위험이 아니라 체계적 위험으로 볼 수 있다.

오답분석
①·②·③·④ 비체계적 위험은 기업 고유의 원인에 기인하며, 대개 경기변동과 관계없이 발생하는 위험이다.

20 정답 ②

안전재고 설정 시 고려 사항
- 이론 재고 : 통계적으로 안전재고를 계산한 값
- 재고 특성 : 생산 단가, 제품 크기, 입고 주기, 최소 주문 수량 등
- 고려 비용 : 이자 비용, 취급 비용, 유지 비용, 감가상각 등

공기업 경영학

제10회 최종모의고사 정답 및 해설

01	02	03	04	05	06	07	08	09	10	11	12	13	14	15	16	17	18	19	20
⑤	①	③	⑤	④	③	①	①	③	④	①	④	⑤	⑤	②	⑤	③	②	③	②

01　　　　　　　　　　　　　　　　　　　　　　　　　　　　　　　정답 ⑤

주어진 매트릭스에서 시장 지위를 유지하며 집중 투자를 고려해야 하는 위치는 사업의 강점도 높고 시장의 매력도 또한 높은 프리미엄이다. 프리미엄에서는 성장을 위하여 적극적으로 투자하며, 사업 다각화 전략과 글로벌 시장 진출을 고려해야 하고, 너무 미래지향적인 전략보다는 적정선에서 타협을 하는 단기적 수익을 수용하는 전략이 필요하다.

> **GE 매트릭스**
> 3×3 형태의 매트릭스이며, Y축 시장의 매력도에 영향을 끼치는 요인은 시장 크기, 시장 성장률, 시장수익성, 가격, 경쟁 강도, 산업평균 수익률, 리스크, 진입장벽 등이 있다. X축 사업의 강점에 영향을 끼치는 요인은 자사의 역량, 브랜드 자산, 시장 점유율, 고객충성도, 유통 강점, 생산 능력 등이 있다.

02　　　　　　　　　　　　　　　　　　　　　　　　　　　　　　　정답 ①

주제품과 함께 사용되어야 하는 종속제품을 높은 가격으로 책정하여 마진을 보장하는 전략을 종속제품 가격결정이라고 한다.

오답분석
② 묶음 가격결정 : 몇 개의 제품들을 하나로 묶어서 할인된 가격으로 판매하는 전략이다.
③ 단수 가격결정 : 제품 가격의 끝자리를 단수로 표시하여 소비자들이 제품의 가격이 저렴하다고 느껴 구매하도록 하는 전략이다.
④ 침투 가격결정 : 빠른 시일 내에 시장에 깊숙이 침투하기 위해 신제품의 최초가격을 낮게 설정하는 전략이다.
⑤ 스키밍 가격결정 : 신제품이 시장에 진출할 때 가격을 높게 책정한 후 점차적으로 그 가격을 내리는 전략이다.

03　　　　　　　　　　　　　　　　　　　　　　　　　　　　　　　정답 ③

명성가격은 가격이 높아질수록 품질이 좋다고 인식되고, 소비자들은 제품의 가격과 자신의 권위가 비례한다고 생각한다. 따라서 이런 제품의 경우 가격이 떨어지면 초기 매출은 증가하겠지만 나중으로 갈수록 오히려 매출이 감소하게 된다.

04　　　　　　　　　　　　　　　　　　　　　　　　　　　　　　　정답 ⑤

인간관계론은 메이요(E. Mayo)와 뢰슬리스버거(F. Roethlisberger)를 중심으로 호손 실험을 거쳐 정리된 것으로, 과학적 관리법의 비인간적 합리성과 기계적 도구관에 대한 반발로 인해 발생한 조직 이론이다. 조직 내의 인간적 요인을 조직의 주요 관심사로 여겼으며, 심리 요인을 중시하고, 비공식 조직이 공식 조직보다 생산성 향상에 더 중요한 역할을 한다고 생각했다.

05 정답 ④

오답분석
① 강제할당법에 대한 설명이다.
② 대조표법에 대한 설명이다.
③ 중요사건 기술법에 대한 설명이다.
⑤ 에세이 평가법에 대한 설명이다.

06 정답 ③

곱셈의 법칙이란 각 서비스 항목에 있어서 처음부터 점수를 우수하게 받았어도, 마지막 단계의 마무리에서 0이면 결과는 0으로 형편없는 서비스가 되는 것을 의미한다. 즉, 처음부터 끝까지 단계마다 잘해야 한다는 뜻이다.

07 정답 ①

직무현장훈련(OJT; On the Job Training)이란 업무와 훈련을 겸하는 교육훈련 방법을 의미한다. 실습장 훈련, 인턴사원, 경영 게임법 등은 집합교육훈련(Off-JT; Off the Job Training)에 해당한다.

08 정답 ①

비유동자산은 재무상태표 작성일을 기준으로 1년 이내에 현금화할 수 없는 자산을 말한다. 비유동자산은 크게 투자자산·유형자산·무형자산으로 구분할 수 있고, 이때 투자자산은 기업의 본래 영업활동이 아닌 투자목적으로 보유하는 자산을 가리키며, 유형자산은 토지·건물 등 부동산 자산과 기계장치·설비 등을 말한다. 그리고 그 외 영업권, 산업재산권 등을 무형자산이라고 한다.

09 정답 ③

기능별 전략(Functional Strategy)은 기업의 주요 기능 영역인 생산 및 마케팅, 재무, 인사, 구매 등을 중심으로 상위 전략인 기업 전략 내지 사업 전략을 지원하고 보완하기 위해 수립되는 전략이다. 예시로는 R&D 전략, 마케팅 전략, 생산 전략, 재무 전략, 구매 전략 등이 있다. 차별화 전략은 사업 전략에 해당한다.

기업 전략(Corporate Strategy)
조직의 사명(Mission) 실현을 위한 전략으로, 기업의 기본적인 대외경쟁 방법을 정의한 것이다.
[예] 안정 전략, 성장 전략, 방어 전략 등

사업 전략(Business Strategy)
특정 산업이나 시장 부문에서 기업이 제품이나 서비스의 경쟁력을 확보하고 개선하기 위한 전략이다.
[예] 원가우위 전략, 차별화 전략, 집중화 전략 등

10 정답 ④

노조 가입의 강제성의 정도에 따른 것이므로 '클로즈드 숍 – 유니언 숍 – 오픈 숍' 순서이다.

11 정답 ①

대량생산 및 대량유통으로 규모의 경제를 실현하여 비용 절감을 하는 전략은 비차별화 전략이다. 이는 단일 제품으로 단일 세분시장을 공략하는 집중화 전략과는 반대되는 전략이다.

12
정답 ④

1차 연도 이후부터 매년 1,000개씩 생산량이 감소하므로 추정 총생산량은 10,000개(1차 연도)+9,000개(2차 연도)+8,000개(3차 연도)+7,000개(4차 연도)+6,000개(5차 연도)=40,000개이다.

(생산량 단위당 감가상각비)=$\frac{(취득원가)-(잔존가치)}{(추정 총생산량)}=\frac{2,000,000-200,000}{40,000}=45$이므로 1차 연도의 감가상각비는 ₩450,000이다.

13
정답 ⑤

체계적 오차는 측정 과정에서 일정한 패턴이나 규칙성을 가지는 오차이며, 측정 도구와 관계없이 측정 상황에 따라 발생하는 오차는 비체계적 오차이다. 비체계적 오차가 작은 것은 신뢰성이 높다고 볼 수 있다.

14
정답 ⑤

수평적 분화는 조직 내 직무나 부서의 개수를 의미하며, 전문화의 수준이 높아질수록 직무의 수가 증가하므로 수평적 분화의 정도는 높아지는 것이 일반적이다.

15
정답 ②

오답분석

① 목적적합성과 충실한 표현은 근본적 질적 특성이다.
③ 정보이용자들이 미래 결과를 예측하기 위해 사용하는 절차의 투입요소로 재무정보가 사용될 수 있다면, 그 재무정보는 예측가치를 갖는다. 즉, 재무정보가 예측가치를 갖기 위해서 그 자체가 예측치 또는 예상치일 필요는 없다. 예측가치를 갖는 재무정보는 정보이용자 자신이 예측하는 데 사용된다.
④ 재무정보가 과거 평가를 확인하거나 변경시킨다면 확인가치를 갖는다.
⑤ 재무정보의 제공자와는 달리 이용자의 경우에는 제공된 정보를 분석하고 해석하는 데 원가가 발생한다.

16
정답 ⑤

실물적 경기변동 이론에서 경기변동은 실물적 충격이 발생했을 때 경제주체들의 최적화 행동의 결과로 인해 균형 자체가 변하는 현상이다. 또한 경기변동 과정에서 발생하는 실업은 모두 자발적 실업이라고 본다. 실물적 경기변동 이론에서는 경기변동을 균형 현상이라고 보기 때문에 경기변동이 발생하더라도 정부가 개입할 필요는 없다고 주장하며, 화폐의 중립성이 성립하므로 통화량의 변동은 경기에 아무런 영향을 미치지 않는다고 주장한다.

17
정답 ③

오답분석

① 아웃소싱 : 일부의 자재, 부품, 노동, 서비스를 외주업체에 이전해 전문성과 비용 효율성을 높이는 것을 말한다.
② 합작투자 : 2개 이상의 기업이 공동으로 투자하여 새로운 기업을 설립하는 것을 말한다.
④ 턴키프로젝트 : 공장이나 생산설비를 가동 직전까지 준비한 후 인도해 주는 방식을 말한다.
⑤ 그린필드투자 : 해외 진출 기업이 투자 대상국에 생산시설이나 법인을 직접 설립하여 투자하는 방식으로, 외국인직접투자(FDI)의 한 유형이다.

18
정답 ②

역선택은 감추어진 특성의 상황에서 정보 수준이 낮은 측이 사전적으로 바람직하지 않은 상대방을 만날 가능성이 높아지는 현상을 의미한다. 반면, 도덕적 해이는 감추어진 행동의 상황에서 어떤 거래 이후에 정보를 가진 측이 바람직하지 않은 행동을 하는 현상을 의미한다. 따라서 나ㆍ라는 역선택에 해당하고, 가ㆍ다ㆍ마는 도덕적 해이에 해당한다.

19
정답 ③

오답분석
① 규모의 경제를 활용하기 위해서는 하나의 공기업에서 생산하는 것이 바람직하다.
② 공공재를 아무런 규제 없이 시장 원리에 맡겨둘 경우 과소 생산이 이루어져 사회적 최적 생산량 달성을 이룰 수 없다.
④ 한계비용가격 설정을 사용하는 경우 해당 공기업은 손실을 입게 된다.
⑤ 평균비용가격 설정을 사용하는 경우 사회적 최적 생산량에 미달한다.

20
정답 ②

㉠ 집약적 유통 : 가능한 많은 중간상들에게 자사의 제품을 취급하도록 하는 것이다.
㉡ 전속적 유통 : 일정 지역 내에서의 독점 판매권을 중간상에게 부여하는 방식이다.
㉢ 선택적 유통 : 집약적 유통과 전속적 유통의 중간 형태이다.

공기업 경영학

제11회 최종모의고사 정답 및 해설

01	02	03	04	05	06	07	08	09	10	11	12	13	14	15	16	17	18	19	20
④	②	⑤	①	⑤	④	⑤	②	③	⑤	⑤	④	②	①	③	⑤	③	④	④	③

01   정답 ④

ESG 경영은 도입된 지 얼마 되지 않아 다양한 정보 획득에는 한계가 있으며, ESG 평가기관에서 통용되는 공통의 산업 표준이 없는 등 신뢰도를 확보해 나가야 하는 문제점도 존재한다.

오답분석

① ESG 경영은 기업이 사회적 책임을 다한다는 인식을 주어 긍정적 이미지와 신뢰도 제고에 도움이 된다.
② ESG 경영을 통해 경영 효율성이 높아지고, 재무적 성과를 향상할 수 있다.
③ ESG 경영을 통해 기업에 대한 투자자들의 관심이 높아져 이익이 증가하고, 주가 상승으로 이어질 수 있다.
⑤ ESG 경영을 통해 기후 변화와 같은 문제에 적극적으로 대처하여 새로운 비즈니스 모델을 발굴할 수 있다.

> **ESG(Environmental, Social and Governance) 경영**
> 기업 가치평가 시 일반적인 분석 대상인 재무정보의 상대적 개념인 '비재무정보'를 의미하며, 기업의 경제적 활동 성과에 사회적 책임, 환경적 성과 및 지배구조를 평가하여 포괄적인 기업가치를 산출하는 활동이다. 기업의 중장기 기업가치에 막대한 영향을 끼치는 요소이다.

02   정답 ②

인간의 자아 통제는 조직 목적의 성취에 필수적이라는 내용은 Y이론의 가정이다.

오답분석

①·③·④·⑤ 맥그리거의 XY이론은 인간의 본질과 행동에 대한 경영자의 가정을 X이론과 Y이론으로 개념화한 것이다. X이론은 전통적인 인간관, Y이론은 발전적이고 협동적인 인간관을 나타낸다.

> **맥그리거의 XY이론**
> • X이론 : 인간은 본래 일하는 것과 책임지기를 싫어하고, 야망이 없고 영리하지 못하며, 명령에 따라가는 것을 좋아한다고 가정한다. 또한 변화에 저항적이고 안전을 원하며, 자기중심적이며 사기에 잘 속는다고 성악적(性惡的)으로 가정한다.
> • Y이론 : 인간의 본성은 일을 싫어하지 않고 조직의 목표 달성을 위하여 자율적으로 자기 규제와 헌신을 할 수 있다고 가정한다. 또한 조직 목표에 헌신하는 동기는 자기실현 욕구나 존경 욕구의 충족이 가장 중요한 보상이며, 문제해결에 있어 창의력과 상상력을 발휘할 수 있다는 것을 전제한다.

03
정답 ⑤

계획 → 실행 → 평가의 과정을 거치는 것은 공격형이 아니라 방어형 전략의 인적자원관리 활동에 대한 설명이다.

오답분석
①·②·③·④ 마일즈 & 스노우의 공격형 전략은 고객의 니즈를 신속히 파악하여 충족시키고자 하며, 신제품·신기술 등 혁신을 중요시한다.

> **마일즈 & 스노우의 전략 유형**
> • 공격형
> - 기술혁신을 통해 블루 오션을 개척하는 기업군으로, 고도의 전문 지식(첨단기술)뿐만 아니라 수평적 의사소통을 통해 동태적이고 급변하는 현대 사회에 적합한 전략 유형이다.
> - 인력계획은 비공식적이고 제한적이며 영입을 원칙으로 한다.
> - 성과에 대한 보상은 외적 경쟁 정도에 기준을 두며, 성과급의 비중이 크다.
> - 인사고과는 결과 지향적이며, 장기적인 결과를 중시한다.
> - 인적자원관리 활동 : 실행 → 평가 → 계획
> • 방어형
> - 대량생산을 통한 원가 경쟁력을 기반으로 저원가전략을 추구한다.
> - 제품 및 시장 영역은 안정적이며, 제한된 범위에서 전문적인 위치를 차지하는 특징이 있다.
> - 인적자원관리 활동 : 계획 → 실행 → 평가
> • 분석형
> - 공격형과 방어형 전략을 적절히 배합하여 사용하는 기업군으로, 안정적인 시장에서는 효율성 극대화를 통해 자본을 확보하고 새로운 시장을 개척한다.
> - 이 전략을 택하는 기업은 시장 수요의 존재를 확인해 준 제품이나 서비스만을 개발하기 때문에 모방하고자 하는 제품이나 서비스의 개발에 집중적으로 투자하며, 혁신전략을 추구하는 기업보다 효율적인 생산을 해야 해서 공정의 효율화를 강조한다.
> - 인적자원관리 활동 : 평가 → 실행 → 계획
> • 반응형
> - 환경의 위기와 기회에 전략적 형성 없이 거시적인 환경적 압박으로 인해 어쩔 수 없이 대응해야 하는 경우에만 그때그때 임시방편적으로 반응하는 기업군을 의미한다.

04
정답 ①

경력 닻(Career Anchor) 모형은 다양한 환경에서 성공을 경험할 수 있었던 개인의 역량, 다양한 직무 경험에서 비롯된 동기 또는 목표, 다른 집단이나 환경 등에 반응하는 자신만의 가치관을 구성 요소로 한다.

05
정답 ⑤

오답분석
① 생산관리 : 제품 생산 프로세스를 설계하고, 생산설비를 최적화하는 업무를 수행한다.
② 구매관리 : 생산 자재의 공급 계획을 수립하고, 발주 및 납품 등의 업무를 수행한다.
③ 물류관리 : 제품의 입고, 보관, 출고 등에 대한 전반적인 관리 및 재고관리 업무를 수행한다.
④ 품질관리 : 제품의 품질 전략을 수립하고, 품질관리 시스템을 구축한다.

> **공급망 관리(SCM; Supply Chain Management)**
> 기업이 제품 생산을 위하여 원재료의 수급에서 고객에게 제품을 전달하기까지의 공급망에서 일어나는 구매·조달, 생산, 유통 및 영업, 물류 및 배송, 재고관리 등의 정보 흐름을 최적화하여 효율성을 극대화하기 위한 시스템이다.

06
정답 ④

기업자원의 효율화를 극대화하는 일정 계획, 통제 활동을 하는 것은 업무적 의사결정이다.

> **앤소프(H. I. Ansoff)의 의사결정**
> - 전략적 의사결정
>   - 기업의 외부 환경에 기업을 적응시키는 것으로, 그 기업이 어떤 업종에 종사하며 장래 어떤 업종으로 진출할 것인가를 결정하는 문제이다.
>   - 기업 목표의 변경 및 조직규모의 확대, 다각화의 지향 및 현재의 제품·시장 지위 정도, 환경의 변화에 대응하기 위한 제품 및 시장 믹스 선정, 제품시장의 기회에 기업의 총자본을 배분하는 의사결정 등을 다룬다.
> - 관리적 의사결정
>   - 조직 내부 문제의 합리화에 대한 의사결정으로, 전략적 의사결정을 구체화하기 위하여 조직의 성과가 극대화될 수 있는 방향으로 여러 자원을 조직화하는 것이다.
>   - 조직 편성, 자원의 조달 방법, 인사와 훈련 계획, 권한 책임의 문제, 유통경로, 작업 및 정보의 흐름 등을 다룬다.
> - 업무적 의사결정
>   - 전략적 및 관리적 의사결정을 더욱 구체화하기 위하여 조직의 여러 자원이 변환 과정을 거쳐 효율성을 극대화하는 것과 관련된 의사결정으로, 주로 하위 경영층의 일선 관리자들에 의해 이루어진다.
>   - 기업자원의 효율을 극대화하는 일정 계획, 감독, 통제 활동 등을 실시한다.

07
정답 ⑤

이연법인세부채는 비유동부채에 해당한다.

오답분석

① 미지급금 : 당해 회사의 사업목적을 위한 경상적인 영업활동 이외에서 발생하는 거래나 계약 관계 등에 의하여 이미 확정된 채무 중 아직 지급이 완료되지 아니한 것으로, 결산기 말 현재 1년 이내에 상환하기로 되어 있는 부채이다.
② 선수금 : 상품 등을 판매하기 전에 계약금으로 미리 받은 채무이다.
③ 당기법인세부채 : 당기법인세 중 아직 납부되지 않은 금액이다.
④ 유동성장기부채 : 사채, 장기차입금 등의 고정부채 중 결산일로부터 1년 이내에 상환기간이 도래하는 부채이다.

> **부채의 종류**
> - 유동부채 : 예수금, 단기차입금, 미지급금, 미지급비용, 선수수익, 선수금, 당기법인세부채(미지급법인세), 유동성장기부채, 매입채무 등
> - 비유동부채 : 이연법인세부채, 사채, 임대보증금, 장기차입금, 퇴직급여충당부채, 장기매입채무 등

08
정답 ②

소비자 정보 처리 과정은 노출, 주의, 지각(이해), 기억으로 구성된다.

오답분석

① 노출 : 외부의 마케팅 활동에 의해 의도적·선택적으로 감각기관이 활성화되는 것이다.
③ 주의 : 노출된 정보 중에서 처리할 일부 정보를 선택하는 것이다.
④ 지각 : 노출된 정보를 조직화하여 의미를 부여하고 해석하는 것이다.
⑤ 기억 : 노출된 정보가 단기적·장기적으로 유지되어 의사결정에 사용되는 것이다.

09

정답 ③

기능별 조직은 부서 간 수평적인 조정 및 구성원 간 커뮤니케이션이 약해지는 문제가 발생할 수 있다.

기능별 조직의 장단점
- 장점
  - 구성원이 업무에서 기술 및 지식을 얻어 전문적 역할을 할 수 있다.
  - 구성원이 업무에 적극적으로 참여하고 자율적으로 업무를 할 수 있다.
  - 업무에 창의성을 발휘할 수 있어서 구성원의 만족도를 높일 수 있다.
  - 의사결정 권한이 조직 상층부에 집중되어 효율적이며, 자원을 중복되지 않고 효율적으로 사용할 수 있다.
- 단점
  - 부서 간 의사소통의 단절 및 마찰이 있을 수 있다.
  - 부서 간 통제 기능이 없어서 제품 및 서비스의 조정이 어려울 수 있다.
  - 각 부서의 공식적 업무 구조에 집착하게 됨으로써 고객의 요구에 덜 민감하게 대응하게 된다.
  - 구성원들이 각 부서의 목표에만 집착하게 되어 조직 전체의 목표에 소홀하거나 조직의 전략적 목표에 덜 민감해질 수 있다.

10

정답 ⑤

인적 평가센터법은 평가 결과의 안정성 및 수용성이 높다는 장점이 있다.

인적 평가센터법(HAC; Human Assessment Center)
관리자 선발이나 승진 의사결정에 있어서 후보자들의 행동을 훈련받은 평가자들이 평가 기준을 사전에 정하여 집중적으로 관찰 평가함으로써 신뢰성과 타당성을 높이는 방법이다.

11

정답 ⑤

세부 업무계획을 수립할 때 고려하는 항목으로는 이슈, 가설, 분석, 원천, 책임, 최종 산출물 등이 있다. 검증은 업무계획 수립 시 고려하는 항목으로 보기 어렵다.

오답분석
① 이슈 : 질문 형태로 구성하며, 이슈에 따른 실행 과제까지 작성한다.
② 가설 : 이슈에 대한 답변과 이유에 대해 작성한다.
③ 분석 : 가설을 증명하기 위한 분석 방법 또는 분석 모델을 작성한다.
④ 원천 : 분석을 위한 자료를 얻을 수 있는 수단, 방법, 대상 등에 대해 작성한다.

12

정답 ④

관료제는 조직의 계층화를 통해 상명하복의 수직적 체계를 가지며, 이를 통해 관리통제 및 책임소재 파악 등이 용이해진다.

오답분석
① 법과 규칙에 의한 지배 : 관료제의 성립은 법과 규칙에 의해 정해진다.
② 관료의 전임화 : 관료의 안정적인 신분보장을 통해 임무를 전담하게 한다.
③ 권한의 명확화 : 직위에 따른 권한과 권리를 명확히 규정한다.
⑤ 업무의 문서화 : 업무수행은 구두가 아닌 문서로 진행한다.

13

정답 ②

표적 집단면접의 적정한 참가자 수는 6 ~ 12명이다.

14
정답 ①

브룸의 기대 이론에서 동기부여(Motivational Force)의 계산식
[유의성(Valence)]×[수단성(Instrumentality)]×[기대감(Expectancy)]

15
정답 ③

설문지는 반응평가나 행동평가 단계에서 활용하는 평가 방법이다.

오답분석

①·②·④·⑤ 커크패트릭의 4단계 평가 모형 중 학습평가 단계에서는 사전·사후 검사 비교, 통제 연수집단 비교, 자필검사, 체크리스트 등을 활용하여 교육목표 달성도 등을 평가한다.

16
정답 ⑤

이자보상비율은 영업이익을 이자비용으로 나눈 값이다.

17
정답 ③

혼합 판매채널에 대한 설명이다. 혼합(하이브리드) 판매채널은 직접 판매채널과 간접 판매채널을 혼합한 것이다.

오답분석

① 직접 판매채널 : 생산자가 고객에게 제품을 직접 유통하고 판매하는 방식이다.
② 간접 판매채널 : 유통업체, 도매상 등을 통해 고객에게 제품을 유통하고 판매하는 방식이다.
④ 온라인 판매채널 : 온라인쇼핑몰, 전자상거래 등 인터넷을 통해 제품을 유통하고 판매하는 방식이다.
⑤ 유통대리점 채널 : 생산자가 대리점에 제품을 납품하고, 대리점은 해당 지역 등에 대해 독점 판매 권한을 갖고 제품을 유통하고 판매하는 방식이다.

18
정답 ④

기대빈도가 5보다 작을 경우 사례 수를 증가시켜야 한다.

19
정답 ④

관료제와 같이 기계적인 구조에서는 규칙, 리더의 잘못된 지시 등을 실패의 요인으로 생각하는 외적 귀인론자가 많이 나타난다.

오답분석

① 귀인 요인의 체계적 파악에 대한 내용이다.
②·③ 내적 귀인론자의 특성에 대한 내용이다.
⑤ 외적 귀인론자의 특성에 대한 내용이다.

귀인 이론
귀인(歸因)은 '원인의 귀착'을 뜻하며, 개인이 일상 경험의 원인을 외부 또는 내부로 인식하는 방식을 다루는 과정을 설명하는 모델이다.

20
정답 ③

인적자원 교육은 HRD(Human Resource Development)의 주요 업무에 해당한다.

오답분석

①·②·④·⑤ HRM은 인적자원관리를 말하며, 조직의 목표 달성을 위해 인적자원의 효율적 활용과 관련된 업무로, 인적자원 확보 및 배치, 인적자원 평가, 인적자원 계획 등을 수행한다.

공기업 경영학

제12회 최종모의고사 정답 및 해설

01	02	03	04	05	06	07	08	09	10	11	12	13	14	15	16	17	18	19	20
②	⑤	③	④	③	④	④	③	⑤	②	④	③	⑤	③	③	④	④	①	③	④

01 　　　　　　　　　　　　　　　　　　　　　　　　　　　　　　정답 ②

공기업 중 시장형 공기업은 자산규모 2조 원 이상, 총수입액 중 자체수입액 85% 이상인 공기업이며, 준시장형 공기업은 자체수입비율이 50% 이상 85% 이하인 기관이다.

02 　　　　　　　　　　　　　　　　　　　　　　　　　　　　　　정답 ⑤

대차대조표는 K-GAAP(Korean Generally Accepted Accounting Principles) 기준 재무제표 유형에 해당한다.

> **재무제표의 유형**
> - K-IFRS
>   - 재무상태표
>   - 포괄손익계산서
>   - 자본변동표
>   - 현금흐름표
>   - 주석
>   - 소급 적용 시 가장 이른 비교 기간의 기초 재무상태표
> - K-GAAP
>   - 대차대조표
>   - 손익계산서
>   - 자본변동표
>   - 현금흐름표
>   - 주석
>   - 이익잉여금처분계산서

03 　　　　　　　　　　　　　　　　　　　　　　　　　　　　　　정답 ③

BARS의 구성요건(SMART)
- Specific : 구체적인 목표 설정
- Measurable : 측정 가능한 도구 또는 방법 개발
- Achievable : 너무 쉽거나 어렵지 않은 목표 설정
- Result-oriented : 결과 지향적 설계
- Time-bounded : 시간 제한

04
정답 ④

권력의 5가지 유형에는 전문적 권력, 준거적 권력, 합법적 권력, 강압적 권력, 보상적 권력이 해당된다.

오답분석
① 전문적 권력 : 업무에 필요한 지식과 기술에 대한 권력이다.
② 준거적 권력 : 리더에 대한 애정 또는 충성심을 나타내게 하는 권력이다.
③ 합법적 권력 : 업무에 대한 공식적인 권한으로부터 나오는 권력이다.
⑤ 보상적 권력 : 조직의 보상과 지원에 따라 구성원이 영향을 받게 되는 권력이다.

05
정답 ③

조직 내 프로세스의 효율성을 중시하는 것은 기존 경영관리 방법의 특징이다.

오답분석
①·②·④·⑤ 식스 시그마는 전략적인 관점에서 경영을 개선하고자 하는 방법으로, 과학적인 데이터 분석 및 통계를 사용하여 측정이 가능한 결과를 얻어내는 데 초점을 맞춘다. 또한 이를 위해 개인의 역량이나 아이디어보다는 팀 단위의 협업을 강조한다.

06
정답 ④

단순 무작위 표본추출법은 다른 표본추출법에 비해 표본오차가 높아지는 단점이 있다.

단순 무작위 표본추출법의 장단점
- 장점
  - 모집단에 대해 구체적인 정보가 필요하지 않다.
  - 외적 타당도의 통계적인 추론이 가능하다.
  - 대표집단을 비교적 쉽게 얻을 수 있다.
  - 분류에 따른 오류 가능성을 제거할 수 있다.
- 단점
  - 동일한 크기의 표본일 경우 층화표본추출보다 표본오차가 크다.
  - 모집단에서 그 수가 적은 요소는 표본으로 추출될 보장이 없으며, 그로 인해 비교적 표본의 규모가 커야 한다는 문제점이 있다.
  - 표집틀의 작성이 어렵다.
  - 표본 추출 절차에 여러 단계가 포함되면 비용이 많이 들 수 있다.

07
정답 ④

금융서비스업의 부가가치율은 40%로 적용된다.

간이과세자의 업종별 부가가치율(부가가치세법 시행령 제111조 제2항)
- 소매업, 재생용 재료수집 및 판매업, 음식점업 : 15%
- 제조업, 농업·임업 및 어업, 소화물 전문 운송업 : 20%
- 숙박업 : 25%
- 건설업, 운수 및 창고업(소화물 전문 운송업 제외), 정보통신업 : 30%
- 금융 및 보험 관련 서비스업, 과학 및 기술서비스업(인물사진 및 행사용 영상 촬영업 제외), 사업시설관리·사업지원 및 임대서비스업, 부동산 관련 서비스업, 부동산임대업 : 40%
- 그 밖의 서비스업 : 30%

08 정답 ③

- A주식이 올랐을 때 기대수익 : 1,000만×60%×20%=120만 원
- A주식이 떨어졌을 때 기대손실 : 1,000만×40%×10%=40만 원
- A주식에 투자했을 때 기대수익 : 120만-40만=80만 원

09 정답 ⑤

브랜드 전략 실행의 5단계

브랜드 네이밍	브랜드 전략을 실행하기 위해 브랜드의 이름을 정한다.
브랜드 아이덴티티	브랜드의 콘셉트를 정립한다.
브랜드 포지셔닝	브랜드가 고객의 마음속에 차별적이고 특별한 위치를 차지하도록 한다.
브랜드 로열티	고객이 지속해서 브랜드를 기억할 수 있게 한다.
브랜드 확장	해당 브랜드가 다른 제품까지 확장될 수 있도록 한다.

10 정답 ②

상호의존도가 높은 조직일수록 갈등이 빈번하게 발생하게 된다.

오답분석

① 희소하고 한정된 자원을 확보하기 위해 조직 간 갈등이 벌어지게 된다.
③ 조직 간 업무의 중복으로 업무의 책임이 모호해지면 갈등이 벌어지게 된다.
④ 성과 보상의 차이로 불공평 등에 의해 갈등이 벌어지게 된다.
⑤ 정보 왜곡, 정보 숨김 등 의사소통의 부족으로 인해 갈등이 벌어지게 된다.

11 정답 ④

JIT(적시생산 방식)는 필요한 제품을 필요한 때 필요한 만큼만 생산함으로써 낭비 요소를 최소화할 수 있다. 이는 다품종 소량생산에 적합하다고 할 수 있다.

> **JIT(Just-in-Time)**
> 주문이 들어오면 그때부터 생산을 시작하여 입하된 재료를 재고로 남겨두지 않고 그대로 사용하는 상품관리 방식으로, 소로트 생산과 다품종 소량생산 체제를 지향한다.

12 정답 ③

구성원 간 이해와 협조가 없을 경우 비효과적인 것은 매트릭스 조직의 특징이다.

> **네트워크 조직**
> 아웃소싱, 전략적 제휴 등을 통해 핵심 역량에만 집중하는 조직 형태로, 상호협조를 통해 시너지 효과를 창출하고, 환경 변화에 유연한 적응이 가능한 조직이다.

13 정답 ⑤

현금흐름비율은 영업활동에 따른 현금흐름을 유동부채로 나눈 값으로, 낮을수록 현금흐름을 통한 부채 상환 능력이 낮다는 것을 의미한다.

14
정답 ③

2개 이상의 다른 척도를 사용함으로써 타당성을 높일 수 있다.

> **마케팅의 타당성을 높이는 방법**
> - 측정 대상(구성개념·변수)에 대해 명료하게 정의한다.
> - 기존 관련 연구에서 사용되어 타당성을 인정받은 방법이나 전문가를 참여시킨다.
> - 2개 이상의 다른 척도를 사용하여 상관관계가 높은지 확인한다.
> - 기존에 개발되어 타당성이 인정된 척도를 이용한다.
> - 조사자와 응답자 간 정확한 의미 전달을 위하여 용어 사용을 신중히 한다.
> - 측정 대상의 배경이 되는 현상에 대해 충분히 이해한다.
> - 측정 대상과 이를 측정하는 문항 간 상호 상관관계가 낮은 문항을 제거한다.

15
정답 ③

오답분석

① 면접법 : 조직도, 업무 흐름표 등을 토대로 대상자를 면접하여 필요한 정보를 수집한다.
② 관찰법 : 훈련된 직무분석자가 직무수행자를 직접 관찰하여 정보를 수집한다.
④ 워크 샘플링법 : 관찰법을 고도화한 방법으로, 무작위적인 시점에서 많은 관찰을 통해 정보를 수집한다.
⑤ 질문지법 : 표준화되어 있는 질문지를 통해 직무에 관련된 항목을 체크하거나 평가한다.

16
정답 ④

반응 전략은 소비자의 요구에 따른 대응 전략으로, 소비자의 니즈를 충족하는 데 의의가 있다.

오답분석

①·②·③·⑤ 선제 전략은 신규 사업 진출, 시장 확대 등 성장을 목표로 하는 적극적인 의사결정에 의의가 있다.

> **신제품 개발 전략의 유형**
> - 선제 전략
>   - 연구 개발 전략 : 기술적으로 더 우월한 제품을 개발하기 위해 항상 연구하는 것을 말한다.
>   - 마케팅 전략 : 소비자의 니즈를 발견하고, 그것에 맞는 제품을 개발하여 시장을 먼저 구축하는 것이다.
>   - 기업가 전략 : 기업가들의 참신한 아이디어나 기업 내부의 자원을 끌어내고, 소규모 조직의 유연성과 기민성 등을 신제품 개발에 활용하는 전략이다.
>   - 매입 전략 : 신제품을 가지고 있는 회사나 제품을 그대로 사버리는 것으로, 기업 매수, 특허 매수, 라이선스의 매입이 해당한다.
> - 대응 전략
>   - 방어 전략 : 경쟁적인 신제품을 기존 제품의 변화를 통해 막아내는 것이다.
>   - 모방 전략 : 타사의 신제품을 재빠르게 모방하는 것이다.
>   - 더 좋은 2위 전략 : 타사의 신제품을 복사하고, 나아가 그것을 더욱 개량하는 전략이다.
>   - 반응 전략 : 소비자의 니즈에 맞게 움직이는 것이다.

17
정답 ④

하우스(House)의 리더십 유형
- 지시적 리더십 : 업무의 절차나 방법이 불명확하고, 부하의 경험이 부족한 상황에 적합하다.
- 지원적 리더십 : 업무의 강도나 난도가 높아 부하의 자신감이 부족한 상황에 적합하다.
- 참여적 리더십 : 구성원의 업무의 성취나 자율성 욕구가 높은 상황에 적합하다.
- 성취 지향적 리더십 : 의사결정 과정에 구성원의 참여를 유도하여 목표를 성취할 수 있는 상황에 적합하다.

18 정답 ①

장단기차입금의 차입은 재무활동으로 인한 현금유입으로 표시한다.

오답분석
② 투자활동으로 인한 현금유입에 해당된다.
③ 투자활동으로 인한 현금유출에 해당된다.
④ 영업활동으로 인한 현금유입에 해당된다.
⑤ 영업활동으로 인한 현금유출에 해당된다.

> **현금흐름의 유형**
> - 재무활동으로 인한 현금흐름
>   - 재무활동에는 현금의 차입 및 상환 활동, 신주발행이나 배당금의 지급 활동 등과 같이 부채 및 자본계정에 영향을 미치는 거래가 포함된다.
>   - 현금유입 : 장단기차입금의 차입, 어음·사채의 발행, 주식의 발행
>   - 현금유출 : 배당금 지급, 유상감자, 자기주식의 취득, 차입금의 상환, 자산의 취득에 따른 부채의 지급 등
> - 투자활동으로 인한 현금흐름
>   - 투자활동에는 현금의 대여와 회수 활동, 유가증권·투자자산·유형자산 및 무형자산의 취득과 처분 활동 등이 포함된다.
>   - 현금유입 : 대여금의 증감, 단기투자자산·유가증권·투자자산·유형자산·무형자산의 처분
>   - 현금유출 : 현금의 대여, 장기금융상품·유가증권투자자산·유무형자산의 취득에 따른 현금유출로서 취득 직전 또는 직후의 지급액 등
> - 영업활동으로 인한 현금흐름
>   - 기업의 주요 수익 창출 활동 및 투자활동이나 재무활동이 아닌 기타의 활동과 관련된 자산, 부채가 변동됨에 따라 발생하는 현금흐름이다. 매출채권, 미수금 등 자산이 감소하면 채권을 회수한 것이므로 현금유입, 매입채무, 미지급금 등 부채가 감소하면 채무를 지급한 것이므로 현금유출로 처리된다.
>   - 현금유입 : 재화의 판매와 용역 제공, 이자의 수취, 배당금 수입, 로열티, 수수료, 중개료 및 기타 수익
>   - 현금유출 : 재화와 용역의 구입, 종업원과 관련하여 직·간접으로 발생하는 비용, 법인세의 납부(다만, 재무활동과 투자활동에 명백히 관련되는 것은 제외)

19 정답 ③

오답분석
① 산업재 : 생산 과정에 투입하기 위해 소비되는 제품이다.
② 내구재 : 비교적 장기간에 걸쳐 반복 사용하는 장비, 설비 등의 제품이다.
④ 선매품 : 의류나 가전제품, 가구 같이 구매 전 품질, 가격, 스타일 등을 비교하여 구매하는 제품이다.
⑤ 전문품 : 자동차, 악기, 명품 등 제품의 전문성·독특성 등의 분석을 위해 시간 및 노력을 집중하여 구매하는 제품이다.

20 정답 ④

직무 충실화는 추가적인 교육훈련이 필요하므로 많은 비용과 시간이 소요되는 단점이 있다.

> **직무 충실화(Job Enrichment : 수직적 직무 확대)**
> 직무 확대가 업무량을 확대하는 방법이라면, 직무 충실은 업무의 질적 향상을 위해 근로자에게 의사결정 자유 재량권과 함께 책임을 부여하는 것이다.

공기업 경영학

제13회 최종모의고사 정답 및 해설

01	02	03	04	05	06	07	08	09	10	11	12	13	14	15	16	17	18	19	20
③	③	①	①	③	②	①	⑤	⑤	⑤	④	⑤	②	⑤	③	①	②	②	⑤	③

01 정답 ③

신탁계약은 금융상품 중 투자성 상품에 해당한다.

오답분석

①·②·④·⑤ 담보대출, 신용카드, 할부금융, 시설대여 등은 금융상품 중 대출성 상품에 해당한다.

금융상품
- 정의
  - 한쪽 거래당사자에게 금융자산을 발생시키면서 다른 거래 상대방에게 금융부채나 지분상품을 발생시키는 계약이다.
- 종류
  - 예금성 상품 : 은행법에 따른 예금, 상호저축은행법에 따른 예금 및 이와 유사한 것으로서 대통령령으로 정하는 금융상품이다.
  - 대출성 상품 : 은행법에 따른 대출, 상호저축은행법에 따른 대출, 여신전문금융업법에 따른 신용카드·시설대여(리스)·연불판매·할부금융 및 이와 유사한 것으로서 대통령령으로 정하는 금융상품이다.
  - 투자성 상품 : 신탁계약 등 자본시장과 금융투자업에 관한 법률에 따른 금융 투자상품 및 이와 유사한 것으로서 대통령령으로 정하는 금융상품이다.
  - 보장성 상품 : 보험업법에 따른 보험상품 및 이와 유사한 것으로서 대통령령으로 정하는 금융상품이다.

02 정답 ③

오답분석

① 훈련 타당성 : 훈련생과 교육 프로그램 간 매칭 정도를 검증하는 것이다.
② 전이 타당성 : 훈련생의 교육 참여 이후 직무 적용의 성공 여부를 검증하는 것이다.
④ 조직 내 타당성 : 교육 프로그램이 동일 조직 내 다른 집단의 훈련생에게도 동일한 영향을 미쳤는지 검증하는 것이다.
⑤ 조직 간 타당성 : 교육 프로그램이 다른 업종 또는 기업의 훈련생에게도 동일한 영향을 미쳤는지 검증하는 것이다.

03 정답 ①

SCM은 비용이 많이 소요되는 추측 대신 데이터에 기반한 예측을 통해 재고 낭비 위험을 줄이고 비용을 절감할 수 있다.

04   정답 ①

오답분석
② 신뢰 : 리더와 구성원 간 신뢰를 통해 양측의 행동이 안정적이고 예측할 수 있게 된다.
③ 존중 : 리더는 구성원의 능력을 인정하고, 구성원은 리더의 권한을 존중함으로써 높은 교환 관계를 형성할 수 있다.
④ 의존 : 리더와 구성원이 서로에게 중요한 자원을 제공하고, 이를 통해 양측이 모두 이익을 얻을 수 있다.
⑤ 피드백 : 리더와 구성원이 서로의 목표를 공유하고, 상호작용을 통해 서로의 목표 달성을 도울 수 있다.

> **LMX(Leader-Member Exchange) 이론**
> 구성원들의 업무와 관련된 태도와 행동들은 리더에게 비롯된다는 것으로, 구성원·팀·조직에 리더십이 미치는 영향을 설명한다.

05   정답 ③

SWOT 분석
- 강점(Strength) : 기업의 내부 요인에 의한 유리한 위치를 의미한다.
- 약점(Weakness) : 기업의 내부 요인에 의한 불리한 위치를 의미한다.
- 기회(Opportunity) : 기업의 외부 요인에 의한 유리한 위치를 의미한다.
- 위협(Threat) : 기업의 외부 요인에 의한 불리한 위치를 의미한다.

06   정답 ②

EVA(Economic Value Added)는 세후순영업이익에서 자본비용(타인자본비용과 자기자본비용의 합)을 차감한 값이다.

07   정답 ①

요소비교법은 기능직·사무직·기술직·감독직·관리직 등의 직무에 널리 이용될 수 있지만, 점수법은 기능직에 국한해 사용할 수 있다.

08   정답 ⑤

시간, 경비 등을 기준으로 생산성을 측정하는 것은 전통적 리더십이다. 서번트 리더십은 구성원들의 자발적인 참여 정도를 기준으로 생산성을 측정한다.

> **서번트 리더십**
> 타인을 위한 봉사에 초점을 두는 리더십으로, 종업원과 고객의 욕구를 만족시키기 위해 헌신하며, 학습조직에 유용한 것으로 연구되었다.

09   정답 ⑤

인간의 욕구는 낮은 단계에서 점차 높은 단계로 올라가는 특징이 있다.

오답분석
①·②·③·④ 매슬로의 욕구단계 이론은 자유의지를 가진 개인의 고유한 정신적 경험을 기초로 하며, 인간에게 존재하는 5가지 욕구에 대한 가정을 제시하였다.

> **매슬로의 욕구단계 이론의 가정**
> - 인간은 부족한 존재이며, 항상 무언가를 원하는 존재로 가정한다.
> - 인간은 원하던 욕구를 충족하면 또 다른 욕구를 갖게 된다.
> - 충족되지 못한 욕구만 동기를 유발한다.
> - 욕구들은 충족되어야 할 순서에 따라 위계적인 형태로 계열화되어 있다.

10
정답 ⑤

SQC의 과정은 공정 과정 분류 → 제품 속성 정리 → 품질 특성값 부여 → 품질관리 실행의 4단계로 이루어진다.

SQC(통계적 품질관리)의 4단계
- 공정 과정 분류 : 제품 종류에 따라 최적의 표준화된 공정 과정을 적용한다.
- 제품 속성 정리 : 공정 단계별 제품 속성을 정리한다.
- 품질 특성값 부여 : 속성에 따라 수치로 정량화한 품질 특성값을 부여하여 통계적 품질관리를 가능하게 한다.
- 품질관리 실행 : 다양한 통계 기법을 활용하여 품질관리를 실행한다.

11
정답 ④

수직적 통합은 기술 변화, 경기순환 등 시장환경 변화에 유연하게 대처하기 어렵다는 단점이 있다.

수직적 통합(Vertical Integration)
- 정의
  - 한 기업이 수직적으로 연관된 2개의 활동 분야를 동시에 운영하는 것이다.
- 장점
  - 생산, 유통 단계 축소 등 비용을 감소하고, 시장 지배력을 강화할 수 있다.
  - 사업부 간 기술정보 공유 등 긴밀한 협력이 가능하다.
  - 부품업체나 유통업체 등을 통제하거나 관리하기 쉬워 외부 환경에 조직적으로 대응하거나 신사업 기회를 신속하게 추진할 수 있다.
- 단점
  - 조직의 방만화에 따른 관료적 지배구조로 시장환경 변화에 대한 유연성과 탄력성이 결여된다.
  - 다른 형태의 사업통합으로 인해 효율적 관리가 어렵고, 기업 내부의 갈등이 발생할 가능성이 높다.

12
정답 ⑤

토마스는 갈등관리 이론을 통해 경쟁전략, 협력전략, 회피전략, 타협전략, 수용전략 등의 5가지 전략으로 갈등을 관리할 수 있다고 주장하였다.

오답분석
① 경쟁전략 : 갈등의 당사자가 상대방을 고려하지 않고 본인의 목표 달성을 추구하는 전략이다.
② 협력전략 : 갈등의 당사자들이 모두 본인의 목표를 충분히 달성하기를 원할 때 사용하는 전략이다.
③ 회피전략 : 갈등의 당사자가 갈등의 존재를 알면서도 이를 억제하거나 피하는 전략이다.
④ 타협전략 : 갈등의 당사자들이 각자의 목표 중 일부를 포기하여 타협하는 전략이다.

13
정답 ②

분개 시 대차를 불일치하게 기재한 경우는 시산표를 통해 확인할 수 있다.

시산표에서 확인할 수 없는 오류
- 기장 누락
- 이중 분개
- 계정과목이나 대차 동시 오류
- 우연한 오류 상계(상쇄)
- 반대 전기

14 정답 ⑤

오답분석
① 필요기준 : 개별적인 임금 결정이 연령, 학력, 근속 등과 같은 속인적 기준에 의해 임금이 결정되는 것이다.
② 직무기준 : 근로자의 능력과 관계없이 직무가 지니고 있는 중요도, 책임도, 곤란도, 복잡도 등에 의하여 직무 가치가 평가되고 이에 따라 임금을 결정하는 것이다.
③ 능력기준 : 근로자의 직무와 관련된 능력에 의해 임금이 결정되는 것이다.
④ 성과기준 : 근로자의 조직 기여도(생산 능률)에 의해 임금이 결정되는 것이다.

15 정답 ③

학습조직에서는 조직 내 학습자의 주체성, 자발성, 참여성이 존중된다. 관리자는 학습자가 학습 효과를 거둘 수 있도록 지원할 수 있는 기반을 구축하여야 한다.

16 정답 ①

실사를 간소화하여 발주 비용을 절감할 수 있다는 것은 정기 발주 시스템이 아니라 정량 발주 시스템에 대한 설명이다.

오답분석
②·③·④·⑤ 정기 발주 시스템은 발주 일정을 사전에 정하여 일정에 따라 현재 재고, 수요량 등에 따라 발주량을 결정하는 재고 관리 기법이다.

> **재고 관리 기법의 유형**
> • 정기 발주 시스템(Fixed Order Period System)
> – 정기적으로 재고량을 파악하는 방식으로, 관리 비용이 적게 든다.
> – 대량의 저가품이나 주기적으로 조달되는 물품, 수요가 일정하거나 여러 가지 물품을 동일한 공급자로부터 공급받는 물품 등을 다루는 업체에 유리하다.
> – 많은 안전재고 유지에 따른 재고 유지 비용이 높다.
> • 정량 발주 시스템(Fixed Order Quantity System)
> – 재고량이 일정 수준까지 내려가면 일정량을 주문하여 재고를 관리하는 방식으로, 고가의 물품을 소량으로 다루는 업체에 유리하다.
> – 발주점(OP; Order Point)에 도착한 품목만을 자동으로 발주하면 되기 때문에 관리가 용이하다.
> – 재고 부족 비용이 발생하지 않지만, 끊임없이 재고조사를 위해 자원을 투자해야 한다.

17 정답 ②

매출액 및 이익의 증대를 목표로 하는 것은 이익 배분제도이다. 집단성과 배분제도는 생산비 절감 등을 통한 생산성 향상을 목표로 한다.

> **성과배분제도**
> • 정의
> – 회사나 부서가 달성한 성과를 구성원과 함께 공유하는 제도이다.
> • 종류
> – 이익 배분제도(Profit Sharing) : 기업이 일정 수준 이상의 이익을 얻을 때 그 일부를 사원에게 나누어 주는 제도이다.
> – 집단성과 배분제도(Gain Sharing) : 작업 현장의 생산성 증대를 유도하기 위해 생산성 증대(생산량 증가, 소모품 절감 등)를 회사와 사원이 나누어 갖는 제도이다.

18 정답 ②

손익계산서는 일정 시점이 아니라 일정 기간의 수입, 지출, 이익 등을 확인할 수 있다.

19
정답 ⑤

쇠퇴기는 가격을 낮게 책정하고, 광고를 최소화하여 시장에서 철수하는 전략을 사용한다.

오답분석

① 도입기에는 선택적 유통 전략을 세운다.
②·③ 성장기에는 집약적 유통 전략을 세우며, 점유율을 확대해 나간다.
④ 광고 최소화는 쇠퇴기에 해당한다.

제품수명주기별 마케팅 전략

단계	경로전략	광고전략	가격전략
도입기 (Question Mark)	• 선택적 유통 전략 • 좁은 유통 커버리지·점유율	• 조기수용자 층과 유통업자들을 대상으로 제품 인지 확대	• 고가전략 • 원가가산전략
성장기 (Star)	• 집중·집약적 유통 • 유통 커버리지 확대	• 대중시장에서의 관심과 인지 구축 • 브랜드 차이와 이점 강조	• 시장침투가격
성숙기 (Cash Cow)	• 집중적 유통 전략 강화 • 유통 커버리지 최대화	• 상표 차이와 효익 강조 • 브랜드 이해도가 높은 고객 유지에 필요한 수준으로 감소	• 경쟁대응가격
쇠퇴기 (Dog)	• 선택적 유통 전략 • 수익성 적은 유통경로 폐쇄	• 필요한 최저수준 조정 • 핵심 충성 고객들을 대상으로 함 • 자사 제품을 다시 떠오르게 하는 상기 광고	• 가격 인하

20
정답 ③

대리인 비용은 주주와 경영자의 이해관계가 달랐을 때 그로 인해 발생하는 문제를 해결하는 데 드는 비용으로 확증비용, 감시비용, 잔여손실이 있다.

대리인 비용의 종류

• 확증비용 : 회계 감사비용 또는 경영자의 부정행위에 따른 벌칙 규정 등 경영자 스스로가 투자자의 이익에 반하는 의사결정을 하지 않는다는 것을 확신시키는 데 드는 비용이다.
• 감시비용 : 경영자가 투자자의 이익에 반하는 의사결정을 하는 것을 방지하기 위해 투자자가 경영자를 감시하는 데 드는 비용이나 경영자 성과에 따른 보상비용이다.
• 잔여손실 : 확증비용과 감시비용이 지출되었으나 경영자가 투자자의 이익을 최대화하지 못해 발생할 수 있는 투자자의 기회비용(예산이나 투자 제약으로 인해 발생하는 기회비용 등)이다.

공기업 경영학
제14회 최종모의고사 정답 및 해설

01	02	03	04	05	06	07	08	09	10	11	12	13	14	15	16	17	18	19	20
①	③	⑤	③	④	①	⑤	①	③	⑤	①	⑤	⑤	⑤	③	⑤	⑤	⑤	③	④

01 정답 ①
e-비즈니스로 기존의 도매상, 소매상 등을 통한 유통 방식에서 인터넷을 통한 유통 방식이 되었다. 이를 통해 유통비용 등을 줄여 저렴한 가격으로 소비자들에게 상품을 공급할 수 있게 되었다.

오답분석
② 인터넷을 통해 24시간 시·공간에 구애받지 않고 정보 수집 및 상품 구매가 가능하다.
③ 고객 니즈 및 성향을 실시간으로 파악하고, 직접적인 상호 커뮤니케이션을 통해 그에 맞는 적극적이고 효율적인 마케팅 활동이 가능하다.
④ 인터넷을 통해 정보 제공 및 판매 활동 등이 가능해짐에 따라 별도의 판매점 등이 필요하지 않게 되었다.
⑤ 토지, 건물, 운영 등에 드는 비용을 절감할 수 있어 자본이 적게 든다.

e-비즈니스
- 정의
  - 기업에서 인터넷과 디지털 기술을 이용하여 비즈니스 프로세스들을 수행하는 것이다.
- 특징
  - 단축된 유통채널을 통해 소비자에게 더 저렴하게 상품을 공급할 수 있게 되었다.
  - 시·공간의 벽이 사라지게 되었다.
  - 효율적인 마케팅과 재고관리가 가능하게 되었다.
  - 판매 거점이 불필요하게 되었다.
  - 소액 자본으로도 사업 전개가 가능하게 되었다.

02 정답 ③
주문을 한 번에 납품하는 경우에는 EOQ 모형을 사용해서는 안 된다.

03 정답 ⑤
측정 항목의 수를 최대한 늘림으로써 신뢰성을 높일 수 있다.

신뢰성을 높이기 위한 방안
- 조사자의 면접 방식과 태도를 일관성 있게 실시한다.
- 문항의 모호한 표현을 제거한다.
- 중요한 질문의 경우 유사한 질문을 2회 이상 제시한다.
- 신뢰성이 인정된 기존의 측정 도구를 사용하고, 변별도가 높은 문항을 많이 쓴다.
- 동일 현상을 측정하는 항목의 문항을 늘린다.
- 측정에 대한 세부 지침서를 조사 대상자에게 제공한다.

04
정답 ③

재고자산의 매출원가는 기초상품재고액과 당기순매입액을 더한 값에서 기말재고액을 차감하여 계산한다.

05
정답 ④

ERG 이론은 존재욕구, 관계욕구, 성장욕구의 3단계로 구성된다.

> **ERG 이론의 욕구 3단계**
> - 존재욕구(Existence Needs) : 음식, 임금, 작업 환경 등 기본적인 욕구
> - 관계욕구(Relatedness Needs) : 사회적 또는 개인적인 관계 형성에 의해서 충족되는 욕구
> - 성장욕구(Growth Needs) : 개인의 생산적이고 창의적인 활동으로 충족되는 욕구

06
정답 ①

마일즈 & 스노우 전략 유형은 방어형, 혁신형, 분석형, 반응형의 4가지가 있다.

오답분석

② 방어형 : 기존 제품으로 기존 시장을 공략하는 전략이다.
③ 혁신형 : 신제품, 신기술 등 혁신을 통해 시장을 공략하는 전략이다.
④ 분석형 : 방어형과 혁신형 전략을 혼합한 전략이다.
⑤ 반응형 : 시장흐름에 따라 그때그때 임시방편적으로 반응하는 전략이다.

07
정답 ⑤

MBO는 시간과 비용이 많이 소요된다.

> **MBO(Management By Objectives)의 목적**
> - 전략 연계성 : 조직과 개인의 목표 간 전략적 연계
> - 동기부여 : 목표 달성을 위한 동기부여
> - 의사소통 : 커뮤니케이션 활성화
> - 처우 및 보상 : 공정한 처우 및 보상

08
정답 ①

표본추출법은 시장품질의 조사 단계에서의 통계 기법으로 활용된다.

오답분석

②·③·④·⑤ 연구 및 개발 단계에서는 실험계획법, 분산분석법, 회귀분석법, 최적화법 등의 통계 기법을 활용하여 품질을 관리한다.

09
정답 ③

오답분석

① 연공급 : 직무능력 또는 숙련도와 관계 없이 근속연수 등에 의해 임금을 결정한다.
② 직무급 : 직무의 특성에 따라 임금을 결정한다.
④ 역할급 : 직무의 역할 등급을 정하여 등급별로 임금 구간을 설정하여 임금을 결정한다.
⑤ 성과급 : 독립적인 임금체계로 보기는 어려우며, 성과에 따른 임금의 조정 측면에서 활용한다.

10 정답 ⑤
대차대조표는 국제회계기준에 따라 재무상태표로 변경되었다.

오답분석

①·②·③·④ 국제회계기준에 따른 기본 재무제표는 재무상태표, 자본변동표, 현금흐름표, 손익계산서(포괄손익계산서), 재무제표에 대한 주석 등이 있다.

11 정답 ①
집단 의사결정은 여러 사람이 참여하므로 의견대립 시 발생하는 문제를 해결하는 데 많은 시간과 비용이 소요된다는 단점이 있다.

집단 의사결정의 장단점
- 장점
  - 개개인의 생각을 모아 더 많은 정보를 얻을 수 있다.
  - 서로를 자극함으로써 새로운 아이디어를 창출할 수 있다.
  - 모두의 참여로 결정된 사항은 실천 시 높은 동기부여를 형성한다.
  - 개인이 생각하지 못한 부분에서 비판과 수정을 할 수 있다.
  - 각자의 경험과 특기가 다르므로 전문화된 정보를 수집, 분석, 판단할 수 있다.
- 단점
  - 의견대립 시 갈등이 발생하고, 토론 시간의 비용이 많이 든다.
  - 한 사람의 의견이 주도적으로 채택될 경우 실천 시 낮은 동기부여를 형성한다.

12 정답 ⑤
시장세분화는 시장별로 분리된 마케팅 전략을 실행하므로 많은 비용이 소요된다는 단점이 있다.

시장세분화의 장단점
- 장점
  - 목표시장을 뚜렷이 설정할 수 있다.
  - 소비자들의 반응을 적시에 알 수 있으므로 마케팅 자원을 효율적으로 배분할 수 있다.
  - 각 시장의 특성에 적합한 차별화된 마케팅 믹스로 고객 만족을 이끌 수 있다.
- 단점
  - 잘못된 시장세분화 전략은 모든 잠재적 고객을 대상으로 한 전략보다 매출액이 훨씬 줄어들 수 있다.
  - 시장별로 분리된 마케팅 전략을 실행하므로 하나의 전체 시장을 대상으로 하는 것보다 비용이 많이 든다.

13 정답 ⑤
EOQ 모형은 재고 부족비를 고려하지 않는다. 따라서 총비용은 주문비와 보관비의 합으로 계산된다.

14 정답 ⑤
재배치에 따른 추가 비용의 소요, 생산시설 전용률 하락 가능성 등은 U자형 배치가 아니라 셀형 배치에 대한 설명이다.

15 정답 ③

당기순이익에서 조정을 통해 현금흐름이 산출되는 과정을 신속하게 살펴볼 수 있는 것은 간접법 현금흐름표에 대한 설명이다. 이에 따라 직접법보다 간접법을 더 많이 선호한다.

> **현금흐름표(K-IFRS 제1007호)**
> - 직접법 현금흐름표 : 총현금유입과 총현금유출을 주요 항목별로 구분하여 표시하는 방법이다.
> - 간접법 현금흐름표 : 당기순손익에 현금을 수반하지 않는 거래, 과거 또는 미래의 영업활동 현금유입이나 현금유출의 이연 또는 발생, 투자활동 현금흐름이나 재무활동 현금흐름과 관련된 손익 항목의 영향을 조정하여 표시하는 방법이다.

16 정답 ⑤

개인형 퇴직연금제도는 위험자산의 투자 한도 제한을 통해 주식의 직접투자를 금지하고 있다.

> **개인형 퇴직연금제도(IRP; Individual Retirement Pension)**
> 근로자가 직장을 옮기거나 퇴직하면서 지급받은 퇴직급여를 한 계좌로 모아 노후 재원으로 활용할 수 있도록 하는 퇴직연금 통산 장치(전용 계좌) 제도이다.

17 정답 ⑤

코즈 마케팅은 광고비용이 많이 들고, 수익 증대 및 공익을 동시에 추구하여 브랜드가치 제고를 목표로 하므로 규모가 큰 대기업 등에서 많이 활용하는 전략이다.

> **코즈 마케팅**
> 기업이 환경, 보건, 빈곤 등과 같은 사회적인 이슈인 명분(Cause)을 기업의 이익 추구에 활용하는 것이다.

18 정답 ⑤

일반적으로 경쟁이 심한 업종에서 기업가치가 상대적으로 낮게 평가될 수 있어 토빈의 Q 비율이 낮게 나타난다.

> **토빈의 Q 이론**
> - 전통적 투자함수의 주요 변수인 이자율 외에 투자 유인에 대한 포괄적 정보를 고려하여 투자가 결정된다는 이론이다.
> - (토빈의 Q 비율)=[기업자산의 시장가치(시가총액)]÷[기업의 실물 자본가치(현재의 시가로 환산된 장부상 가치 혹은 동일한 회사를 현시점에 설립하는 데 소요되는 예상 금액)]

19 정답 ③

신속한 정보 공유가 학습조직의 구성 요소이다.

오답분석

①·②·④·⑤ 학습조직의 구성 요소는 확실한 목표가 있는 리더, 창의적인 아이디어, 신속한 정보 공유, 계획 실행 능력, 구체적이고 성과 측정이 가능한 활동 계획 등이 있다.

20 정답 ④

라인 프로세스는 한 방향으로 진행되는 제품 생산에 적용하며, 효율적이지만 유연성이 떨어질 수 있다.

공기업 경영학

제15회 최종모의고사 정답 및 해설

01	02	03	04	05	06	07	08	09	10	11	12	13	14	15	16	17	18	19	20
①	②	②	①	②	①	①	④	④	②	③	②	④	②	⑤	②	②	①	③	⑤

01 정답 ①
생산 시스템 측면에서 신제품 개발 프로세스는 아이디어 창출 → 제품 선정 → 예비 설계 → 설계의 평가 및 개선 → 제품 원형 개발 및 시험 마케팅 → 최종 설계의 순서로 진행된다.

02 정답 ②
분류법은 직무평가의 방법 중 정성적 방법으로, 등급법이라고도 한다.

03 정답 ②

오답분석
① 테일러식 복률성과급 : 테일러가 고안한 것으로, 과학적으로 결정된 표준작업량을 기준으로 하여 고 – 저 두 종류의 임금률로 임금을 계산하는 방식이다.
③ 메리크식 복률성과급 : 메리크가 고안한 것으로, 테일러식 복률성과급의 결함을 보완하여 고 – 중 – 저 세 종류의 임금률로 초보자도 비교적 목표를 쉽게 달성할 수 있도록 자극하는 방법이다.
④ 할증성과급 : 최저한의 임금을 보장하면서 일정한 표준을 넘는 성과에 대해서 일정한 비율의 할증 임금을 지급하는 방법이다.
⑤ 표준시간급 : 비반복적이고 많은 기술을 요하는 과업에 이용할 수 있는 제도이다.

04 정답 ①
유연생산 시스템(FMS)은 소량의 다품종 제품을 짧은 납기로 하여 수요 변동에 대한 재고를 지니지 않고 대처하면서 생산 효율의 향상 및 원가 절감을 실현할 수 있는 생산 시스템이다.

05 정답 ②
시계열분석법은 제품 및 제품계열에 대한 수년간의 자료 등을 수집하기 용이하고, 변화하는 경향이 비교적 분명하며 안정적일 경우에 활용되는 통계적인 예측 방법이다.

06 정답 ①
배추의 평당 시장가격이 6,000원에서 5,500원으로 하락하여 총 500만 원의 손실이 발생하였지만, 배추 가격의 하락으로 평당 계약금이 1,500원에서 800원으로 줄었으므로 700만 원의 이익이 발생하게 된다. 따라서 이익과 손실의 합은 200만 원이다.

07
정답 ①

포지셔닝 전략은 자사 제품의 큰 경쟁우위를 찾아내어 선정된 목표시장의 소비자들의 마음 속에 자사의 제품을 자리잡게 하는 전략이다.

08
정답 ④

가치사슬은 기업활동에서 부가가치가 생성되는 과정을 의미한다. 그 과정은 본원적 활동과 지원 활동으로 구분한다. 본원적 활동은 제품 생산, 운송, 마케팅, 판매, 물류, 서비스 등과 같은 부가가치를 직접 창출하는 활동이며, 지원활동은 구매, 기술개발, 인사, 재무, 기획 등 현장활동을 지원하는 제반 업무로 부가가치를 간접적으로 창출되도록 하는 활동이다. R&D 기술개발활동은 지원활동에 속한다.

09
정답 ④

(실질수익률)=[1+(명목수익률)]÷[1+(기대인플레이션)]−1=(1+0.15)÷(1+0.04)−1≒10.5%

10
정답 ②

오답분석

① 투자안에서 발생하는 현금흐름은 대부분이 불확실하기 때문에 기대현금흐름과 위험을 반영한 할인율을 사용한다.
③ 공분산은 두 자산 사이의 수익률의 변동성이 서로 얼마만큼 관련이 있는지를 나타내는 척도이다.
④ 할인율은 자본기회비용으로 기업이 현재 추진하려고 하는 사업 대신 위험이 같은 사업을 추진하였을 때 기대할 수 있는 수익률이다.
⑤ 위험이 같은 사업안에 대해 투자자들이 기대하는 수익률과 일치할 것이기 때문에 기대수익률 또는 요구수익률이라고 부른다.

11
정답 ③

경영관리 과정은 계획 수립 → 조직화 → 지휘 → 통제 순서이다.

12
정답 ②

기업에서 회계상 거래가 발생하면 변동된 자산이나 부채 등의 내역을 계정별로 마련된 장부에 기록하고 특정 시점에 모든 계정별 금액을 하나의 표로 옮기는데, 이를 시산표라 한다. 이때, 회계상에서의 거래는 회사의 재산 상태에 영향을 미쳐야 하고, 그 영향을 금액으로 측정할 수 있어야 한다.

13
정답 ④

제시문은 재판매가격 유지 정책에 대한 설명이다.

14
정답 ②

확정기여형 퇴직연금제도에서 적립금 운용의 책임은 근로자에게 있으며, 기업 부담금은 사전에 확정되어 있다. 적립금 운용의 책임이 기업에 있는 경우는 확정급여형(DB; Defined Benefit)이다.

> **확정기여형 퇴직연금제도(DC; Defined Contribution)**
> • 근로자는 자기책임의 투자 기회, 사용자는 예측 가능한 기업운영의 이점이 있다.
> • 사용자가 매년 근로자의 연간 임금총액의 1/12 이상을 근로자의 퇴직연금계좌에 적립하면 근로자가 적립금을 운용하고, 퇴직 시 기업이 부담한 금액과 운용 결과를 합한 금액을 일시금 또는 연금 형태로 받을 수 있다.
> • 확정기여형 퇴직연금제도는 근로자의 운용 실적에 따라 퇴직급여가 변동될 수 있다.

15 정답 ⑤

직무명세서는 특정 직무를 수행함에 있어서 갖추어야 할 직무담당자의 자격요건을 정리한 문서로, 인적사항, 직무명세 정보 등이 있다.

오답분석
① 직무급 제도의 기초 작업을 실시하기 위해서는 직무분석이 선행되어야 한다.
② 직무기술서와 직무명세서는 직무분석의 1차적 결과물이다.
③ 직무명세서는 특정 직무를 수행함에 있어서 갖추어야 할 직무담당자의 자격요건을 정리한 문서이다.
④ 직무기술서는 직무분석의 결과로 얻게 된 직무정보를 정리한 문서이다.

16 정답 ②

소비의 경합성은 사적 재화의 특징으로, 시장에서 효율적 자원배분이 가능한 조건이다.

17 정답 ②

집약적 유통은 가능한 많은 중간상들에게 자사의 제품을 취급하도록 하는 것으로, 과자나 저가 소비재 등과 같이 소비자들이 구매의 편의성을 중시하는 품목에서 채택한다.

오답분석
①·④ 전속적 유통채널에 대한 설명이다.
③·⑤ 선택적 유통채널에 대한 설명이다.

18 정답 ①

군집형 커뮤니케이션은 비공식적 커뮤니케이션에 해당한다. 비공식적 커뮤니케이션은 종업원들은 조직도에 의해서 규정된 상대와만 대화를 나누려 하지 않고, 여러 가지 사회적인 욕구와 필요에 의해 직종과 계층을 넘어서 인간적 유대를 갖고 커뮤니케이션을 유지하려는 것으로, 단순형·확률형·한담형·군집형이 있다.

공식적 커뮤니케이션의 종류
- 상향식 커뮤니케이션 : 조직의 하위 계층으로부터 상위 계층에 정보가 전달되는 Bottom – up 방식이다.
- 하향식 커뮤니케이션 : 조직의 위계(Hierarchy)에 따라 상위 계층에서 하위 계층으로 정보가 전달되는 Top – down 방식이다.
- 수평적 커뮤니케이션 : 계층 수준이 동일한 동료 간 정보 교류, 업무의 조정(Coordination) 역할이다.
- 대각적 커뮤니케이션 : 계층이 다른 타 부서 구성원과의 정보 교류이다.
- 대외적 커뮤니케이션 : 조직 외부의 주체자와 정보 교류이다.

19 정답 ③

ⓒ 중요사건법 : 직무수행에 중요한 영향을 미친 사건 또는 사례를 중심으로 정보를 수집한다.
ⓒ 워크샘플링법 : 직무담당자가 작성하는 작업일지 등을 통해 해당 직무정보를 정보를 수집한다.

오답분석
㉠ 면접법 : 업무흐름표, 분담표 등을 참고하여 직무담당자 또는 소속집단 대상 면접을 통해 정보를 수집한다.
㉣ 설문지법 : 표준화된 설문지를 활용하여 직무담당자가 관련 항목에 체크하도록 하여 정보를 수집한다.
㉤ 관찰법 : 훈련된 직무분석 담당자가 직무담당자를 직접 관찰하여 정보를 수집한다.

20 정답 ⑤

업무, 직급은 직무기술서를 통해 확인할 수 있는 정보이다.

오답분석
①·②·③·④ 직무명세서를 통해 학력, 전공, 경험, 경력, 능력, 성적, 지식, 기술, 자격 등의 정보를 확인할 수 있다.

공기업 경영학

제16회 최종모의고사 정답 및 해설

01	02	03	04	05	06	07	08	09	10	11	12	13	14	15	16	17	18	19	20
⑤	⑤	②	④	⑤	③	⑤	⑤	③	③	②	⑤	③	④	③	④	④	②	③	⑤

01
정답 ⑤

기업 다각화는 범위의 경제를 추구한다. 이는 한 기업이 2개 제품을 동시에 생산하는 비용이 두 기업이 2개 제품을 각각 생산하는 비용보다 더 작은 것을 의미한다.

오답분석
① 산업구조 변화, 기술 발달 등 급변하는 환경에서 다각화를 통해 성장동력을 찾는다.
② 개별 사업 부문별로 경기순환주기에 따라 노출되는 리스크나 강력한 경쟁자가 생겨날 때 기술이 발전되어 진부한 사업이 되어 버리는 위험 등을 최소화할 수 있다.
③ 가격경쟁우위, 상호 구매협정 등으로 시장에서의 지배력을 강화할 수 있다.
④ 다각화를 통해 여러 사업 분야에서 다양한 인력 및 안정된 자금을 마련할 수 있다.

기업 다각화
- 정의
  - 기업이 기존에 운영하고 있던 사업 이외의 다른 사업에 진출해 사업 범위를 넓히는 행위이다.
- 목적
  - 새로운 성장동력 추구
  - 리스크 분산
  - 시장지배력 강화
  - 자본 및 인력 확보
  - 범위의 경제 추구
  - 재무적인 균형 유지

02
정답 ⑤

STP 전략은 Segmentation(세분화), Targeting(목표 선정), Positioning(위치 정립)의 첫 자를 딴 마케팅 전략이다. 이는 몇 개의 기준을 이용해 시장을 분류하고, 이러한 세분시장에서 표적시장을 선택하며, 마케팅 믹스를 통해 자사 제품을 소비자에게 인식시키는 과정이다.

03
정답 ②

커크패트릭 모형의 교육훈련 평가 단계는 반응평가 → 학습평가 → 행동평가 → 결과평가의 4단계로 이루어진다.

오답분석
① 반응평가 : 교육 프로그램에 참여한 참가자들의 만족도를 측정한다.
③ 학습평가 : 참가자들이 교육을 통해 지식, 태도 등이 얼마나 성장했는지 측정한다.
④ 행동평가 : 교육을 통해 습득한 지식, 태도 등을 현업에 얼마나 적용하고 있는지 측정한다.
⑤ 결과평가 : 참가자들의 학습 결과가 기업 성과에 얼마나 영향을 미쳤는지 측정한다.

04
정답 ④

부서 간의 경쟁이 치열하고 부서 운용 비용이 많이 드는 것은 기능별 조직이 아니라 부문별 조직에 대한 설명이다.

기능별 조직과 부문별 조직
- 기능별 조직(Functional Structure)
  - 조직의 목표를 위한 기본적인 기능을 중심으로 나눈 조직으로, 재무·생산·마케팅 등 비슷한 업무를 분장하는 사람들을 그룹화하여 규모의 경제를 형성할 수 있다.
  - 주로 원가우위 전략을 펼치는 사업부나 기업 전체에서 사용하기에 유리한 조직구조이다.
  - 부서 간 협업이나 시너지는 기대하기 어렵다.
- 부문별 조직(Divisional Structure)
  - 결과에 초점을 맞춘 조직으로, 사업 단위별로 하나의 독립적인 소규모 조직처럼 운영되어 기능별 조직보다 부서 간 경쟁이 치열하고 비용이 많이 든다.
  - 변화에 민감하고 소비자의 요구에 빠르게 대응해야 하는 사업구조에서 유용하게 사용할 수 있는 조직구조이다.

05
정답 ⑤

오답분석
① 전략체계도 : 전략 요소 간 인과관계를 나타낸다.
② 핵심 성과지표 : 전략 달성 여부를 평가하는 지표이다.
③ 목표치 : 전략을 통해 달성하고자 하는 기대 수준을 나타낸다.
④ 실행과제 : 현재 목표와 달성하고자 하는 목표 간 괴리를 축소하는 역할을 한다.

BSC(Balanced Score Card)의 구성 요소

구성 요소	핵심 영역	내용
전략	전략체계도(Strategy Map)	• BSC의 4가지 관점별로 조직의 핵심 전략을 기술한다. • 관점 간 인과관계에 따라 표현한 프레임워크로, 전략의 커뮤니케이션과 실행을 촉진한다.
관점	고객 관점	• 고객들의 주요 관심 사항(시간, 품질, 성능·서비스, 비용 등)을 반영한 측정 지표를 사용하여야 한다.
	내부 프로세스 관점	• 고객 측면에서는 고객들의 기대에 부응하기 위해 내부적으로 무엇을 어떻게 해야 하는가를 결정한다. • 핵심 역량 측면에서는 경쟁사보다 뛰어나야 하는 주요 기술과 업무 프로세스를 확인하고 그것에 대한 측정을 구체화한다.
	학습, 혁신, 성장 관점	• 기업의 비전을 달성하기 위해 조직이 어떠한 학습을 하고 무엇을 개선해야 하는지 측정한다.
	재무 관점	• 재무성과 측정 지표는 기업 경영이 기업의 손익 개선에 기여하고 있는지를 나타낸다.
평가요소	핵심 성공요인 (CSF; Critical Success Factors)	• 비전과 전략의 성공적 달성을 위한 필수 관리 요소이다.
	핵심 성과지표 (KPI; Key Performance Indicator)	• CSF의 수준과 성공 여부를 측정할 수 있도록 관리 방법을 표현한 성과지표를 계량화하여 관리한다.
	목표치(Targets)	• 각 KPI의 기간별 목표수준을 수치로 표현한 것이다.
실행과제	전략적 이니셔티브 (Strategic Initiative)	• KPI 달성을 위한 구체적 활동이다.

06
정답 ③

개인 신용평점을 평가할 때 활용하는 평가 요소
- 상환 이력 정보 : 기한 내 채무상환 여부, 과거 채무 연체 경험에 대한 정보
- 현재 부채 수준 : 금융기관 대출, 보증채무 등
- 신용거래 기간 : 최초 및 최근 신용거래 기간
- 신용 형태 정보 : 체크카드, 신용카드 이용 정보
- 비금융·마이데이터 : 각종 공과금 등 비금융 납부 실적 정보와 저축성 금융자산(수신 등) 거래내역 정보

07
정답 ⑤

민츠버그의 조직 이론에 따른 조직구조는 단순 구조, 기계적 관료제, 전문적 관료제, 사업부제, 임시체제로 나누어진다.

오답분석

① 단순 구조 : 최고 관리자와 실무자로 구성되는 소규모 조직이며, 조직환경이 동태적이다.
② 기계적 관료제 : 일반적으로 조직규모가 크고 안정적이며, 업무 절차가 표준화되어 있다.
③ 전문적 관료제 : 전문가를 중심으로 하여 업무가 분권화되어 있는 조직이다.
④ 사업부제 : 독자적인 형태를 가진 조직으로 운영되며, 중간관리자가 핵심 역할을 한다.

민츠버그(Henry Mintzberg)의 조직 이론에 따른 조직구조
- 단순 구조(자영업, 소기업 구조·창업형 조직) : 분업화 정도가 낮고, 권한이 최고 경영자에게 집중되며, 대부분의 의사소통이 비공식적이다.
- 기계적 관료제(베버의 관료제) : 전통적 분업 논리와 통제 중심의 관리 원칙이 중시되며, 권력이 원천이다.
- 전문적 관료제(전문 직업인) : 매우 전문적인 조직원이 높은 재량권을 가지고 업무를 수행하며, 조직의 최고 경영자가 조직 내 전문가 집단을 제대로 장악하지 못한다.
- 사업부제 : 본사가 각기 다른 독립적인 사업부를 지원하고, 사업부는 매우 높은 수준의 의사결정권을 가지고 있으며, 다양한 브랜드, 제품·생산기지를 운영하는 데 효과적이다.
- 임시체제(Adhocracy) : 다양한 전문기술을 가진 비교적 이질적인 전문가들이 프로젝트를 중심으로 집단을 구성해 문제를 해결하는 임시적 조직구조로, 관료제와 대조를 이루는 개념이다.

08
정답 ⑤

시장세분화 시 고려하는 변수
- 지리적 변수 : 소비자가 거주하는 지역이나 상점의 위치와 연관이 있는 도시 규모, 인구 밀도, 기후 등
- 인구통계학적 변수 : 나이, 성별, 생활주기, 소득, 종교, 교육 수준 등
- 심리(분석)적 변수 : 소비자의 심리적 특성으로서 가치관이나 개성, 이미지 등
- 행동적 변수 : 상품과 관련된 소비자 행동과 연관이 있는 구매 기회, 사용률, 브랜드 충성도, 착용 경험 등

09
정답 ③

부가가치율은 매출액에서 매입액을 차감한 값을 매출액으로 나눈 값에 100을 곱하여 계산한다.

10
정답 ③

모든 관찰자가 쉽게 관찰할 수 없는 특성은 평가 시 배제하여야 한다.

오답분석

①·②·④·⑤ 평정척도법(Rating Scale)은 비표준화 검사를 통한 심리평가에서 나타나는 관찰법의 단점을 보완하기 위해 활용하는 평가 방법으로, 관찰자 주관의 개입 배제, 다른 관찰자 전달 기준의 명확화, 관찰 자료 수량화 등을 통해 평가 결과의 신뢰도를 확보한다.

11
정답 ②

연속생산과 단속생산

구분	연속생산	단속생산
생산시기	계획생산	주문생산
생산량	대량생산	소량생산
생산속도	빠름	느림
생산원가	낮음	높음
생산설비	전용설비	범용설비

12
정답 ⑤

계량화는 최적화의 구성 요소이다.

> **과학적 관리법의 구성 요소**
> - 최적화
>   - 계량화 : 어떤 현상의 특성이나 경향 등을 수량으로 표시한다.
>   - 시간 및 동작 연구 : 동작에 들어가는 시간을 분석하고, 불필요한 동작을 제거한 뒤 이러한 동작 수행에 적절한 사람을 선발하여 교육하는 과정까지 제시한다.
>   - 계산 및 시간 절약 수단 : 시간 및 동작 연구를 통해 과업수행에 효과적인 도구를 개발 및 선택하여 이용한다.
> - 표준화 및 통제
>   - 기능적 직장 제도 : 과업에 대한 모든 관리를 전문적 직장에 맡겨 작업자를 전문적으로 지휘, 감독하는 제도이다.
>   - 기구의 표준화 : 과업에 사용되는 도구, 기계, 방법 등을 표준화하여 효율성을 증대한다.
>   - 작업 지시서 : 표준적인 작업의 순서, 시간, 동작을 표로 작성하여 직원들을 관리한다.
>   - 기획 부문 : 과업에 대한 계획과 집행 업무를 분리하여 진행한다.
> - 동기부여
>   - 과업 관념 : 제일 일 잘하는 사람이 하루에 처리하는 표준 작업량이다.
>   - 차별적 성과급 제도 : 과업 수행에 따른 수행자에 대한 인센티브를 지급함으로써 수행자의 동기를 고취하고, 통제를 가능하게 하는 제도이다.

13
정답 ③

확정기여형은 운용수익률이 임금인상률보다 높을 경우 근로자에게 유리하므로 임금인상률이 낮은 중소기업이 적합하다.

오답분석
① 근로자의 퇴직금을 100% 사외 적립함으로써 개인의 퇴직급여 수급권을 안전하게 보장한다.
② 확정기여형은 매년 중간 정산 형태로 퇴직금을 지급하는 기업의 자금흐름과 유사하다고 볼 수 있다.
④ 확정기여형은 근로자 각자가 자산을 직접 운용한다.
⑤ 기업의 퇴직급여 부담금이 비용으로 인식되어 BS(Balance Sheet : 재무상태표)에 퇴직급여충당금 항목이 없어진다.

14
정답 ④

보관 기능은 유통의 물리적 기능인 운송·보관 기능에 해당한다.

오답분석

① 시장금융 기능 : 상품의 유통 촉진을 위하여 생산자와 소비자 간 외상판매, 할부판매 등의 상품 대금을 융통하는 기능을 부여할 수 있다.
② 위험부담 기능 : 상품이 소비자에게 전달되는 과정에서 발생할 수 있는 위험을 부담하여 안전하게 전달될 수 있도록 한다.
③ 시장정보 기능 : 생산자와 소비자 간 정보 수집 및 전달을 원활하게 할 수 있는 의사소통 기능을 제공한다.
⑤ 표준화 기능 : 제품의 생산 단위, 가격 등을 표준화하여 생산자와 소비자 간 차이를 조정하고 거래를 촉진할 수 있다.

유통의 마케팅 기능

거래 기능 (소유권 이전)		• 유통경로가 수행하는 기능 중 가장 본질적인 기능으로, 구매 및 판매 기능을 말한다. • 구매 및 판매 기능은 상호 보완적이나, 구매 기능이 판매 기능을 우선한다.
조성 기능	시장금융 기능	• 생산자와 소비자의 원활한 마케팅 기능을 도모시켜 주는 기능을 말한다.
	위험부담 기능	• 유통 과정에서 발생하는 물리적·경제적 위험을 유통기관이 부담함으로써 소유권 이전과 물적 유통 기능이 원활히 이루어지도록 해주는 기능으로, 일반적으로 보험업이 해당한다.
	시장정보 기능	• 기업이 필요로 하는 소비자 정보와 소비자가 필요로 하는 상품정보를 수집·제공하여 양자의 거래 촉진을 유도하는 기능이다.
	표준화 기능	• 수요, 공급의 품질 차이를 조절하여 거래 과정에서 거래단위, 가격, 지급 조건 등을 표준화시킨다.
물리적 기능 (물적 유통)	운송 기능	• 장소적 격리를 극복함으로써 장소 효용을 창출한다. • 운송업자에게 위탁 수행함이 원칙이나, 가끔 중간상이 직접 수행하기도 한다.
	보관 기능	• 시간적 격리를 극복하여 시간 효용을 창출한다. • 주로 창고업자에 위탁하여 생산 시기로부터 판매 시기까지 상품을 보유하는 것이다.

15
정답 ③

오답분석

① 지명 반론자 기법 : 의사결정 시 잠재된 문제를 노출해 철저한 분석과 논의를 거치는 방법이다.
② 명목 집단 기법 : 구성원 간 의견 교환 없이 개개인의 아이디어에 대한 평가 및 토의를 통해 결정하는 방법이다.
④ 브레인스토밍 기법 : 특정 주제에 대해 여러 참가자가 다양한 토론을 거쳐 결정하는 방법이다.
⑤ 변증법적 질의법 : 상반된 의견을 가진 두 집단을 구성하여 각각의 장단점을 비교 분석하여 결정하는 방법이다.

집단 의사결정 방법

- 지명 반론자 기법(Devil's Advocacy) : 집단을 둘로 나누어 한 집단이 제시한 의견에 대해 반론자로 지명된 집단의 반론을 듣고 토론을 벌여 원래의 안건을 수정·보완하는 과정을 거친 후 대안을 도출하는 기법이다.
- 명목 집단 기법(Nominal Group Technique) : 서로 다른 분야에 종사하고 있는 사람들을 명목상의 집단으로 간주하고, 그들로부터 자유로운 아이디어를 서면이나 전자회의 방식으로 진행하되, 익명성을 보장하여 문제해결을 시도하는 기법이다.
- 델파이 기법(Delphi Method) : 불확실한 미래를 예측하고 이에 따른 의사결정을 하기 위해 설문을 반복하며, 전문가들의 의견을 수렴하는 기법이다.
- 브레인스토밍 기법(Brainstorming) : 다수의 구성원이 1가지 주제를 놓고 아이디어를 무작위로 개진하여 그중에서 해결안을 모색하는 방법이다.
- 변증법적 질의법(Dialectical Inquiry) : 상반된 의견을 가진 두 집단 간 논쟁을 통해 해결안에 숨어 있는 문제점을 분석하고, 더욱 타당성 있는 아이디어를 탐색하는 기법이다.

16

정답 ④

총괄생산계획

생산계획 중 6~18개월의 기간을 대상으로 수요의 예측에 따른 생산 목표를 효율적으로 달성할 수 있도록 고용수준, 재고수준, 생산능력 및 하청 등의 전반적인 수준을 결정하는 과정이다.

총괄생산계획 기법

도시법(시행착오법)	• 2~3가지의 변수의 총비용이 최소가 되는 생산계획법이다. • 장점 : 이해하기 쉽고, 사용 방법이 비교적 간편하다. • 단점 : 도표에 나타난 모델이 정태적이며 최적안을 제시할 수는 없다.

선형계획법(수송계획법)	• 장점 : 모델을 이해하기 쉽고, 일정 제약조건에서 최적치를 얻을 수 있다.
	• 단점
	  - 작업자 고용, 해고 비용, 판매 기회손실, 벌과금 등 금융비용을 고려하지 못한다.
	  - 결과와 관계되는 비용의 함수관계를 선형으로 가정한다.

LDR법(Linear Decision Rule)	• 작업자 수 및 조업도(생산율) 등의 결정 문제를 계량화하여 2차 비용함수로 유도한 모델을 제시한다.
	• 장점 : 작업자 수 및 조업도가 구해지면 LDR 산출이 용이하고, 전체 생산계획 기간의 예측이 가능할 경우 동태적인 총괄생산계획을 작성할 수 있다.
	• 단점
	  - 비용함수 대부분을 2차 함수로 나타내므로 실제 적용하기에 제약이 따른다.
	  - 기업 운영 면에서 관계 비용에 대한 정보를 얻기 어렵다.
	  - 작업자 수, 잔업, 재고 등의 크기에 제한이 없기 때문에 생산율과 작업자 수가 마이너스로 나타날 수도 있다.

휴리스틱법(발견적 기법)	• 경험적 내지 탐색적 방법(Heuristic Approach)으로 해결하고자 하는 방법이다. • 경영계수 모델, 매개변수에 의한 생산계획 모델, 생산전환탐색법, Search Decision Rule 등이 있다.

17

정답 ④

오답분석

① 전환사채(CB; Convertible Bond) : 발행 시 회사채로 발행되나 일정 기간 경과 후 발행회사의 주식으로 전환될 수 있는 권리가 부여된 사채이다.
② 신주인수권부사채(BW; Bond with Warrant) : 발행 후 일정 기간 내에 정해진 가격으로 신주발행을 청구할 수 있는 권리가 부여된 회사채이다.
③ 이익참가부사채(PB; Participating Bond) : 약정된 이자 외에 채권 발행회사의 이익 발생 시 해당 이익분배에 참여할 수 있는 권리가 부여된 사채이다.
⑤ 옵션부사채(BO; Bond with Imbeded Option) : 발행 시 향후 일정한 조건이 충족되면 만기일 전이라도 사채의 원리금을 상환할 수 있다는 조건이 부여된 사채이다.

18

정답 ②

단계적 회귀분석은 여러 독립변수 중에서 종속변수를 가장 잘 나타내는 변수를 선택하는 방법이다.

오답분석

①・③・④・⑤ 회귀분석은 여러 변수 간 관계를 파악하고 분석하는 데 이용하는 통계적 도구로, 다중 회귀분석, 단계적 회귀분석, 매개 회귀분석, 조절 회귀분석, 로지스틱 회귀분석, 경로 분석 등이 있다.

19 정답 ③

켈리의 귀인 이론에서 정보 판단기준은 특이성, 합의성, 일관성으로 구분된다.

켈리의 귀인 이론의 정보 판단기준
- 특이성(Distinctiveness) : 특정한 결과는 특정한 원인이 있을 때 일어난다.
- 합의성(Consensus) : 특정 행동이 많은 사람에게 동일하게 나타난다.
- 일관성(Consistency) : 특정 상황에서 시간의 변화와 관계없이 사람들이 항상 동일한 행동을 한다.

20 정답 ⑤

경력 닻(Career Anchor) 모형은 인간이 경력과 관계된 선택을 할 때 무게를 두는 개인적 특성이 있다는 것이다. 이는 개인의 능력 또는 지식, 개인의 동기 또는 욕구, 개인의 가치관 등을 고려하여 선택한다고 본다.

공기업 경영학

제17회 최종모의고사 정답 및 해설

01	02	03	04	05	06	07	08	09	10	11	12	13	14	15	16	17	18	19	20
⑤	⑤	③	②	③	④	③	③	①	⑤	④	③	⑤	③	④	④	⑤	④	③	④

01   정답 ⑤

민츠버그의 5P 전략은 Plan, Pattern, Position, Perspective, Ploy이다.

민츠버그의 5P 전략
- Plan : 기업이 달성하고자 하는 목표와 과정을 정의한다.
- Pattern : 기업의 장기적인 행동을 관찰하여 의사결정 및 행동 패턴을 찾아낸다.
- Position : 기업이 현재 경쟁시장에서 차지하고 있는 위치이다.
- Perspective : 경영환경을 어떻게 해석할지에 대한 관점이다.
- Ploy : 경쟁 상대로부터 벗어나기 위한 방안이다.

02   정답 ⑤

논리 오차가 아니라 항상 오차의 제거 방법이다.

03   정답 ③

공학법은 생산 방법, 시간 등에 대해 공학자의 주관적 평가를 토대로 원가를 추정하는 방법이다.

오답분석
① 계정분석법 : 원가 담당자가 각 계정에 기록된 모든 원가를 변동원가, 고정원가 등으로 구분하는 방법이다.
② 고저점법 : 과거의 원가 자료 중 최고조업도와 최저조업도의 값을 통해 원가를 추정하는 방법이다.
④ 산포도법 : 조업도와 원가를 두 축으로 하는 도표상에 과거의 자료를 표시하여 산포도를 그린 후 모든 점에 근접하는 직선을 긋고, Y축과 만나는 점을 고정원가, 직선의 기울기를 단위당 변동원가로 추정하여 원가와 조업도 간 관계를 가장 잘 나타내는 방법이다.
⑤ 회귀분석법 : 원가를 종속변수로 놓고 조업도를 독립변수로 하여 원가와 조업도의 상관성을 분석, 회귀식을 도출하여 원가방정식을 구한 후 예상조업도에 대한 원가를 추정하는 방법이다.

04   정답 ②

ABC 재고관리는 일반적으로 A등급 80%, B등급 15%, C등급 5%의 비중으로 재고 품목을 나타낸다.

05
정답 ③

학습, 관여도 등은 행동적 요인에 해당한다.

오답분석

①・②・④ 지각, 기억, 태도 등은 인지적 요인에 해당한다.
⑤ 가족은 사회적 요인에 해당한다.

소비자 행동 분석
기업의 마케팅 활동에 대한 소비자들의 반응과 소비자들이 제품과 서비스의 구매 결정을 내리는 과정에서 겪는 물리적, 정서적, 사회적 요인들의 영향을 연구하는 것이다.

06
정답 ④

Y이론을 적용한 동기부여 방법에는 직무 확대화, 목표관리법, 경영 참가 등이 있다.

오답분석

①・②・③・⑤ X이론을 적용한 동기부여 방법에는 직무 축소화, 강화, 성과급 도입 등이 있다. X이론은 경제적 유인, 안정감 등 저차원적 욕구를 통해 동기부여를 끌어낼 수 있다고 보는 반면, Y이론은 자율성, 창의력 등을 발휘할 수 있는 고차원적 욕구를 통해 동기부여를 끌어낼 수 있다고 본다.

07
정답 ③

켈리는 일관성, 특이성, 합의성의 3가지 정보를 기준으로 원인 귀속의 방향을 결정한다고 주장했다.

켈리의 귀인 이론
- 일관성 : 같은 사람이 다른 여러 상황에서도 동일하거나 비슷하게 행동하는 것을 말한다.
- 특이성 : 개인이 각기 다른 상황과는 달리 특정 상황에서만 다르게 행동하는 것을 말한다.
- 합의성 : 서로 다른 사람들이 같은 상황에서 비슷하게 행동하는 것을 말한다.

귀인 이론에서의 오류
- 근본적 귀인 오류(Fundamental Attribution Error) : 타인의 행동을 해석할 때 상황의 영향을 과소평가하고, 개인 특성의 영향을 과대평가하는 경향이 강한 것을 말한다.
- 행위자 – 관찰자 편견(Actor – Observer Bias) : 어떤 행동에 대해 행위자가 행한 행동에 대해서는 외적 귀인을, 타인이 행한 행동에 대해서는 내적 귀인을 하는 경향이 있는 것을 말한다.
- 자존적 편견(Self – serving Bias) : 자신에 대한 사건이나 자기가 속한 집단 또는 가깝게 여기는 집단의 성공은 그 원인을 내부에서 찾고, 실패의 경우에는 그 원인을 외부로 돌리는 경향을 말한다.
- 통제의 환상(Illusion of Control) : 개인이 자기가 한 일의 성공 가능성을 객관적인 성공 가능성보다 높게 지각하는 것을 말한다.

08
정답 ③

오답분석

① 서열법 : 가장 간단한 직무평가법으로, 직무 중요도 등 가치에 따라 서열을 매겨 평가하는 방법이다.
② 비교법 : 각 직무를 상호 비교하여 상대적인 가치에 따라 점수를 부여하여 평가하는 방법이다.
④ 점수법 : 평가 요소를 선정하고 각 평가 요소에 해당하는 직무에 등급을 부여한 후 평가 요소별 가중치에 따라 총점을 산출하여 평가하는 방법이다.
⑤ 분류법 : 특정 기준에 따라 사전에 등급을 구분하여 등급별로 해당 직무를 맞추어 평가하는 방법이다.

09
정답 ①

원재료 가격이 하락하는 경우에는 해당 원재료 가격을 순실현가능가치로 감액하여 재고자산 원가를 회수할 수 있다.

> **재고자산의 원가를 회수하기 어려운 경우(K-IFRS 제1002호)**
> - 판매가격이 하락한 경우
> - 재고가 완전히 또는 부분적으로 진부화된 경우
> - 재고가 물리적으로 손상된 경우
> - 제품을 완성하거나 판매하는 데 필요한 원가가 상승한 경우

10
정답 ⑤

SPC(통계적 공정관리)에 대한 설명이다.

오답분석

①·②·③·④ SQC(통계적 품질관리)는 'Statistical Quality Control'의 약자로, 주로 검사를 통해 품질을 탐지하며, 불량품 선별 등 사후관리 중심의 활동이라 할 수 있다. 단, 다량 검사로 인한 검사비용과 불량품 제조에 따른 실패비용 등으로 생산성이 떨어진다는 단점이 있다.

> **SPC(Statistical Process Control : 통계적 공정관리)**
> TQC(Total Quality Control : 종합적 품질관리)의 일환으로, 품질 규격에 합격할 수 있는 제품을 만들어 내기 위해 통계적 방법에 따라 공정을 관리하는 방법이다.

11
정답 ④

매슬로의 욕구단계 이론은 생리적 욕구, 안전의 욕구, 애정의 욕구, 존경의 욕구, 자아실현의 욕구의 5단계로 구성된다.

오답분석

① 생리적 욕구 : 인간의 생존에 있어 가장 기본적인 욕구로, 모든 욕구보다 우선하여 나타난다.
② 안전의 욕구 : 생리적 욕구를 충족한 이후에 신체적·정신적 안정감을 찾고자 하는 욕구이다.
③ 애정의 욕구 : 대인 간 상호작용을 통해 충족되는 욕구이다.
⑤ 자아실현의 욕구 : 욕구 중 최상위 욕구로, 스스로 더 나은 단계로 발전하고자 하는 욕구이다.

> **매슬로의 욕구단계 이론**
> - 생리적 욕구(Physiological Needs) : 의·식·주, 먹고 자는 것, 종족 보존 등 최하위 단계의 욕구이다.
> - 안전(안정)의 욕구(Safety Needs) : 신체적·정신적 위험에 의한 불안과 공포에서 벗어나고자 하는 욕구이다.
> - 애정과 소속의 욕구(Love and Belonging Needs) : 어떤 조직이나 단체에 소속되어 애정을 주고받고자 하는 욕구이다.
> - 존경(자기 존중)의 욕구(Esteem Needs) : 개인이 소속 단체의 구성원으로서 명예나 권력을 누리려는 욕구이다.
> - 자기실현의 욕구(Self-actualization Needs) : 자신의 재능과 잠재력을 충분히 발휘하여 자기가 이룰 수 있는 모든 것을 성취하려는 최고 수준의 욕구이다.

12
정답 ③

집단성과 배분제도는 임금을 차등화하므로 임금의 안정성이 감소하여 근로자들의 파업이 증가할 수 있다.

오답분석

① 단기적 성과에 치중하여 고정급보다 더 많은 보너스를 받으려고 하는 현상이 나타날 수 있다.
② 회사가 어려워도 해당 조직이 우수한 성과를 냈다면 보너스를 지급해야 하므로 그만큼 회사 자본에 부정적 영향을 미칠 수 있다.
④ 신기술이 도입되면 업무 효율성이 증대되고, 그만큼 근로자의 업무량이 줄어들어 보너스가 줄어드는 것을 기피하게 된다.
⑤ 집단성과 배분제도를 운영하는 데 필요한 각종 투입물이나 인적·물적 자원으로 인한 비용이 증가한다.

13 정답 ⑤

공급 예측이 아니라 수요 예측이 해당된다.

오답분석

①·②·③·④ 컨조인트 분석의 주요 목적으로는 신제품 개발, 제품라인 확장, 가격 설정, 시장세분화, 수요 예측, 마케팅 활동 등이 있다.

컨조인트 분석(Conjoint Analysis)
- 소비자가 상품을 선택할 때 어떤 속성을 중요하게 생각하는지, 속성값 중에 어떤 수준을 더 좋아하는지를 정량적으로 측정하는 분석 기법으로, 2개 이상의 독립변수들이 종속변수에 대한 순위나 가치를 부여하는 데 어느 정도의 영향을 미치는가를 분석하는 기법이다.
- 신제품 콘셉트 평가, 경쟁 분석을 통한 시장 점유율 예측, 시장 내 제품 포지셔닝, 최적 가격 설정, 시장세분화 등 여러 분야에 활용할 수 있는 마케팅 조사 기법이다.

14 정답 ③

직무 내용은 직무기술서에 기록되는 항목이다.

오답분석

①·②·④·⑤ 직무명세서는 직무분석의 결과를 직무에 요구되는 자격요건에 맞추어 정리한 문서로, 직무 명칭, 소속, 교육 수준, 기술 수준, 지식, 정신적 특성, 업무 경험 등을 기재한다.

직무기술서에 기록되는 항목
- 직무 표지 : 직무 명칭, 부서, 부호
- 직무 개요 : 직무 목적, 내용
- 직무 내용 : 직무수행 방법, 기간 관계, 활동 사항
- 직무 요건 : 기술 및 숙련

15 정답 ④

업무계획은 중간 성과, 가설, 적합성 등을 면밀히 검토하여 필요시 지속적으로 수정하는 것이 필요하다.

16 정답 ④

통상적인 영업 과정에서 단기간에 판매하기 위해 보유하고 있는 토지는 투자부동산에 해당하지 않는다.

투자부동산(K-IFRS 제1040호)
임대수익이나 시세차익 또는 둘 다를 얻기 위하여 소유자가 보유하거나 리스 이용자가 사용권 자산으로 보유하고 있는 부동산[토지, 건물(또는 건물의 일부분) 또는 둘 다]. 다만, 다음 목적으로 보유하는 부동산은 제외한다.
- 재화나 용역의 생산 또는 제공이나 관리 목적에 사용
- 통상적인 영업 과정에서의 판매

투자부동산의 예(K-IFRS 제1040호)
- 장기 시세차익을 얻기 위하여 보유하고 있는 토지. 통상적인 영업 과정에서 단기간에 판매하기 위하여 보유하는 토지는 제외한다.
- 장래 용도를 결정하지 못한 채로 보유하고 있는 토지. 만약 토지를 자가 사용할지, 통상적인 영업 과정에서 단기간에 판매할지를 결정하지 못한 경우에 해당하는 토지는 시세차익을 얻기 위하여 보유한다고 본다.
- 직접 소유하고 운용리스로 제공하는 건물(또는 보유하는 건물과 관련되고 운용리스로 제공하는 사용권 자산)
- 운용리스로 제공하기 위하여 보유하는 미사용 건물
- 미래에 투자부동산으로 사용하기 위하여 건설 또는 개발 중인 부동산

17
정답 ⑤

익명성을 보장하는 것은 델파이 기법에서 지켜야 할 규칙이다.

오답분석

①·②·③·④ 브레인스토밍은 참여 대상에 제한을 두지 않고, 최대한 많은 아이디어가 자유롭게 제시될 수 있도록 하는 것이 핵심이다. 또한 제시된 아이디어에 대해 비판이나 비난하지 않고 존중함으로써 전체 아이디어를 보완하고 발전시켜야 한다.

18
정답 ④

포트폴리오 구성 자산수가 증가할수록 비체계적 위험은 0에 가까워진다.

체계적 위험과 비체계적 위험
- 체계적 위험 : 시장의 변동에 의해 설명될 수 있는 위험으로, 분산투자에 의해 제거될 수 없는 위험을 의미한다.
- 비체계적 위험 : 시장의 변동이 아닌 자산 자체의 고유한 성격 및 특정 기업의 실적에 따른 주가에 의해 발생하는 가격변동의 위험을 의미한다.

19
정답 ③

카이제곱 검정은 적합도 검정, 독립성 검정의 2가지 유형이 있다.

카이제곱 검정의 유형
- 적합도 검정 : 하나의 변수가 주어진 분포에서 나올 가능성이 있는지를 검증하는 것이다.
- 독립성 검정 : 범주형인 2개의 변수가 서로 연관성이 있는지를 검증하는 것이다.

20
정답 ④

피쉬바인 모델이 아니라 속성 만족도 - 중요도 모델에 대한 설명이다.

속성 만족도 - 중요도 모델

$$A_0 = \sum_{i=1}^{n} B_i I_i$$

- A_0 : 특정 대상에 대한 태도
- n : 소비자가 중요하다고 생각하는 속성의 수
- B_i : 특정 대상이 속성 i에 있어서 얼마나 만족스러운가에 대한 소비자의 신념
- I_i : 소비자가 속성 i에 부여하는 중요도

공기업 경영학

제18회 최종모의고사 정답 및 해설

01	02	03	04	05	06	07	08	09	10	11	12	13	14	15	16	17	18	19	20
②	①	①	③	③	①	①	⑤	④	④	③	④	①	③	⑤	③	④	①	③	⑤

01
정답 ②

시스템 이론은 하나의 시스템을 상호 연관되는 개별 요소로 구성되는 통일체로 본다.

시스템 이론
버틀란피가 여러 학문 분야를 통합할 공통 사고와 연구의 틀을 모색하는 과정에서 처음으로 주장한 이론이다. 조직을 하나의 전체 시스템(Total System)으로 보고, 그것이 어떻게 분석 가능한 여러 개의 하위 시스템으로 구성되는가를 강조하였다.

02
정답 ①

내용타당성은 측정 도구 자체의 타당성을 평가하는 것으로, 측정하려고 하는 개념을 정확히 파악하여 측정 도구가 적합한지 판단하는 것이다.

개념타당성
- 정의
  - 연구자가 측정하고자 하는 심리적·추상적 개념이 실제로 측정 도구에 의하여 제대로 측정되었는가를 검정하는 방법이다.
- 종류
  - 집중·수렴타당성 : 동일한 개념을 측정하기 위해 서로 다른 측정 방법을 사용하여 얻은 측정치 간 높은 상관관계가 존재할 때 두 검사가 동일한 특성을 측정하고 있다고 할 수 있다.
  - 판별타당성 : 서로 다른 개념들을 동일한 방법으로 측정하였을 때 측정치 간 상관관계가 낮은 경우 해당 측정이 타당하다는 변별 근거가 된다.
  - 이해타당성 : 어떤 개념을 얼마나 잘 이해하고 있는지를 측정하고 평가하는 기준이다.

03
정답 ①

매트릭스 조직은 기존의 기능별 조직구조 상태를 유지하면서 특정한 프로젝트를 수행할 때는 다른 부서의 인력과도 함께 일하는 조직설계 방식으로, 서로 다른 부서 구성원이 함께 일하면서 효율적인 자원 사용과 브레인스토밍을 통한 창의적인 대안 도출도 가능하다.

오답분석
② 매트릭스 조직은 조직 목표와 외부 환경 간 발생하는 갈등이 내재하여 갈등과 혼란을 초래할 수 있다.
③ 복수의 상급자를 상대해야 하므로 역할에 대한 갈등 등으로 구성원이 심한 스트레스에 노출될 수 있다.
④ 힘의 균형이 치우치게 되면 조직의 구성이 깨지기 때문에 경영자의 개입 등으로 힘의 균형을 유지하기 위한 노력이 필요하다.
⑤ 각각 소속이 다른 구성원들이 참여하기 때문에 커뮤니케이션이 그만큼 많이 필요하게 되며, 이에 따라 더 많은 시간과 비용 등이 소요된다.

04
정답 ③

BSC는 고객 관점, 내부 프로세스 관점, 성장 관점, 재무 관점 등을 통해 과거 성과를 바탕으로 미래가치를 창출하기 위한 시스템을 의미한다.

오답분석

① 고객 관점 : 고객들의 주요 니즈를 반영한다.
② 내부 프로세스 관점 : 고객 만족에 가장 큰 영향을 미치는 프로세스와 경쟁우위에 있는 주요 기술과 업무 프로세스를 반영한다.
④ 성장 관점 : 목표 달성을 위해 학습이 필요한 사항과 개선 사항을 반영한다.
⑤ 재무 관점 : 경영이 기업 손익 개선에 기여하고 있는 바를 반영한다.

05
정답 ③

층화추출법은 확률 표본추출법에 해당한다.

표본추출법의 유형

- 확률 표본추출법
  - 단순무작위추출법 : 표본 요소들의 추출될 확률이 동일하다.
  - 계통추출법 : 모집단 추출 틀에서 단순무작위로 하나의 단위를 선택하고 그다음 k번째 간격마다 하나씩의 단위를 표본으로 추출한다.
  - 층화추출법 : 일정한 특성에 의해 모집단을 층화하고 각 층에서 일정 수를 무작위로 추출한다.
  - 군집추출법 : 추출 단위를 집단(일정한 지역)으로 하여 무작위로 추출한다.
- 비확률 표본추출법
  - 편의추출법 : 조사자가 편리한 대로 추출한다.
  - 판단추출법 : 조사 목적에 알맞다고 판단되는 소수의 인원을 조사자가 선택한다.
  - 할당추출법 : 일정한 특성을 기준으로 모집단의 구성비에 맞춰 편의 추출한다.
  - 눈덩이추출법 : 연속적인 추천 과정을 통해 표본을 선정하는 방법이다.

06
정답 ①

감정적 치유는 서번트 리더십의 구성 요소에 해당한다.

변혁적 리더십

- 정의
  - 리더의 개인적 가치와 신념에 기초하여 구성원들의 정서, 윤리 규범, 가치체계 등을 변화시켜 개인, 집단, 조직을 바람직한 방향으로 변혁하는 리더십이다.
- 구성 요소
  - 카리스마 : 변혁적 리더십의 가장 핵심적인 구성 요소로, 명확한 비전을 제시하고 집합적인 행동을 위해 동기를 부여하며, 환경 변화에 민감하게 반응하는 일련의 과정을 의미한다.
  - 영감적 동기화 : 구성원에게 영감을 주고 격려를 통해 동기를 부여하는 것을 의미한다.
  - 지적 자극 : 구성원들이 기존 조직의 가치관, 신념, 기대 등에 대해 끊임없이 의문을 가지도록 지원하는 것을 의미한다.
  - 개별 배려 : 구성원을 개별적으로 관리하며, 개인적인 욕구·관심 등을 파악하여 만족시키고자 하는 것을 의미한다.

07

정답 ①

재고자산은 유동자산에 해당한다.

오답분석

② 투자자산 : 기업의 판매 활동 이외의 장기간에 걸쳐 투자 이익을 얻을 목적으로 보유하고 있는 자산이다.
③ 유형자산 : 판매를 목적으로 하지 않고, 영업이나 제조 활동에 사용하려는 목적의 자산이다.
④ 무형자산 : 물리적 형태가 없는 자산으로, 수익 창출에 기여할 것으로 예상되는 자산이다.
⑤ 기타 비유동자산 : 임차보증금, 장기매출채권 등의 자산이다.

자산의 종류
- 유동자산
  - 당좌자산 : 현금 및 현금성 자산(현금, 당좌예금, 보통예금, 현금성 자산 등), 단기투자자산(단기예금, 단기매매증권, 단기대여금 등), 매출채권(외상매출금, 받을어음), 미수수익, 미수금, 선급금, 선급비용, 이연법인세자산, 당기법인세자산 등
  - 재고자산 : 외부로부터 매입하여 재판매를 위해 보유하는 상품, 미착상품, 적송품 및 토지와 기타 자산, 판매 목적으로 제조한 제품과 반제품 및 생산 중인 재공품, 생산 과정이나 서비스를 제공하는 데 투입된 원재료와 부분품, 소모품, 소모공구기구, 비품 및 수선용 부분품 등의 저장품
- 비유동자산
  - 투자자산 : 투자부동산, 장기투자증권(매도가능증권, 만기보유증권), 지분법적용투자주식, 장기대여금 등
  - 유형자산 : 토지, 구축물, 선박, 공구와 기구, 건설 중인 자산, 설비자산(건물, 차량운반구, 비품, 기계장치) 등
  - 무형자산 : 영업권, 산업재산권, 개발비, 라이선스, 프랜차이즈, 저작권, 컴퓨터소프트웨어, 임차권리금, 광업권, 어업권 등
  - 기타 비유동자산 : 임차보증금, 이연법인세자산(유동자산으로 분류되는 부분 제외), 장기매출채권 및 장기미수금 등 투자자산, 유형자산, 무형자산에 속하지 않는 비유동자산을 포함(전세권, 영업보증금, 전신전화가입권, 장기선급비용, 장기선급금 등)

08

정답 ⑤

확정기여형 퇴직연금은 적립한 기여금과 기여금의 투자수익에 의해서 결정되기 때문에 사전에 급여액 확인이 불가능하다.

확정기여형(DC; Defind Contribution) 퇴직연금
- 사용자(회사)가 납입할 부담금이 매년 근로자 연간 임금 총액의 1/12로 사전에 확정된 퇴직연금제도이다.
- 근로자는 직접 자신의 퇴직연금 적립금을 운용하고, 적립금과 운용 수익을 퇴직급여로 지급받기 때문에 운용 수익에 따라 급여액 변동이 있다.
- 적립금은 사용자로부터 독립되어 근로자 개인 명의로 적립되므로 기업이 도산할 때도 수급권이 100% 보장되며, 직장을 옮겨도 연결 통산이 쉽다.
- 경영이 불안정한 기업과 자체 퇴직연금제도를 설계하기 어려운 중소기업, 연봉제를 실시하면서 매년 퇴직금 중간 정산을 하는 기업, 직장 이동이 빈번한 노동자에게 유리하다.

09

정답 ④

브룸의 기대 이론은 노력, 결과, 기대치, 수단성, 유인가 등의 요인으로 개념이 구성된다.

오답분석

① 노력 : 구성원이 업무를 하는 데 투입하는 것으로, 동기유발력에 의하여 결정된다.
② 결과 : 1차 결과로 성과, 2차 결과로 성과에 따른 보상이 주어진다.
③ 기대치 : 개인의 노력이 성과를 초과하여 달성할 확률을 의미한다.
⑤ 유인가 : 특정 보상이 개인에게 미치는 가치를 의미한다.

10
정답 ④

거래비용을 발생시키는 인적 요인에는 제한된 합리성과 기회주의가 있다. 인간이 가지고 있는 지식·시간 등은 제한적이라 상대방을 이해시키는 데 한계가 있으며, 거래 여건이 불확실하거나 신뢰성이 낮은 거래 분위기에서 발생하는 기회주의적인 심리는 거래비용을 과다하게 발생하게 하는 핵심 요인이다.

> **거래비용(시장실패)을 발생시키는 요인**
> - 인적 요인
>   - 제한된 합리성
>   - 기회주의
> - 환경적 요인
>   - 환경의 불확실성(Uncertainty)
>   - 독과점 거래
>   - 정보 밀집성
>   - 복잡한 거래 절차

11
정답 ③

요소비교법의 평가요소는 5개 내외로 주로 사용하며, 정신적 노력, 육체적 노력, 숙련도, 책임, 작업 환경을 많이 사용한다.

> **요소비교법(Factor-comparison Method)**
> 몇 개의 기준 직무를 정하고 기준 직무와 평가 대상 직무를 비교하며 상대적 가치를 설정하는 방법으로, 기준 직무의 가치를 합리적으로 설정하면 직무 간 객관적 비교가 가능해지고 간편하게 임금이 산출되는 장점이 있다.

12
정답 ④

컨조인트 분석은 제품 속성 결정 → 컨조인트 방법 선정 → 자료 수집 → 부분 가치 추정 → 결과 분석의 단계로 이루어진다.

> **컨조인트 분석(Conjoint Analysis)**
> - 정의
>   - 소비자가 상품을 선택할 때 어떤 속성을 중요하게 생각하는지, 속성값 중에 어떤 수준을 더 좋아하는지를 정량적으로 측정하는 분석 기법이다.
> - 절차
>   - 제품 속성 결정 : 소비자 조사, 전문가 의견 청취 등을 통해 소비자가 특정 상품을 선택할 때 중요시하는 제품 속성과 경쟁하는 상품의 속성 수준과 비슷한 속성 수준을 설정한다.
>   - 컨조인트 방법 선정 : 컨조인트 방법을 선정하고, 제품의 프로파일을 설계한다.
>   - 자료 수집 : 개별 면접, 조사 등을 통한 자료를 수집한다.
>   - 부분 가치 추정 : 수집된 자료를 바탕으로 각각의 속성별 부분 효용가치를 추정한다.
>   - 결과 분석 : 추정된 부분 가치 값을 토대로 분석하고 결과를 도출한다.
> - 유형
>   - Full Profile Conjoint(전통적인 컨조인트 방식) : 제품 간 선호도 순위나 점수를 기반으로 하는 분석이다.
>   - CBC(Choice Based Conjoint) : 소비자가 주어진 제품 간 어떤 선택을 하는지 행동적 접근을 통해 분석하는 방법이다.
>   - Self-explicated Conjoint : 소비자가 속성의 중요도를 결정하는 합성적 방법이다.
>   - ACBC(Adaptive CBC) : 속성 중요도의 소비자 자기결정(Self-explicated Conjoint)과 선택 과업(CBC)을 혼합한 방법이다.

13
정답 ①

선수금은 부채로서 대변에 기재된다.

오답분석
② 대손충당금 : 당좌자산으로서 차변에 기재된다.
③ 원재료 : 재고자산으로서 차변에 기재된다.
④ 기계장치 : 유형자산으로서 차변에 기재된다.
⑤ 저작권 : 무형자산으로서 차변에 기재된다.

> **차변요소와 대변요소**
> • 차변요소(현금 유출)
>   - 자산(기업이 소유한 재산의 운용 상태)의 증가
>   - 부채의 감소
>   - 자본의 감소
>   - 비용의 발생
> • 대변요소(현금 유입)
>   - 자산의 감소
>   - 부채의 증가
>   - 자본의 증가
>   - 수익의 발생

14
정답 ③

후광 효과는 각각의 평가 요소가 서로 관련이 있거나 중복되어 있는 경우에 나타나는 현상이다.

> **후광 효과(後光效果, Halo Effect)**
> 측정 대상의 1가지 속성에 강한 인상을 받아 이를 토대로 전체 속성을 평가하는 오류로, 어느 하나에 현혹되어 전체를 평가하게 되는 경향이 있기 때문에 현혹 효과라고도 한다.

15
정답 ⑤

임무는 직무분석을 통해 파악할 수 있는 직무의 특성에 해당한다.

오답분석
①·②·③·④ 직무분석을 통해 지식, 기술, 능력, 동기, 만족도 등 개인의 특성을 파악할 수 있다.

> **직무분석의 유형**
> • 인간 중심 직무분석 : 성공적 직무수행을 위해 필요한 지식, 기술, 능력, 동기, 만족도 등을 중심으로 분석한다.
> • 직무 중심 직무분석 : 직무에서 수행되는 본질적 과업의 정보인 임무, 직책, 과업, 활동, 요소 등을 중심으로 분석한다.

16
정답 ③

직접금융 방식의 자금 조달 방법은 일반 투자자를 주주로 직접 끌어들여 자금을 조달하는 방법이다. 신주발행, IPO(Initial Public Offering), M&A(Merger & Acquisition), MBO(Management Buy Out) 등이 해당한다.

오답분석
①·②·④·⑤ 사채발행, 정책금융, 은행 대출 등은 간접금융 방식에 해당한다.

17 정답 ④

학습조직과 학습 행위는 분리하는 것이 아니라 일체가 되어야 한다.

오답분석

① 조직의 학습량이 많아질수록 학습 영역이 넓어져 더욱 빨리 학습조직이 구축된다.
② 학습 과정을 종료하는 것이 아니라 계속 반복하여야 한다.
③ 학습조직이 일단 구축되면 그것을 통해 지속적인 효과가 나타난다.
⑤ 학습조직은 강제하여 구축될 수 없으며, 자발적으로 구축되어야 한다.

> **학습조직(Learning Organization)**
> 개인 수준에서 행하는 학습으로부터 조직 전체 수준에서의 조직학습 등을 통해 끊임없이 지식을 창출해 획득하고 확산시키는 데 시너지 효과를 발휘하고, 변화하는 환경에 빠르게 대처할 수 있는 유기체적인 조직이다.

18 정답 ①

자본자산가격결정 모형은 무위험자산이 존재하며, 차입과 대출이 가능하다고 가정한다.

> **CAPM(Capital Asset Pricing Model)**
> - 정의
>   - 자본시장의 균형에서 위험이 존재하는 자산의 균형 수익률을 도출해 내는 모형이다.
> - 가정
>   - 무위험자산(확정수익률을 보장해 주는 국채, 공채, 정기예금 등)의 존재 : 동일한 무위험이자율로 얼마든지 차입 또는 대출이 가능하다.
>   - 완전하며 수요와 공급이 일치되도록 가격이 형성된 균형 잡힌 자본시장 : 세금과 거래비용, 이자율 상승, 인플레이션 등의 시장 마찰 요인이 없고, 자산의 분할 투자가 가능하다.
>   - 미래 수익률의 동질적 예측(기대) : 모든 투자자는 자본자산의 기대수익률, 분산 등에 대해 동질적으로 기대한다.
>   - 단일기간의 투자 : 모든 투자자는 한 기간의 투자 기간을 가진다.
>   - 합리적(기대 효용을 극대화하고자 하는 위험회피형)이고 증권가격에 영향을 미치지 못하는 가격순응자인 투자자 : 어떤 투자자의 거래도 시장가격에 영향을 미칠 만큼 크지 않다.
>   - 평균 – 분산 기준에 따른 투자

19 정답 ③

안전재고 수량은 일일 최고 판매량과 최대 리드 타임을 곱한 값에서 일일 평균 판매량과 평균 리드 타임을 곱한 값을 차감한 값이다.

20 정답 ⑤

패널조사는 기술조사 방법에 해당한다.

오답분석

①·②·③·④ 탐색조사 방법에는 문헌조사, 전문가 의견조사, 사례조사, 관찰조사, 표적 집단면접(FGI) 등이 있다.

> **탐색조사(Exploratory Research)**
> - 조사 설계를 확정하기 이전 연구 문제의 발견, 변수 규명, 가설 도출 등을 위해 예비적으로 실시하는 것이다.
> - 보통 연구 문제에 대한 사전지식이 부족하거나 개념을 보다 분명히 하기 위해 실시한다.
> - 정확한 조사 연구 및 가설 설계를 위한 명제 정립을 목적으로 하며, 연구의 우선순위를 정하고 문제의 중요 부분에 대한 실태를 파악할 수 있다.
> - 문헌조사, 전문가 의견조사, 사례조사, FGI(Focus Group Interview) 등이 해당한다.

공기업 경영학

제19회 최종모의고사 정답 및 해설

01	02	03	04	05	06	07	08	09	10	11	12	13	14	15	16	17	18	19	20
①	⑤	⑤	②	②	③	③	④	③	①	④	⑤	④	①	④	③	④	④	③	⑤

01
정답 ①

제품 – 시장 매트릭스의 전략은 시장침투 전략, 시장개발 전략, 제품개발 전략, 다각화 전략으로 나누어진다.

제품 – 시장 매트릭스
- 시장침투 전략 : 수익성이 높은 시장의 경쟁사 고객 대상 점유율을 확대하고, 기존 고객의 제품 사용률을 증가시키는 전략이다.
- 시장개발 전략 : 기존 제품을 새로운 시장에 판매하여 신규 이익을 창출하는 전략이다.
- 제품개발 전략 : 기존 시장에 새로운 제품을 출시하여 시장 점유율을 확대하는 전략이다.
- 다각화 전략 : 새로운 제품을 출시하여 신규 고객을 대상으로 판매하여 신규 시장을 개척하는 전략이다.

02
정답 ⑤

상대평가 방법에는 서열법, 강제할당법, 쌍대비교법 등이 있다.

오답분석

①·②·③·④ 체크리스트법, 중요사건 기술법, 평정척도법 등은 절대평가 방법에 해당한다.

상대평가 방법
- 정의
  - 피평가자들 간 비교를 통하여 피평가자를 평가하는 방법으로, 피평가자들의 선별에 초점을 두는 인사 평가이다.
- 평가기법
  - 서열법 : 피평가자의 능력·업적에 따라 서열을 매기는 기법이다.
  - 강제할당법 : 미리 범위와 수를 정해 놓고, 피평가자를 일정한 비율에 맞추어 강제로 할당하는 기법이다.
  - 쌍대비교법 : 두 사람씩 쌍을 지어 비교하면서 서열을 정하는 기법이다.

절대평가 방법
- 정의
  - 피평가자의 실제 업무수행 사실에 기초한 평가 방법으로, 피평가자의 육성에 초점을 둔 평가 방법이다.
- 평가기법
  - 체크리스트법 : 직무상 행동들을 구체적으로 제시하고, 평가자가 해당 서술문을 체크하는 기법이다.
  - 중요사건 기술법 : 피평가자의 직무와 관련된 행동을 관찰하여 기록에 남긴 후 평가하는 기법이다.
  - 평정척도법 : 피평가자의 성과, 적성, 잠재 능력, 작업 행동 등을 평가하기 위하여 평가 요소들을 제시하고, 이에 따라 단계별 차등을 두어 평가하는 기법이다.

03　　　　　　　　　　　　　　　　　　　　　　　　　　　　　　　　　　　정답 ⑤

전사적 자원관리는 사용자 인터페이스의 디자인, 기능 등을 통일화하여 직원 이동 등에 따른 진입장벽을 낮춘다.

04　　　　　　　　　　　　　　　　　　　　　　　　　　　　　　　　　　　정답 ②

레버리지 비율에는 부채비율, 이자보상비율 등이 해당된다.

오답분석

ⓒ · ② 유동성 비율에 해당된다.
ⓜ · ⓗ 활동성 비율에 해당된다.

기업의 위험성을 나타내는 재무비율

- 안정성(레버리지) 비율
  - 장기 채무의 원금과 이자를 지급할 능력을 나타내는 비율로, 기업이 어느 정도 타인자본에 의존하고 있는가를 측정하기 위한 것이다.
  - 부채비율, 이자보상비율, 자기자본비율, 고정비율, 고정장기적합률 등이 속한다.
- 유동성(단기채무 상환 능력) 비율
  - 단기채무를 상환할 수 있는 기업의 능력을 나타내는 것으로, 기업의 현금 동원 능력을 판단하는 지표이자 재무구조 안정성을 측정하는 비율이다.
  - 유동비율, 당좌비율이 속한다.

기업의 수익성을 나타내는 재무비율

- 활동성(효율성) 비율
  - 자본 또는 자산의 활용도를 측정하기 위한 것으로, 회전율 또는 회전기간으로 표시된다.
  - 총자산회전율, 재고자산회전율과 재고자산평균회전기간(1회전 소요 기간), 유형자산회전율, 고정자산회전율, 매출채권회전율과 매출채권 평균회수기간(1회전 소요 기간, 매출 후 현금을 받기 전까지 기업이 기다려야 할 평균 기간), 매입채무회전율 등이 속한다.
- 수익성 비율
  - 기업의 경영 성과 및 이익 창출 능력을 나타내는 비율로, 생산·판매 등의 활동을 통하여 자산을 얼마나 효율적으로 사용하였는가를 측정한다.
  - 총자산순이익률(자본이익률), 자기자본순이익률, 매출액영업이익률 등이 속한다.
- 성장성 비율
  - 기업이 외형이나 수익 면에서 상대적 지위가 얼마나 향상되고 있는지를 나타내는 비율이다. 미래의 성장 잠재력에 대한 정보를 줄 수 있는 것으로, 일반적으로 증가율로 측정하고 있다.
  - 매출액증가율, 총자산증가율, 유형고정자산증가율 등이 속한다.
- 생산성 비율
  - 기업의 투입물과 산출물을 비교하여 인적·물적자원의 능률 내지 성과를 측정·평가하고, 그 발생 원인과 성과 배분의 합리성 등을 파악하는 것을 말한다.
  - 부가가치율(소득율), 노동생산성(종업원 1인당 부가가치증가율), 자본생산성, 총생산성 등이 속한다.

05
정답 ②

목표설정 이론은 과정 이론에 해당한다.

> **동기부여 이론의 유형**
> - 내용 이론
>   - 무엇이 동기를 유발하는지를 연구한 이론으로, 인간이 어떤 욕구를 지녔으며 욕구를 자극하는 유인이 무엇인가, 즉 동기를 유발하는 인간 내부적인 실체에 초점을 둔다.
>   - 매슬로의 욕구단계 이론(욕구 계층 이론), 앨더퍼의 ERG 이론, 맥클리랜드의 성취동기 이론, 허즈버그의 2요인 이론 등이 해당한다.
> - 과정 이론
>   - 동기가 어떻게 유발되는가를 설명하는 이론으로, 인간들이 어떤 방법으로 그들의 욕구를 충족시키고 욕구 충족을 위해 여러 가지 행동 대안 중에서 어떤 행동 선택을 하는가에 중점을 둔다.
>   - 로크의 목표설정 이론, 브룸의 선호기대 이론, 앳킨슨의 기대 모형, 애덤스의 공정성 이론 등이 해당한다.

06
정답 ③

카리스마 리더십은 비전 설정 → 비전 전달 → 신뢰 구축 → 비전 달성의 4단계로 이루어진다.

오답분석

① 비전 설정 : 리더는 정확한 비전을 설정하여 구성원의 기대 수준을 높이고, 비전 달성을 위한 일관성 있는 방안을 제시하여야 한다.
② 비전 전달 : 리더는 비전에 대한 적극적인 관심, 자신감 등을 조직에 전달하여야 한다.
④ 신뢰 구축 : 리더는 자기희생적 모범과 희생을 통해 구성원에게 신뢰를 주어야 한다.
⑤ 비전 달성 : 리더는 조직 내 비전 공유, 구성원에 대한 신뢰 등을 통해 비전을 달성할 수 있도록 노력하여야 한다.

07
정답 ③

각 세분시장은 상호 간 이질성이 극대화되어야 하며, 세분시장 내에서는 동질성이 극대화되어야 한다.

오답분석

① 측정 가능성에 대한 내용이다.
② 시장규모에 대한 내용이다.
④ 접근 가능성에 대한 내용이다.
⑤ 차별성에 대한 내용이다.

> **STP 전략의 조건**
> - 측정 가능성 : 세분시장의 크기, 구매력 및 기타 특성들을 측정할 수 있어야 한다.
> - 충분한 규모의 시장 : 세분시장은 충분히 커서 어느 정도의 수익성이 발생할 수 있어야 한다.
> - 세분시장 내 동질성 : 세분시장 내부적으로는 일관성 있는 특징을 갖고 있어야 한다.
> - 세분시장 간 차별성 : 세분시장 간 어떤 마케팅 프로그램을 시행했을 때 서로 다르게 반응해야 한다.
> - 접근 가능성 : 각 세분시장에 속해 있는 고객들에게 효과적으로 접근할 수 있어야 한다. 그 고객들이 어떤 대중매체를 주로 보는지 또는 주로 어느 지역에 사는지, 어떤 유통채널을 주로 이용하는지 등과 같은 정보를 알 수 있어야 한다.
> - 실행 가능성 : 세분시장을 유인하여 공략할 수 있도록 효과적인 마케팅 프로그램을 입안하여 활동할 수 있는 능력을 갖추어야 한다.

08
정답 ④

활동기준 원가계산(ABC; Activity Based Costing)은 활동분석 → 활동중심점 설정 → 원가집계 → 원가동인(활동 원가를 발생시키거나 발생 정도에 영향을 미치는 요인) 선정 → 제조간접비 배부율 계산[(활동중심점 원가) ÷ (활동중심점별 원가동인수)] → 제품별 원가배부의 순서로 이루어진다.

09
정답 ③

단조로운 직무를 많이 부여할수록 근로자의 만족도가 떨어지므로 직무 확대를 하게 된다.

> **직무 확대(Job Enlargement)**
> 단순하고 정형화되어 권태감을 불러오는 직무를 한 사람에게 담당시키는 것이 아니라, 직무의 구성 요소가 되는 과업의 수를 늘려 다수에게 할당하여 업무의 범위를 확대하는 방법이다.

10
정답 ①

오답분석
② 준비비용 : 잠재적 수요자의 정보를 파악하기 위해 드는 비용이다.
③ 합의비용 : 거래 상대방과 협상하고 계약하는 데 드는 비용이다.
④ 통제비용 : 거래 관계를 유지하는 데 있어 품질 관리, 비밀 유지 등에 드는 비용이다.
⑤ 적응비용 : 계약 조건의 변동에 따라 드는 비용이다.

> **거래비용(Transaction Cost)**
> 어떠한 재화 또는 서비스 등을 거래하는 데 수반되는 비용으로, 시장에 참가하기 위해 드는 비용이다.

11
정답 ④

관리는 전통적 리더십의 특성으로 볼 수 있다.

오답분석
① 인내 : 위기 상황에서 충동적으로 행동하지 않고, 인내심을 가지고 원칙에 따라 대응한다.
② 친절 : 타인을 향한 관심과 이해·격려를 표현하고, 예의를 갖추어 행동한다.
③ 겸손 : 자신에게 부족한 부분을 인정하고 개선하기 위해 노력한다.
⑤ 권위 : 자기 영향력을 통해 타인이 자신의 의도대로 행동하도록 이끈다.

> **서번트 리더십(Servant Leadership)**
> - 인간 존중을 바탕으로 구성원들이 잠재력을 발휘할 수 있도록 앞에서 끌어주는 리더십이다.
> - 인내, 친절, 겸손, 권위, 존중, 무욕, 용서, 정직, 헌신, 타인의 욕구 충족 등의 특성을 지닌다.

12
정답 ⑤

자기자본비율은 총자산 중에서 자기자본이 차지하는 비중을 나타내는 대표적인 재무구조 지표이다. 자기자본비율이 작아진다는 것은 자기자본이 작아지거나 총자산이 커졌다는 의미이므로 자기자본비율이 작아질수록 ROE는 증가한다.

> **자기자본비율 계산식**
> $$\frac{(자기자본)}{(총자산)} \times 100$$
>
> **ROE 계산식**
> $$\left[매출액순이익률\left(\frac{당기순이익}{매출액}\right) \right] \times \left[총자산회전율\left(\frac{매출액}{총자산}\right) \right] \times \left[자기자본 승수\left(\frac{총자산}{자기자본}\right) \right]$$

13

정답 ④

고관여 소비자 의사결정에서는 광고 횟수보다 광고 내용이 소비자에게 더 큰 영향을 미친다.

관여도
주어진 상황에서 특정 대상에 대한 개인의 관련성이나 중요성의 지각 정도 혹은 관심의 수준을 말한다.

고관여와 저관여

구분	고관여	저관여
정보 탐색 및 처리	• 광범위하고 적극적 • 모순된 정보는 배제하고, 정보의 흐름이 효과 계층에 따라 처리	• 제한적 • 모순된 정보도 수용하며, 효과 계층이 생략되거나 변화
반론 양상	• 자기 생각을 정당화하기 위한 반론 제기	• 제한된 반론
상표 충성도	• 상표 선호도에 의한 구매	• 습관적 구매
광고의 효과	• 내용	• 횟수
인지부조화	• 크게 느낌	• 적게 느낌

14

정답 ①

오답분석

② 상동적 태도 : 평가 대상이 속한 집단의 특성에 근거하여 대상을 판단하는 경향이다.
③ 항상 오차 : 평가자가 실제 평가할 경우에 일어나기 쉬운 가치판단의 심리적 오차이다.
④ 논리 오차 : 평가 요소 간 논리적인 상관관계가 있는 경우 평가 요소 중 하나가 우수할 때 다른 요소도 우수하다고 판단하는 경향이다.
⑤ 대비 오차 : 직무기준, 직무능력 등 절대기준이 아닌 자신과 평가 대상을 비교하여 평가하는 것이다.

그 밖의 인사고과 오류
• 상관적 편견 : 사람의 특질 간 연관성이 있다는 오류이다.
• 선택적 지각 : 외부적 상황이 모호할 경우 원하는 정보만 선택하여 판단하는 오류이다.
• 관대화 경향 : 평가에 있어 가능한 한 높은 점수를 주려는 오류이다.
• 유사 효과 : 지각자가 자신과 비슷한 상황의 사람에게 후한 평가를 하는 오류이다.
• 기대 : 자기실현적 예언이다.
• 주관의 객관화 : 자신과 비슷한 기질을 잘 지적하는 오류이다.
• 지각적 방어 : 상황이나 사실을 객관적으로 지각하지 못하는 오류이다.
• 가혹화 경향 : 평가에 있어 가능한 한 낮은 점수를 주려는 오류이다.

15

정답 ④

유연생산 시스템은 수치제어 공장기계, 자동반송 시스템, 중앙통제컴퓨터, 자동창고 시스템, 산업용 로봇 등으로 구성된다.

유연생산 시스템(FMS ; Flexible Manufacturing System)
제품의 사양이 달라져도 최소의 변경만으로 생산할 수 있게 하여 생산원가를 낮추는 방식이다. 유연하게 제조하는 자동화된 생산 시스템이며, 균일한 생산 품질을 유지하는 장점이 있다.

16 정답 ③

확정기여형 퇴직급여액은 (회사부담금)+(운용수익)이므로

[(10년간 임금 총액)×(회사부담금 비율)]+[(회사부담금)×(운용수익률)]=$\left(6억 \times \frac{1}{12}\right)$+(5,000만×0.04)=5,200만 원이다.

17 정답 ④

부채비율은 타인자본 의존도를 나타내는 안전성 지표로, 부채총계를 자본총계로 나눈 값에 100을 곱하여 계산한다.

18 정답 ④

가구는 선매품(Shopping Goods)에 해당한다. 선매품은 편의품에 비해 상대적으로 많은 구매 노력을 하며, 가격이 더 비싸고 구매 빈도는 더 낮다.

오답분석

①·② 편의품 중 필수품에 해당된다.
③ 편의품 중 충동품에 해당된다.
⑤ 편의품 중 긴급품에 해당된다.

> **편의품(Convenience Goods)의 유형**
> - 필수품 : 설탕, 소금, 케첩, 치약, 칫솔 등과 같이 정규적으로 구매되는 제품이다.
> - 충동품 : 사전 계획 없이 충동적으로 구매되는 꼭 필요하지는 않은 잡지, 껌과 같은 제품이다.
> - 긴급품 : 비가 올 때 급하게 편의점에서 우산을 사거나 상처가 나서 급하게 밴드를 사는 것처럼 비상시에 즉각적으로 구매하는 제품이다.

19 정답 ③

리더십 상황 이론을 통해 리더십의 훈련 방향을 구체적으로 제시할 수 있다.

> **리더십 상황 이론**
> - 정의
>   - 기존 리더십의 특성 이론과 행동 이론이 암시했던 모든 상황을 초월하는 보편적인 리더십 스타일은 존재하지 않는다는 것을 전제하며, 리더십의 특성 및 유형과 상황 적합 관계를 통해 상황에 가장 효과적인 리더십을 제시하는 이론이다.
> - 유형
>   - 피들러의 상황 적합 리더십
>   - 허시와 블랜차드의 상황적 리더십
>   - 하우스의 경로목표 이론

20

정답 ⑤

제품별 배치는 전용 설비 구축이 필요하여 설비투자 비용이 많이 소요된다는 단점이 있다.

기본형 설비배치의 유형

제품별 배치
(라인별 배치)
	• 예측생산, 소품종 대량생산에 적용하며, 제품 생산에 투입되는 작업자나 설비를 제품의 생산 작업 순서에 따라 배치하는 형태이다.
	• 제품 수요의 안정, 제품의 표준화, 부품의 호환성이 전제조건으로 충족되어야 한다.
	• 장점
	  - 기계화·자동화로 자재 취급 시간 및 비용을 절감할 수 있다.
	  - 원활하고 신속한 이동으로 공정 중 재고량이 감소한다.
	  - 재공품 저장공간의 소요 및 고정된 이동통로 공간의 활용이 증대된다.
	  - 생산 일정계획 및 통제의 단순화가 가능하다.
	• 단점
	  - 전용 장비 이용으로 고액의 설비투자가 필요하다.
	  - 생산설비상 한 기계가 고장 나면 전체 공정의 유휴로 고가의 지연과 높은 정비비용을 수반한다.
	  - 제품 및 공정 특성의 변경이 곤란하고, 융통성이 결여된다.
	  - 단순화되고 반복적인 과업과 빠른 생산 속도로 종업원의 사기가 저하되며, 높은 결근율과 이직률이 나타난다.

위치고정형 배치 (프로젝트 배치)	• 제품의 크기·무게 및 기타 특성 때문에 제품 이동이 곤란한 경우에 생기는 배치 형태이다. • 생산하는 장소를 정해 놓고 주요 원자재·부품·기계 및 작업자를 투입하여 작업을 수행하도록 배치한다.
공정별 배치 (기능별 배치)	• 다품종 소량생산, 유사한 생산 기능을 수행하는 기계와 작업자를 그룹별로 일정한 장소에 배치하는 형태이다. • 여러 가지 제품을 한 작업장에서 생산할 때 작업을 질서 있게 배치해 놓은 것이다(기계의 주문 제작, 병원이나 대학 등에서 사용).

공기업 경영학

제20회 최종모의고사 정답 및 해설

01	02	03	04	05	06	07	08	09	10	11	12	13	14	15	16	17	18	19	20
④	④	③	④	⑤	②	①	③	⑤	④	④	②	⑤	⑤	④	③	②	⑤	④	④

01　　　　　　　　　　　　　　　　　　　　　　　　　　　　　　　　　　　　　　　정답 ④

지식경영의 구성 요소
- 전략 : 판매시장에서 제품의 경쟁우위를 어떻게 확보할 것인지를 결정하는 것이다.
- 사람 : 지식의 원천인 사람을 조직의 중요한 자산으로 인식하는 것이다.
- 조직 문화 : 지식에 대한 호기심, 경영자의 의지, 구성원 간 협력 등 긍정적인 조직 문화를 창출한다.
- 조직의 구조 : 지식의 공유 및 활용이 가능한 프로세스를 구축한다.
- 기술 : 지식창조, 지식저장, 지식공유, 지식검색 등의 기술을 확보한다.

02　　　　　　　　　　　　　　　　　　　　　　　　　　　　　　　　　　　　　　　정답 ④

인적 평가센터법은 직무와 관련 있는 행동들을 주로 평가하기 때문에 예측타당성이 높다.

오답분석
① 인적 평가센터법은 분야별로 다수의 평가자가 다수의 피평가자(대개 6명 이상)를 평가한다.
⑤ 인적 평가센터법은 일상적인 상황이 아니라 특정한 상황에서 평가를 진행하므로 사전에 훈련이 필요하다.

> **예측타당성(Predictive Validity)**
> 어떤 검사가 무슨 행위가 일어날 것으로 예측한 것과 실제 대상자 또는 집단이 나타낸 행위 간 관계를 측정하는 것이다.

03　　　　　　　　　　　　　　　　　　　　　　　　　　　　　　　　　　　　　　　정답 ③

MRP 시스템의 시행 순서
- 대일정계획(MPS; Master Production Schedule)을 통한 제품별 생산량·생산 일정 파악
- 제품 생산에 필요한 단계별 자재 수량 등을 파악하여 제품분석도 작성
- 자재별 재고수준·조달기간 등 파악
- MRP 계획표 작성(자재 소요량, 현재 재고, 주문량, 주문 일자 등 최종 결정)

04　　　　　　　　　　　　　　　　　　　　　　　　　　　　　　　　　　　　　　　정답 ④

중간관리층은 운영핵심층과 최고관리층 사이에서 운영핵심층을 감독하며, 자원을 제공하는 역할을 한다.

05 정답 ⑤

브랜드 전략 실행의 5단계
- 브랜드 네이밍 : 상품 이미지에 적합한 상품명을 정하는 것이다.
- 브랜드 아이덴티티 : 상품명이 내재하고 있는 개념 또는 추구하는 가치이다.
- 브랜드 포지셔닝 : 브랜드 아이덴티티를 실현하기 위한 실천 전략이다.
- 브랜드 로열티 : 브랜드에 대한 소비자의 충성도이다.
- 브랜드 확장 : 성공한 기존 상품 브랜드를 다른 상품에도 적용하는 것이다.

06 정답 ②

예수금은 납부해야 하는 세금 등을 일시적으로 모아둔 금액으로, 유동부채에 해당한다.

자본의 종류
자본금, 자본잉여금, 이익잉여금, 기타포괄손익누계액, 자본조정 등

07 정답 ①

AIDMA에서 머리글자 A는 Attention(주의)이다.

소비자 행동 모델(AIDMA)
- 소비자의 심리적 단계에 대한 법칙을 얘기한 전통적인 소비자 행동 모델이다.
- Attention(주의), Interest(흥미), Desire(욕구), Memory(기억), Action(행동)으로, 고객 유치 및 마케팅 활동에서 소비자가 특정 제품을 접했을 때 느끼는 5가지의 심리 상태를 의미한다.

08 정답 ③

오답분석
① 날짜 : 각 작업의 날짜, 기간 등을 일, 주, 월 단위로 표시한다.
② 협업 여부 : 해당 프로젝트에서 특정 팀 간 협업이 필요한지를 표시한다.
④ 작업 항목 : 다양한 단계에 있는 작업 및 작업 간 독립성, 종속성 등을 표시한다.
⑤ 소유자 : 작업을 담당하는 개인 또는 조직을 표시한다.

09 정답 ⑤

대인적 책임은 직무평가의 간접적 요소에 해당한다. 이 외에도 대물적 책임, 불쾌한 조건, 재해 위험 등이 간접적 요소에 해당한다.

오답분석
①・②・③・④ 직무평가의 직접적 요소에는 기술(지식, 경험 등), 노력(육체적・정신적) 등이 해당한다.

10
정답 ④

양도성 예금증서는 현금성 자산에 해당한다.

오답분석

①·②·③·⑤ 자기앞수표, 송금환, 송금수표, 우편환증서, 타인발행 당좌수표, 전신환 등은 현금에 해당한다.

현금과 현금성 자산
- 현금
  - 통화 : 지폐, 주화, 전도금(공장이나 지점이 경비에 충당하기 위해 보유한 현금)
  - 통화대용증권(차용증서, 가불증 등은 통화대용증권이 아님) : 자기앞수표, 송금수표, 당좌수표(당좌차월 – 단기차입금, 당좌개설보증금 제외), 타인발행 수표(선일자수표, 부도수표 제외), 송금환, 우편환증서(우표, 수입인지 제외), 주식배당수령증, 배당금 지급통지표, 만기가 도래한 국공채 이자표, 만기도래 어음(받을어음 제외) 등
  - 요구불예금 : 입출금이 자유로운 예금으로 보통예금, 당좌예금 등
- 현금성 자산
  - 큰 거래비용 없이 현금으로 전환이 용이하고 만기일이 3개월 이내인 것을 말하며, 사용이 제한되어 있으면 안 된다.
  - 양도성 예금증서(CD; Certificate Deposit), MMF(Money Market Fund) 등

11
정답 ④

분석 결과에 따라 초기 기업 목적, 시작 단계에서의 평가 수정이 가능하다는 것이 앤소프 의사결정의 장점이다.

앤소프의 의사결정 유형
- 전략적 의사결정
  - 기업의 목표·목적을 설정하고, 그에 따른 각 사업에 효율적인 자원배분을 전략화한다.
  - 비일상적이며, 일회적 의사결정이라는 특징이 있다.
- 운영적 의사결정
  - 기업 현장에서 일어나는 생산·판매 등 구체적인 행위와 관련된 의사결정이다.
  - 일상적이면서 반복적이다.
- 관리적 의사결정
  - 결정된 목표와 전략을 가장 효과적으로 달성하기 위한 활동들과 관련되어 있다.
  - 전략적 의사결정과 운영적 의사결정의 중간 지점이다.

12
정답 ②

체계적 위험을 나타내는 베타계수와 기대수익과의 관계를 나타내는 것은 증권시장선(SML)이다.

자본시장선과 증권시장선
- 자본시장선(Capital Market Line) : 완전 분산 투자된 효율적(체계적 위험)인 투자 대상만으로 포트폴리오를 구성할 경우 절대치인 위험과 수익률의 선형 관계를 나타내는 것이다.
- 증권시장선(Security Market Line) : 비효율적인 투자 대상을 포함한 모든 개별 자산의 수익률과 상대치인 위험과의 관계를 나타내는 것이다.

13
정답 ⑤

개인형 퇴직연금제도는 소득과 관계없이 다른 세액공제 상품(연금저축, DC 추가 입금 등)과 합산하여 2023년 1월 1일 이후 납입분부터는 연간 900만 원까지 세액공제가 가능하다.

14
정답 ⑤

시장세분화의 유형
- 인구통계학적 세분화 : 나이, 교육 수준, 소득, 성별, 직업, 생활주기, 종교 등과 같은 요소로 시장을 분류한다.
- 퍼모그래픽(Firmographic) 세분화 : 인구통계학은 개인을, 퍼모그래픽은 조직을 고려하여 회사 규모, 직원 수 등과 같은 요소로 시장을 분류한다.
- 지리적 세분화 : 소비자가 거주하는 지역이나 상점의 위치와 연관이 있는 도시 규모, 인구 밀도, 기후 등과 같은 요소로 시장을 분류한다.
- 행동적 세분화 : 상품과 관련된 소비자 행동과 연관이 있는 구매 기회, 사용률, 브랜드 충성도, 착용 경험 등과 같은 요소로 시장을 분류한다.
- 심리적(Psychographic) 세분화 : 소비자의 성격, 가치관, 의견, 관심사 등과 같은 소비자 행동의 심리적 측면을 고려하여 시장을 분류한다.

15
정답 ④

신제품 개발은 아이디어 창출 및 선별 → 제품 전략 수립 → 제품 로드맵 구축 → 시제품 제작 및 테스트 → 제품 생산의 순서로 진행된다.

신제품 개발
- 정의
  - 아이디어부터 시제품 제작, 제품 개발, 테스트 및 제공에 이르기까지 시장에 출시된 적이 없는 제품을 만드는 프로세스이다.
- 단계
  - 아이디어 창출 : 모든 신제품은 문제와 그 문제를 해결하려는 아이디어에서 시작되므로 브레인스토밍하여 회사 내부는 물론 고객 및 시장 조사를 통해 외부에서도 아이디어를 최대한 모을 수 있도록 한다.
  - 아이디어 선별 : 기술적으로 가능한 아이디어인지도 확인해야 하며, SWOT 분석을 통해서도 아이디어를 검증한 후 목표에 부합하고 신제품으로 발전시킬 가장 영향력 있는 아이디어를 선택한다.
  - 제품 전략 수립 : 신제품이 충족해야 하는 요구사항을 정의하고, 제품의 비전, 목표 시장 또는 사용자, 업계에서의 입지, 기능 및 이점, 신제품이 비즈니스에 제공하는 가치를 포함하여 제품 전략을 수립한다.
  - 제품 로드맵 구축 : 제품 로드맵은 작업 계획으로 시간 경과에 따른 제품의 비전, 방향, 우선순위 및 진행률을 보여주는 공유 정보 출처이다.
  - 시제품 제작 : 제품을 대량생산하기 전에 리스크 영역을 미리 파악하기 위해 도면 수준에서부터 초기 디자인을 컴퓨터로 렌더링하는 등 시제품을 제작한다.
  - 테스트 : 시장에 공개하기 전에 개발부터 마케팅까지 제품의 모든 요소가 제대로 기능하는지 확인한다.
  - 제품 생산 : 품질 테스트 이후 최종 버전으로 제품을 출시하고 웹사이트에 구현한다.

16
정답 ③

르윈의 조직변화 3단계는 해빙 → 변화 → 재동결의 순서로 진행된다. 해빙은 조직변화의 준비 단계로 구성원들이 조직변화의 필요성을 인식하고 협조할 수 있도록 유도하는 단계이며, 변화는 교육·지원·보상 등의 방법을 동원하여 조직변화를 추진하는 단계이다. 재동결은 변화된 조직이 안정적으로 자리 잡도록 하기 위해 지원하고 강화하는 단계이다.

17
정답 ②

컨조인트 분석은 제품이 고관여 제품일 때 유용하게 활용될 수 있다.

18
정답 ⑤

운송재고는 수송 중에 있어 상당한 조달기간을 요하며, 대금을 미리 지급한 재고이다.

재고유형
- 안전·완충재고 : 불확실성에 대처하기 위해 보유하고 있어야 할 최소 수량의 재고이다.
- 예비·비축재고 : 수요가 높아질 것을 기대하고 미리 마련해 두는 재고이다.
- 로트사이즈·주기재고 : 경제성을 위해 정해진 주기에 따라 창고에 보관해 두는 재고이다.
- 운송·이동·파이프라인 재고 : 구매는 이미 완료했으나, 아직 창고에 도착하지 않은 재고이다.
- 사재기 재고 : 가격 인상이 예상되는 경우 수익을 위해 확보한 재고이다.
- 수량 할인을 받기 위한 재고 : 수량 할인을 받기 위해 필요 이상의 대량 구매로 발생하는 재고이다.

19
정답 ④

고정장기적합률은 일반적으로 100% 이하를 바람직한 것으로 본다. 이는 고정자산에 대한 투자가 장기자본[(고정부채)+(자기자본)] 내에서 이루어지는 것이 바람직함을 의미한다.

20
정답 ④

카리스마 리더십은 비관습적인 행동을 통해 비범한 이미지를 나타내고자 한다.

오답분석
①·②·③·⑤ 카리스마 리더십의 구성 요소로는 전략적인 목표, 환경에 대한 민감성, 구성원의 신뢰, 위험 감수 행동, 비관습적인 행동, 높은 동기부여, 모범적 행동 등이 있다.

시대에듀 공기업 경영학 최종모의고사 20회분

개정1판1쇄 발행	2025년 12월 15일 (인쇄 2025년 11월 28일)
초 판 발 행	2024년 09월 20일 (인쇄 2024년 07월 19일)
발 행 인	박영일
책 임 편 집	이해욱
편 저	SDC(Sidae Data Center)
편 집 진 행	여연주・오세혁
표지디자인	하연주
편집디자인	양혜련・장성복
발 행 처	(주)시대고시기획
출 판 등 록	제10-1521호
주 소	서울시 마포구 큰우물로 75 [도화동 538 성지 B/D] 9F
전 화	1600-3600
팩 스	02-701-8823
홈 페 이 지	www.sdedu.co.kr
I S B N	979-11-434-0618-7 (13320)
정 가	18,000원

※ 이 책은 저작권법의 보호를 받는 저작물이므로 동영상 제작 및 무단전재와 배포를 금합니다.
※ 잘못된 책은 구입하신 서점에서 바꾸어 드립니다.

공기업 경영학

최종모의고사 20회분

기업별 맞춤 학습 "기본서" 시리즈

공기업 취업의 기초부터 심화까지! 합격의 문을 여는 **Hidden Key!**

기업별 시험 직전 마무리 "모의고사" 시리즈

실제 시험과 동일하게 마무리! 합격을 향한 **Last Spurt!**

※ **기업별 시리즈** : HUG 주택도시보증공사/LH 한국토지주택공사/강원랜드/건강보험심사평가원/국가철도공단/국민건강보험공단/국민연금공단/근로복지공단/발전회사/부산교통공사/서울교통공사/인천국제공항공사/코레일 한국철도공사/한국농어촌공사/한국도로공사/한국산업인력공단/한국수력원자력/한국수자원공사/한국전력공사/한전KPS/항만공사 등

※ 도서의 이미지 및 구성은 변동될 수 있습니다.

NEXT STEP

시대에듀가 합격을 준비하는
당신에게 제안합니다.

성공의 기회
시대에듀를 잡으십시오.

시대에듀

기회란 포착되어 활용되기 전에는 기회인지조차 알 수 없는 것이다.
- 마크 트웨인 -